周恩來

毛澤東背後的力量

邁克・迪倫 著

何啟仁 譯

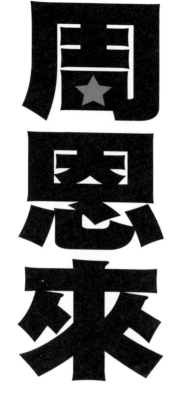

目次

Content

序言
一個謎一般革命者的人生歷程

當韓戰正熾的一九五〇年秋，剛剛獨立的印度共和國大使潘尼迦（Kavalam Madhava Panikkar）邀請比他們還要新近開國的中華人民共和國總理（同時也兼任外交部長）共進晚餐。

九月二日周恩來私下過來與我晚餐。和一般節儀有所不同，他的夫人陪著他一起來參加，當時周夫人身體不太好，通常不太常出門參加聚會。我也請了曾經和我在南京一起共事的朋友，緬甸大使宇敏登（Myint Thein）。席間非常熱絡，宇敏登所講的故事讓大家在整個過程中都笑聲不斷。我認為周恩來應該對像這樣的外交晚餐有點意外，他非常放鬆，還頻頻用英文表示這是個「家庭式的聚餐」。主要因為有緬甸大使的高超幽默和周恩來所散發出的熱情，使得在餐桌上的對話，即便不能說是精采絕倫，也是機智處處、令人愉悅。[1]

這幾位亞洲的政治和外交人物在冷戰重要時刻有了一次非正式的會面。潘尼迦不是共產主義的信徒，而且在工作上和稍早前戰敗的國民政府總統蔣介石有著良好關係，但是他認為在數十年的戰爭和被占領後，透過鄰國政府讓他們有所發展是最好的做法。宇敏登曾當過律師和軍人，也是緬甸獨立運動領袖翁山（Aung San）的支持者。他和潘尼迦一樣，曾經眼見國民黨在南京的政權崩解，而現在則在北京代表著剛獨立的緬甸。周恩來曾負責非正式外交工作，而潘尼迦和宇敏登則敦促他要對外派出外交使團，以免在韓戰中和之前曾經發生過的一樣遭到更嚴重的孤立。

周恩來私底下所表現出的另一面使得他成為被世界各國所歡迎的共黨分子，但他的性格其實很複雜。在他工作生涯所得到的各種描述中，最常被用到的是「謎」、「灰衣主教」和「在權位背後的力量」。他從一九四〇直至一九七六年去世，均位居中國共產黨領導人之列。當他周遭的人在清洗和大規模鬥爭中紛紛半路落馬時，他仍然能位居原位，也成為傳奇。

重要領導人中，許多人出身軍事，或有著農民背景，少有人受過良好教育。周恩來卻是受過良好教養、城市出身、具同理心、有學識和相當受到非共黨人士、外國人和他自己屬下的欣賞。在中國，尤其是在中國共產黨中，他作為一個代表形象，在文化大革命中因保護朋友和同僚而被許多人崇敬不已，但也有其他人責備他放手看著文革發生。他並不是一位單純的政治操作者，而是一位政治家，並且在國際舞台上成就頗豐。

總理

周恩來在毛澤東擔任中國共產黨主席期間，在名義上負責所有政府事務，那段時間涵蓋災難性的政治嘗試大躍進以及文化大革命。當許多人被免去職位，有些更失去自由甚至生命時，他依然在位。即便他的政治傾向和毛的對手更為相近——即擔任國家主席的劉少奇及中國共產黨總書記的鄧小平，他仍表現出對毛澤東個人的忠誠。劉和鄧兩人在文化大革命時都遭到了整肅。

外交部長

周恩來在同一時間也擔任外交部長，更是中國的首席外交官。他負責在韓戰期間（一九五〇～一九五三）打造中國的國際地位；並在一九五五年召開的萬隆會議上和當時所謂的第三世界不結盟國家進行談判；還在一九六二年中國和印度發生邊界衝突時負責折衝。在文化大革命期間（主要是一九六六到一九七六年間），他從紅衛兵手中保全外交部免於被毀，並讓中國能在這十年的紊亂裡維持國際外交能見度，即便當時中國已經被西方國家和共黨世界孤立——有意思的是只有無甚相關的阿爾巴尼亞例外。中華人民共和國從一九五〇年代到一九七六年都經常被視為是「毛的中國」，然而至少在剛開始那幾年中國的門面是周恩來，直到文革前對毛個人崇拜浮現為止，毛澤東對外界都還仍是個未知數。

周恩來和鄧小平

周恩來和鄧小平在他們的生活中有許多地方很像，但兩個人在個性和背景上卻相當不同。他們或許不是很親密的朋友，但政治工作在他們人生非常重要的兩個時期將兩人拉在了一起：當中國共產運動初生時的一九二〇年代在法國，以及當一九七〇年代中國正從文化大革命的廢墟中緩緩站起時。在老幹部中有這麼樣不同個性的存在，顯示出對中共支持的廣泛性。一九四九年後周恩來在鄧小平之前為政府所做的努力，讓鄧小平能使中國在二十一世紀崛起，而中國成為世界經濟強權也有了可能。鄧小平以周恩來的聲望和想法為基礎，推動與他掌權在位密不可分的「四個現代化」和「改革開放」政策。如果說鄧小平是打造現代中國的人，那他憑藉的根基就是周恩來所設計出的藍圖。[2]

☆

周恩來生於一八九八年，是垂死的中國帝制百日維新嘗試失敗的那年。他經歷一九一一年的帝國崩解、各地軍閥交戰，以及國民黨和共產黨蔓延的內戰，這場內戰卻在一九三七到一九四五年因日本侵略而建立起兩黨難得的合作而被打斷。在擔任中華人民共和國總理二十七年後，他死於一九七六年一月，比毛澤東的死亡早了八個月。周和毛保持著非常親密的私人關係，他從來不公開批評毛，而在造成許多共產黨老幹部紛紛失去所有職務的文化大革命狂飆期間，他自己卻也遭到批評。他被毛的夫人江青攻擊，江青曾領著黨內的激進派系在一九七三年進行批林批孔鬥爭。

對周恩來工作的評價

要確定周恩來或是黨內領導團隊中的任何其他成員要為決策負責的程度是很困難的，不像毛澤東，畢竟在許多問題上毛澤東被認為是最後拍板的人，而且後來所有的失敗和災難都被歸咎到他身上。

在那本對蘇聯共產黨和政府高層很重要的研究作品「史達林團（On Stalin's Team）」中，希拉·菲茲派翠克（Sheila Fitzpatrick）提出了一個對照案例的方法來重新評價蘇聯共產黨和蘇聯。他認為不能只用簡單的個人獨裁殘暴來看，因為即便在史達林有生之時，有時候也是以蘇聯模式的「集體領導來運作，就是一個被認為最高領導的人，在一批人的參謀下經理決策，通常最高領導的意見都要獲得這批人的同意，而其中這位最高領導的意見比其他人都重要」。

這個經理團隊的概念，借用比照下，通常也可以拿來了解毛澤東如何遂行治理的途徑，至少對於人民共和國最早剛開始那幾年是如此。這裡的篇幅沒辦法詳細描述這個統治「團隊」從一九四九年到一九七六年的所有作為，然而就是在這樣的背景下，周恩來晚年的作為更應該要拿來作評價。希拉·菲茲派翠克也指出，將蘇聯領導人視為普通人看待的蘇聯史學者們，常常會成為那些喜歡簡單地把共產黨政治領導人描寫成本質上就是邪惡的人批評謾罵的目標。她認為「對歷史研究者而言……因為不理解歷史人物對於他們所作所為的想法而無法掌握曾發生的事」比起錯誤地指責這些人為他們行為而做的辯護危害性更大。[3] 政治行動者都是可以行善、為惡和做出在善惡之間任何事情的人：人們應該依據他們的作為、他們對那些作為的想法和他所處的時代來評斷。用於史達林統治下蘇聯的做法，也同樣適用在毛統治下的中國。

周恩來生平的資料來源

這本書的主要材料取自於從北京、香港和臺灣所獲得有關周恩來的近期中文出版品。對於周恩來作為革命分子早期的生活，則補充自其他材料，包括一些曾經在抗日戰爭期間訪問過中國共產黨根據地的西方記者所寫的內容。

周恩來早就是在中共中央委員會支持下許多官方傳記和研究的主題，其中包括有以多冊發行的周恩來文稿選輯的前三冊，和他完整生平的四冊年譜。政府授權的傳記和其他有關周恩來的書寫在處理上都要很小心，它們的內容可能會遭到刪減。這些資料在出版前要經過層層的政治評估和確認，但又不能忽略它們。有許多不太重要——某些寫的像是聖徒傳記一樣——而有些則寫的很詳細並甚具參考價值。他們提供的細節對於有關周恩來生活和工作的概括描述的準確性是值得信任的。《周恩來傳》是一部兩冊巨著的傳記，由金沖及在中央委員會文獻研究室委託下編纂而成，確實特別有價值。它約有兩千頁，直接引用或是參考在其他地方都還沒看到的周恩來和中共其他高層人士的書信、正式或是不正式會議的紀錄，以及一些類似的原始資料。

邁克・迪倫，於雪伍德森林，二〇一九年十一月

第一章

在淮安、東北、天津和日本的成長

——一八九八～一九二〇年

非即欲吾受完全教育、成偉大人物、克負乎國家將來艱巨之責任耶？以將來如許之重負，基礎於小學校三四年中。同學，同學，宜如何奮勉，始對之而不愧哉？[1]

周恩來早年的時間曾經待過江蘇，以及受日本經濟及政治影響的東北和港埠城市天津，因此他一生都和這些地方有所連結。十九歲時，他追隨著當時許多夥伴的腳步出洋至日本讀書。日本既是中國發展的模範，也是中國要獨立自主的威脅。

淮安

淮安是一個在東部省分江蘇的古老城市，位於連結京、杭大運河以及東流的淮河交滙處，也是明代（一三六八～一六四四）《西遊記》（英語世界所熟知的名稱是*Monkey*）作者吳承恩的故鄉。清朝統治時期設有負責將糧食運往京城的漕運衙門，是個在鐵路運輸興起前非常重要的交通樞紐和商業中心。淮安位於蘇北，遠離上海自成一格，為對外通商口岸，這個城市中能看到十九世紀末和二十世紀初中國現代化和發展樣貌的縮影。在都會生活和有品味的上海人多看不起有著獨特方言和地方文化的蘇北人。很多蘇北人移居到上海大都會，卻被當作是樂於住在棚屋區，幹著拉車、拾荒和收取糞便及在碼頭搬運重物等卑微工作的低下階層來看待。

周恩來於一八九八年三月五日出生在淮安城駙馬巷裡的一座宅院內。駙馬字面上說的是在拖拉貨車的領頭馬旁輔助的馬匹，但也意指皇帝的女婿或是姐、妹夫。有個十分怪誕但卻不得不讓人聯想到的地方，這是不是就預告了周恩來未來的角色——扛起中國共產黨這輛馬車，輔佐主席而永遠無法成為最高領袖。

淮安是周恩來出生地，但他家祖籍卻是浙江紹興。紹興是一個對中國來說很重要的地方，周恩來家族在這裡已經居住好幾個世代。善於寫作短篇小說和嘲諷文章的左翼作家周樹人——一般人比較知道的筆名是魯迅——也出生在紹興。周恩來也是從一九三八年十月二十日紀念魯迅逝世二週年的新華日報上才知道他和魯迅是同鄉這件事。

周家

周恩來的祖父周起魁將他們家族的這一支遷往淮安。淮安除了有大量的勞動人口外，還有開著普通商店或是賣紹興酒的一批商人。紹興另以培養出不少在地方官衙負責司法、稅收和祕書工作的次級吏員而出名。從紹興出身作為地方主官幕僚者遍及全中國，通常隱身在幕後，人們就都不管出身，這些次級小吏通稱為「紹興師爺」。祖父周起魁因為擔任師爺而來到淮安，後來到其他縣擔任過師爺、知縣，甚至最後成為知州。（譯註：清代知州為次於省的二、三級行政區劃州的行政長官，又稱郡守、太守或刺史。周起魁曾任直隸州海州的知州。海州約為現今的連雲港市。）當還是師爺時，他買下駙馬巷的房子作為安置包括周恩來父親在內四個兒子的家。周恩來的祖父五十多歲就死了，身後只留下這幢房子。周起魁並沒有像其他官員一樣聚斂大量資產，家中景況衰敗。

周恩來母親萬冬兒也出身於官宦家庭；她的父親萬青選在淮安府青河縣擔任知縣。她曾讀過五、六年的家塾，就是只收家族成員的傳統私人學堂；大家都說她精明能幹。就像大部分和她有著相同背景和階級的女人一樣，她把所有的精神都放在家庭上，在生下周恩來後，她又生下兩個男孩：恩溥比恩來小一歲，在恩溥出生五年後再生下恩壽。他們名字中第一個字表示他們在同一個輩分。

周恩來的父親周劭綱（譯註：原名為周貽能，與兄弟同為「貽」字輩，後改名），為人老實、好心，不太通人事，常常找不到工作。周恩來在六個月大的時候，就過繼給了他父親最小的弟弟，他的叔父周貽淦。周貽淦結婚才一年而且沒有子女，接著就身罹重病。基於儒家「不孝有三，無後為大」

的觀念，收養周恩來讓他業已彌留的叔父可以安心，而叔父在數月後故去，他的嬸嬸有小孩可以照顧，他父親的財務壓力也因此而稍減。

周恩來的養母性格溫和、誠懇，出身於一個貧寒的蘇北家庭，在二十二歲時書畫修養就已極佳。由於年輕守寡，外出受到社會規範，就全心放在養子身上，教他讀書寫字，並在三或四歲時就讓他背寫唐詩。他稱她為「娘」，而稱自己的生母為「乾媽」。周恩來日後將他的好學和「好靜」都源自於他仁慈、有禮且與他寸步不離的養母。

儒學教育

一九〇三年，周恩來進入家塾讀書，也跟著家塾課程的安排學習「三字經」和「千字文」，還有一本由宋朝傳下而較不為人所知的「神童詩」。論語、孟子、大學、中庸和詩經中的文章，為周恩來傳統中國文化中的文字和儒家思想提供了紮實的訓練。

隔年，周恩來跟著父母、養母和弟弟搬到外祖父家所在的清河縣清江浦，轉到外祖父家的家塾讀書。他的生母被叫去調解家族紛爭時，會在解決問題前仔細聽取雙方的說法，那時他就常陪在旁邊。而他小時候常聽的童話和歷史故事則是養母跟他說的。一九〇五年遷往家族中另一個房子，但他仍然在同一個家塾中上課。他養母在他七歲或是八歲時，就讓他讀小說。在他外祖父的大書房裡，他讀到了《水滸傳》、《三國演義》、《岳飛全傳》、《紅樓夢》、《西遊記》和《鏡花緣》。前三本是有關政治、軍事行動和叛逆的冒險故事，同樣也深受像是毛澤東和鄧小平等其他共產革命分子所喜愛。另外三本則不同：《紅樓夢》寫的是一個家族的傳奇；西遊記講一段前往印度求取佛教經書的奇幻故事，其中寓有政治諷刺的意涵；十九世紀早期作品《鏡花緣》也是一部奇幻作品，而且有點類似《格列佛遊記（*Gulliver's Travels*）》，但所帶有的女性主義色彩卻讓這本書有些不同。

窮要面子

他們家財務景況很糟糕。周恩來父親所幹的小差事每個月只能掙得十六元，而周的生母因為過於勞累和憂鬱而生病不起，於一九〇七年過世。周的養母帶他到在寶應的堂兄家住兩個月，但卻在隔年的七月，因為肺癆而失去生命。他父親到湖北去找工作，當時只有九或是十歲的周恩來只能帶著兩個弟弟回到淮安破敗的老家。他父親和伯父在外地謀生，而他的叔父貽奎，從幼年就偏癱在床。即便年幼，周恩來認為他必須要承擔起家中最年長男子的責任。周家有的就只有那幢他們住的房子，部分還被抵押，總是會有債主上門。當他伯父寄錢回來時，才能還掉一些債；不然周恩來就得把母親的東西拿到當鋪去支應家裡的吃穿。往後在他的回憶裡，即便已經很窮，仍然要撐起面子，維持他家的「對外關係」，「要把親戚們的生日、死期都記下來。到時候還要借錢送禮。東家西家都要去，還要到處磕頭」。

周恩來仍設法到附近一個有著現代觀念的親戚龔蔭蓀家的私塾讀書。龔蔭蓀曾經到過日本，家裡除了有中國經典古書外，還有宣揚近代西方文化的書籍和雜誌，這些書成了周恩來的政治啟蒙。他和私塾中的其他小孩一起讀書、作詩和嬉戲，為他在面對家中困頓時，提供了喘息的空間，但他也開始對傳統中國家庭虛矯習俗產生厭惡。

在他十一歲或十二歲時，他的伯父貽賡在遼寧省度支司（譯註：「度支」即撥調、支出之義，「度支司」即為負責會計、財務的部門）俸餉均獲得調升。周恩來平時常和他通信，周貽賡沒有子女，於是十分高興的邀請他這個資賦極佳的侄子到東北跟他同住。[2]

在東北的愛國教育

一九一〇年春，周恩來離開他僅有的家人，跟著一位堂叔去到東北。東北天氣寒冷，遍地白山黑水，和有著溫暖田野、親愛家人和私塾的南方截然不同。他來到奉天省（現今的遼寧），進入在銀州（現今的鐵嶺）有名且新設立的現代初級小學銀崗書院就讀。

這正是中國王朝行將瓦解的前一年，東北成為「亞洲的鬥爭場」，是列強競相擴張影響力的焦點。中國和日本曾經因為朝鮮在一八九四至一八九五年發生過戰爭，中國的戰敗導致遼寧陷於俄國之手。一九〇四至一九〇五年另一場發生在俄國和初崛起的日本帝國之間的戰爭，造成東北成千上萬人民喪失生命。日本打敗俄國，取得對東北南部的控制權，並對一九一〇年遭到它併吞的朝鮮增加了影響力。一九三二年當為其傀儡的滿洲國成立後，整個東北都處於日本的掌控之下。

和周恩來一樣敏銳的青少年，對外國侵陵的怨憤無可避免地與日俱增：俄羅斯和日本爭相宣稱東北北部和南部為他們的勢力範圍，而日本帝國和殖民野心的威脅更是有增無減。一九一〇年秋，在銀崗學院讀了六個月後，周恩來的親戚把他轉到了省會奉天府（現今的瀋陽），那裡有一所更好的小學剛剛成立。這所學堂在一九一一年辛亥革命後改名為「奉天東關模範學校」。那是所新式的學校，教授修身、國文、算數、歷史、地理、英文、格致（自然科學）、歌唱、繪畫、體操等課程。這些課程讓曾在私塾強記硬背儒家學說的周恩來開啟了另一個世界。他學習認真、有禮貌、守紀律，在國文方面尤其優異，也繼續閱讀一些古文經典作品，像是司馬遷的《史記》、《漢書》和屈原（西元前三四〇～前二七八年）所寫、向青年人訴求愛國和追尋正義象徵的辭賦《離騷》。周的作文常被當成範例，讓其他學生摹仿。

學生常被講授當前的政治危局和被傳頌的歷史英雄故事。學校放假時，周恩來會和他的同學何履楨到城市南邊的村落。村子的附近就是當年日俄戰爭一個重要戰役的戰場：村後的山丘山就有一塊紀念戰死俄軍的碑石，而村子東邊的烟龍山上還有一個日本人建的塔。他同學的祖父就曾帶著他們到當時交戰的戰場，並作詩一首，述說這場戰爭對他的影響和老一輩要把火炬承傳給年輕一輩的急切。這首詩的手稿現在被保存在「中國革命博物館」（譯註：二〇〇三年，「中國革命博物館」和「中國歷史博物館」合併成為「中國國家博物館」，現位於北京市）。

周恩來是奉天報紙《盛京時報》的忠實讀者。他讀著地方和全國性的新聞，以及對中國危機可能解決辦法的各項討論內容，並受到兩位老師啟發。一位是歷史教師，叫高盤之，曾經為了表示對滿清的反抗而剪去辮子。他常談論反清革命，並和學生一起看章太炎（章炳麟）的文章和孫文革命組織同盟會的刊物，還有鄒容所寫的著名反清宣傳小冊《革命軍》。周恩來更閱讀一些其他反清的作品，像是《揚州十日記》，描述征伐的清軍在這座中國南方城市所造的傷害。另一位是毛姓地理老師，是個改良派（譯註：清末對未來政局走向曾有兩派相互爭議。一為革命派，以孫文為代表，倡議徹底推翻滿清；另一為改良派，康有為、梁啟超為代表，先是強調維新改革，後強調立憲），介紹周恩來閱讀當時頂尖的政治思想家康有為和梁啟超的作品。高盤之的革命作風影響周恩來比較多，當辛亥革命的消息傳到學校時，周就剪掉自己的辮子，象徵與清廷決裂，不過那個時候清廷已失去權力，剪辮也不再有任何風險。

周恩來在一九一二年十月曾寫過一篇文章「奉天東關模範學校第二週年紀念日感言」，是他為人所知最早的一篇文章，受到老師們高度讚賞，被收在學校一九一三年及一九一五年發行的模範文章選輯中。這篇文章不僅顯示出他在文字語言上的寫作能力，也讓人了解他從老師和同學處所學到的東西。他在文中顯現出立志成為偉人和獻身於解決國家問題的想法，但也謙遜的表示任何成就都應歸功於這所學校的教導。文章寫的道貌岸然，或許還有些媚俗，但他畢竟還只有十四歲。然而，這所學校雖然是「新式」的學校，但他仍然沒有把早年所學的儒學知識放到一邊。他對於社會的關切和對救國的使命感也越來越鮮明。

周恩來很快就認識了一些朋友，但他濃重的南方口音常會招來別人說他是「小蠻子」，這是滿族菁英從十七世紀以來對那些被他們征服的南方中國人的稱呼。他厭惡暴力，但也不會放任自己挨打並屈服，當他和朋友們被大一些的學生欺侮時，就會還手打回去。由於要應付這些事，加上寒冷天氣及風沙，以及食用比米還營養的高粱，還有勤於跑步、踢球、做操；日後他曾說就是這樣的環境才讓他在面對艱難波折時更為堅韌。[3]

天津和南開學校

一九一三年二月，周貽賡在天津長蘆鹽運司有了新工作。十五歲的周恩來跟著伯父來到這個中國北方國際港埠城市，住在元緯路元吉里的平房裡。

周恩來這時最急要的事是準備進入再高一級學校的入學考試。他的目標是南開學校。南開學校早期是嚴氏私塾，一九〇四年由曾任清朝翰林和官員的嚴修設立。嚴修是改良派，贊成廢除傳統科舉。科舉最終在一九〇五年廢止。南開學校提供的西式課程是以讓學生為進入大學作準備來規劃。而嚴修和學校校長——曾前往日本和歐美考察過教育設施的張伯苓，則在一九一九年創設南開大學，成為天津著名的高等教育機構，至今仍然相當受人矚目。

南開學校在暑期辦理招生，考試科目為英文、國文和數學，周恩來的國文輕鬆過關，但由於南開非常重視英文，他特別花了三個月的時間到補習學校加強英文。周恩來在一九一三年八月六日參加考試，八月九日入學，不久後就被提到排序較前面的班級。

周恩來在南開所受到的教育對他一生的發展非常重要。他在南開當學生的年齡是從十五歲到十九歲，住的是學校的學生宿舍，全天都要參加學校的活動。他和同住的另外兩位同學（張鴻誥、常策歐）關係非常好，和別人則較少往來。周也不常回家，即使假期也如此；因此在他的作文中常透露出思鄉和想念家人的字句也就司空見慣了。南開除了受到當地學生的喜愛，也受到從海外來的中國人歡迎。周恩來的家庭背景比大部分的學生還要一般，每年三十六元的學費——其中二十四元是住宿費，還有五或六元的伙食費——對他的家庭仍有些捉襟見肘，有些學生常常因為錢的問題而輟學。周恩來的學費由他伯父負擔，但當他因為學業成績取得一筆獎學金足以抵免第二年的學費時，仍讓他伯父大大鬆了一口氣。

南開的教育很進步，有許多新穎的設備，部分還購自日本，更有自己的特色。主要課程是國文、英文和數學（包括代數、幾何和三角函數），每一年都必修，每週都有十個小時的英文課。其他另外還有物理、化學、中西史地、自然史、法制和體育。從第二年起，除了國文和中國史地外，所有課程以英文授課，還請了美國教師來教授英文會話。第三年，他們要閱讀英文小說。各科每週都要考試，期末還有大考，當時就有人沒通過或遭留級。每週三下午有「修身」課，由張伯苓和其他老師講述國內外大事，有時還會請到優秀學者來講課。他們也會教導學生如何在人際和社會關係中應對進退。學校對紀律要求嚴格，不容許放蕩和脫序行為。校方支持學校內的社團和組織以鼓勵學生發展課外興趣和投入自願社區服務。學校刊物《南開星期報》——後來改名為《校風》——是由學校發行，讓學生能練習寫作和編輯，主編由校內國文比賽第一名擔任。

在第一次世界大戰前，這些活動只有在一些特別的學校中才有。周恩來積極參與南開活潑和充滿朝氣的環境。他經常得獎，尤其擅長國文和數學，曾在一九一五年的全校作文比賽中拿到第一名。南開在天津市比賽中獲得優勝，周恩來也是南開優勝隊伍中的一員。他的文思敏捷，提筆為文不用打草稿。他在初小時沒學過英文，但利用早起和休息時間複習，在第二年時就達到不錯的程度。

周恩來飢渴地閱讀著各類書籍，他特別鍾情於最早的帝制王朝歷史記述，例如《史記》——記錄著史上第一位皇帝秦始皇的統治；他也讀過司馬光寫的《資治通鑑》以及許多其他歷史著作。他還讀過清初幾位重要思想家，如顧炎武（一六一三～一六八二）、王夫之（一六一九～一六九二）的著作。他也讀到了歐洲啟蒙時期幾位哲學家所著書籍的譯本，像是孟德斯鳩（Montesquieu）的《法意（*Spirit of the Laws*）》、盧梭（Rousseau）的《民約論（*Social Contract*）》和赫胥黎（T. H. Huxley）的《天演論（*Evolution and Ethics*）》。一些進步的報紙，像是《民權報》（譯註：《民權報》為「自由黨」於上海所辦的報紙，由戴季陶擔任主筆，鼓吹革命、反袁，一九一二年創刊，後被迫於一九一四年停刊）、《民立報》（譯註：《民立報》於一九一〇年於上海創刊，為革命人士宣傳政治思想，由于右任擔任社長及主筆，一九一三年停刊）和《大公報》（譯註：《大公報》一九〇二年於天津創刊發行，初期言論主張變法維新、君主立憲，後強調「不黨、不賣、不私、不盲」。後歷經數次停刊、復刊、改名，今於香港出版發行），都吸引著他當時求知若渴的心靈。

周恩來晚年曾經熱切地提到當年南開學校所給的「結社自由」。他和他同學組了一個「敬業樂群會」，這個會主要是要求學生在讀書和團體生活中都有所規範，推動辯論以及在詩文、戲劇、演說和軍事研究方面的活動。周恩來投入精力經營社團，最後竟然全校有三分之一的學生都加入了他的社團。他雖然負責編輯發行一年出兩期、登載有關中國社會問題文章的會刊《敬業》，但卻不願出任會長。最後他在一九一五年九月還是被選為會長，但他總不太願意張揚這些事。

他最喜歡的課外活動是參加「新劇」的製作。「新劇」在辛亥革命前後那個時期非常受人歡迎，就像是現代的京劇，只是以默劇的形式表演。有些新劇還作公開的演出，只是——就像是莎士比亞時代的英格蘭一樣——社會風氣還不能接受女生登台，周恩來常常扮演女性角色，像是在「一元錢」、「千金全德」和「華娥傳」。在「華娥傳」中，他扮演華娥，同時演出的還有他的數學老師馬千里。

甚至像是胡適這樣知名的評論家——胡適日後成為對共產黨不假辭色的反對者——都對南開所製作新劇的知性、表達和承襲作過評論。胡適對南開的這些劇目（周恩來參與製作的）十分讚賞，並直言這個劇團是全國最好的。

多年之後的一九四九年七月，在一場北京舉行的文學藝術大會上，周恩來遇到著名的中國京劇反串花旦梅蘭芳，就曾提起，雖然他演新劇是很久以前的事，但他們可以說曾經是「同行」。一九八三年九月六日，周恩來的遺孀鄧穎超，前往位於南開學校東樓的「周恩來青年時代在天津革命活動紀念館」參觀。當她看到周恩來穿著女裝在台上演戲的相片時，也許帶有一些防衛心理，她說周恩來之所以扮演女旦是因為他身處於男校，就像她在女校也得反串男角一樣。她還向學校人員開玩笑說她還曾經看過周恩來的演出，但沒有再進一步對這件事再詳述。雖然南開學校劇團清一色都是男生，但在天津還是有些劇團男女兼收，部分原因可能是受到西方租界傳來風氣的影響。

南開學校對於中國戲劇造成的影響深遠，另一個代表著學校製作戲劇品質的是曹禺（一九一〇～一九九六），他是中國現代戲劇的開創性人物，於周恩來畢業三年後的一九二〇年進入南開中學。曹在學校的時間到一九二四年，是戲劇社團優秀的成員。他像周恩來一樣，在易卜生（Ibsen）戲劇「娜拉（Doll's House。譯註：又名玩偶之家）」中飾演女角娜拉，中文劇本由胡適所譯，這齣戲也是南開劇團最喜歡的。

周恩來和學校老師相處很好，每隔幾個星期他都會被邀請到校長張伯苓家吃飯，他曾對家人說周恩來是學校裡最好的學生。他們常會針對社會問題、在中國發生的事件和國際事務進行長談。有位國文老師張皞如，有著現代和愛國思想，應這些男孩子的邀請，參加敬業樂群會所辦的詩團，還為會刊提供他的一首詩。

周恩來在南開的四年（一九一三年八月到一九一七年六月）是初生民國的黯淡歲月。一九一二年一月一日的開國帶來不少希望和期盼，但南北政治菁英的分裂讓能激勵眾人的領袖孫逸仙放棄總統職位，讓位給曾任清朝新軍統領和內閣總理大臣的袁世凱。袁世凱的統治，尤其是他想在一九一六年稱帝的企圖，製造了更進一步的分裂。在國勢衰弱和外患脅迫下，中國還淪入軍閥內戰之中。

當時中國的統一和穩定最主要的威脅來自剛成為區域經濟和軍事強權的日本。一九一五年一月，袁世凱屈服於在首相大隈重信主政的日本政府（Ōkuma Shigenobu）所提出的二十一條要求，這些要求讓日本對中國能擁有更多的政治和軍事影響力，尤其是對東北和山東。這項對日屈從迅速在全國各地造成抵制日貨的風潮，長期的影響就是深植人心的反日情緒，這股情緒在一九一九年五四運動時達到高潮。

周恩來大量閱讀著討論著教育、工業和商業如何救國的激進報章。他擅長演講，在校內和校外的比賽上都曾得過獎。一九一六年四月，他做了一場題為「中國現實之危機」的演說，並將內容發表於學生刊物「校風」上。在他十七歲時，就深信教育是根本，但不只僅於在學校施行，而是必須改變全國人民的思想。[4]

初識日本

中國人對於日本的心態十分矛盾——至今依然。日本當時是中華民族生存的主要威脅，既令人害怕又難以信任，更正在逐步侵吞中國領土。然而日本又是鄰近國家中值得中國學習的對象。在東亞歷史中有一種很諷刺的情況，就是二十世紀初有許多聰慧、學有所成而又積極反對日本擴張的中國青年學生，但他們都在日本讀過書。他們的抗爭是中國共產最後在一九四九年取得勝利的基礎。

當周恩來在一九一七年六月離開南開中學時，他的國文能力被評選表揚，而畢業證書上也記錄著他的平均成績在以一百分為滿分中為八十九．七二。在家境越來越不好的情況下，他依然渴望能有讀書的機會，這時一位朋友，可能是老師或是同學的親戚，願意提供路費，他決定前往日本讀書。日本和中國一樣，也曾經承受過西方商業和外交的壓力，但卻做出了成功的回應。日本政府對能考取大學或專門學院的中國學生也同樣提供獎學金，但要求他們完成學業後就要回到國內。這筆獎學金加上那筆餽贈的路費，足夠應付周恩來的花費，他仍然對他的伯父心懷感激。

一九一七年九月，周恩來回到瀋陽向他的伯父、老師和朋友拜別。他取道一九一〇年就被日本併吞的韓國，再從釜山乘船前往日本。他和兩位一起到日本的學生向東京中心神田區的當地居民租了一間小房間。十月他就註冊進入東亞高等預備學校。神田區是現在千代田區的一部分，是日本民族認同幾個重要標誌所在的地區，有天皇的皇居和從一八六八年明治維新後就供奉為日本戰死者靈位的靖國神社。

為了接受日本高等教育和日常生活需要，周恩來研讀日文。他更用日文重新複習了他曾經在南開用英文學過的課程，稍後還到知名的早稻田大學去聽課。中國留學生在日本生活很困難，也因為語言問題和日本同學有些隔閡，常常因為拮据的用度掙扎取生而無法選讀一般學生所讀的課程。他在一九一八年一月的日記中，寫著他對金錢問題和日文進步緩慢的憂心。日本大學入學測驗日期將近，但他仍然堅持把心思放在對日本社會的關切上。而日本農民及城市工人的赤貧現象隨著迅速工業化而持續嚴重，和美麗的山川景致形成強烈的對比。東京中華青年會裡讓大家閱讀的報紙傳達了第一次世界大戰歐洲戰場戰事結束以及德國軍國主義垮台的好消息。周恩來第一個反應是認為軍國主義是中國第一優先選項這個想法必須改變。

一九一八年一月八日，他的堂弟來信告知久病在床的叔父周貽奎去世的消息。家裡其他人都極為窮困，周恩來在日記中常寫著一些佛家的用語，透露出他此時不在家人身邊和無法出力盡孝的愧疚。他在二月十一日的農曆新年所下的決心是仍要更努力讀書和讓思想自由。

重要刊物《新青年》在中國逐漸有了言論影響力。周恩來在一九一八年二月十一日的日記中記著，他在早上讀到新青年，晚上再讀，對其中所持的獨身、文學革命，以及最重要的非孔，感到贊同。他個人和家裡所遭遇的困頓、在外國生活的艱辛，以及對中國正在沉淪的失望，讓他開始有了激進的想法。

早在周恩來在南開學校讀書時，《新青年》就已出版，但直到他帶著同學給他的一份到日本後，他才開始閱讀。而當他放下對家裡的擔心和其他的留學生交談時，《新青年》更讓他覺得其中所談到的都是那麼的確切。二月十七日的日記記載，在仔細讀了《新青年》後，讓他醒悟要為自己的「新思想、新學問和新事業」開一個新紀元。他放棄他早年教育所接受過宗教所形成的一些想法，表示新領悟所帶來的歡喜比信仰宗教更多。這個新的信念讓他對參加東京高等師範學院入學考試更有信心。這個考試所涵蓋的科目有日語、數學、地理、歷史、英文、物理、化學、生物（譯註：按作者原文為 biological science，現今稱為「生物」，但在早期，該科目稱為「博物」。故有關資料均記載為「博物」），考試日期超過兩天，為一九一八年三月四日到六日。周恩來沒被錄取，這對他是個很大的打擊，他仍然繼續讀書，想投考另一個學院。

然而對政治的熱情開始取代了周恩來對於學問上的投入。一九一七年十二月，他加入留日南開同學會，在同學會中找到支持的力量和友誼，但也和外在更寬廣的日本社會越來越遠。南開同學會撰寫小冊子和傳單，譴責日本政府對中國的算計和中國政府的屈從，在留日的中國學生圈中流傳。

一九一八年五月十六日，段祺瑞領導的中國政府和日本簽訂「中日共同防敵軍事協定」，共同出兵西伯利亞（譯註：主要針對俄國革命，藉「協同」名義接收沙皇俄國在東北勢力範圍，並擴大對中國的影響力），而雙方所出軍隊則由日軍軍官指揮。另一份相對應的「中日海軍共同防敵協定」也緊接著簽署，這些協定引發了北京大學和其他院校學生的大規模示威抗議。周恩來日記記載中顯示出他對這些他稱之為「又提出二十一條要求」的憤怒。段祺瑞在一九一六年袁世凱政府結束後接任國務總理（譯註：段在袁任內後期曾任國務總理，待袁逝後，黎元洪繼任改組而去職，再於張勳復辟失敗後受黎再度任命為國務總理），但他所帶領的政府卻脆弱又不穩定。它能掌握的只有北京地區，對南方毫無影響力，但卻又是國際上唯一承認的中國合法政府。在袁世凱一九一五年一月接受惡名昭彰的「二十一條要求」後，加上一九一八年接著簽署的這些協定，為日本殖民中國的企圖打造了一個實現的舞台。

北京學生的憤怒不論是周恩來或是其他留日學生都同樣感同身受，而這股怒火又因為日本警察的冷漠和羞辱行動而變得更為熾烈。當地一家飯店在五月六日遭到日本警察包圍並關押一批學生領袖，周即負責在這家飯店起草抗議文書。對當時二十歲的周恩來而言，日本不只是中國的威脅，也是他個人的敵人。東京中國公使館外示威群眾被粗暴地對待，更激起上百名學生聚會並主張罷學歸國。

一九一八年五月十九日，周恩來加入了「新中學會」。天津留日學生是這波運動的主體，其中活動主要是由童啟顏和高仁山兩位帶頭，這兩位是比周恩來早來日本半年的南開同學。這個組織是因為高度愛國心的驅使而成立，推廣運用現代的科學和思想。他們租用東京新宿區早稻田大學附近一處相當大的地方作為開會處所。

一九一八年七月二日及三日，周恩來參加了他次要選擇的入學考試，他的次要選擇是東京第一高等學校，後來併入東京大學。他因為日語和日文成績太差而再一次未被錄取。這究竟是因為太過於投入愛國運動而沒有時間準備？還是因為外國語能力確實太差？

周恩來決定回國探親，回國前，他先在日本帝國舊都京都待了一個月。七月二十八日，他搭船從神戶到韓國釜山，再改搭火車往天津，八月一日時抵達。他在國內停留一個多月，先回南開學校，再去北京看他生父。由於被收養的關係，他早已離開他生父身邊。九月四日，他回到東京。日本當時因為一九一八年七月的米價高漲引發群起抗議而正經歷著社會騷亂。這場騷動和殘酷的鎮壓突顯出日本的社會矛盾和經濟問題，也讓周恩來不再認為日本是中國學習的榜樣。

日本和馬克思主義

俄國革命很自然地影響了周恩來的政治發展。沙皇尼古拉二世（Tsar Nicholas II）的專制統治疲於應付人民對俄國參加第一次世界大戰的不滿，以及憲政改革的呼聲、城市和農村勞工苦於貧困和被剝奪的折磨。一九一七年二月革命後，沙皇被迫退位，取代沙皇統治的臨時政府又在同年十月被布爾什維克（Bolsheviks）所推翻，剛成立的蘇維埃聯邦馬上吸引了尋求方向的激進中國年輕人。

十月革命在日本媒體上獲得顯著的報導，許多日本知識分子視馬克思主義為軍國主義和殖民擴張外的另一個選擇。周恩來讀了約翰．里德（John Reed）所寫有關十月革命經典著作《震動環球的十日（*Ten Days That Shock the World*）》譯本，以及左派日本思想家所寫的文章。在一九一八年四月二十三日的日記內容裡，透露出他在日本和中國所努力要求取發展的方向逐漸清晰。由於那時馬克思、恩格斯和列寧的著作還沒有完整的中文譯本，即便當時他還不是馬克思主義者，但比起同輩中人，他更容易理解馬克思主義的各種觀念。

周恩來英文和日文考試雖然考不好，但他似乎仍能用英、日文閱讀馬克思著作。他或許得到了一些來自其他學生的幫助，但當時的日文會用到許多漢字，不像經過一九四六年文字改革後，現在所書寫的文章用得就沒那麼多了（譯註：日本長期即有反對使用過多漢字的聲音，一九四六年日本政府規定一千八百五十個常用漢字，除這些漢字外，其餘漢字不再使用）。許多出版書籍所使用的文體和中文書寫非常近似，一些受過相當教育的學生就能夠讀得了。京都帝國大學經濟學者河上肇（Hajime Kawakami，一八七九～一九四六）對周恩來的影響非常重要。河上肇辦了一個《社會問題研究》的刊物，而他本身也漸漸傾向接受馬克思主義；他在一九四六年完成《資本論》的日文譯本。

由於周恩來對日本失望，當他的母校南開學校要設立高等教育機構——南開大學——消息傳來，他決定回家。他於一九一九年三月離開東京，四月中從神戶搭船到大連，先去瀋陽看望資助他的伯父周貽賡，接著應校長邀請到位於哈爾濱的東華學校訪問，學校的校長和許多老師都是從南開學校畢業的。東華學校提出留校任教邀請未被周恩來接受，他並於五月中回到天津。

周恩來在日本的時間只有一年多一點，但對他未來發展有相當的影響，他看到了日本的經濟和軍事力量，但也看到了貧窮和不安，還初次認識了馬克思主義。周恩來雖然對日本政府和社會觀感不佳，但對日本人民仍有著感情，並對日本山陵起伏的景致十分讚賞，這些在他所寫的幾首有關雨中嵐山的詩裡都可以看得出來。5

天津和一九一九年的五四運動

五四運動的突然爆發讓周恩來深受刺激。在這場由知識分子發起的風波中，受過教育和關心國事的中國年輕人紛紛以公開演講和執筆為文疾呼中國情勢危殆、政府抵抗日本失利和如何可以改變。

五四運動的起因源自於一九一九年「巴黎和會（Paris Peace Conference）」上對於戰敗德國在華租借區的有關決議。中國沒有參加第一次世界大戰戰役，但在認為戰爭結束後原本被德國強占的地區可以收回之下，支持戰勝的協約國。當和會決定將這些地區轉讓給自一九〇二年即和英國結盟的亞洲新興強權——日本，中國輿論的憤怒瞬間爆發。當時由徐世昌領導、實際由各路軍閥控制的政府雖然拒絕簽署正式結束戰爭的凡爾賽條約（Treaty of Versailles），但仍然無法阻止領土被占。

北京學生帶頭反對。原本策劃的示威活動是計畫在五月七日舉行，那天是開始讓日本能掌控中國廣大區域一九一五年「二十一條要求」被提出後的第四年，五月七日也被大家認為是「國恥紀念日」（譯註：原文為National Humiliation Day，原應譯為「國恥日」，但袁世凱在日後正式訂定的「國恥日」為五月九日，原因是日本於五月七日對袁世凱提出最後要求，要他於五月九日前答覆「二十一條要求」，袁氏方於五月九日承認接受。學生認為五月七日為國恥紀念，而袁氏則認為是後者而訂五月九日為國恥日。故而此處使用「國恥紀念日」以茲區別）。當學生領袖們得知當局計畫阻止時，就將示威活動提前至五月四日。示威活動原本開始時和平進行，但最後轉向暴力；被認為是叛徒的知名人士被攻擊、財物被破壞，接著戒嚴令頒布。

六月九日學生領袖在天津河北公園（現在改名為「中山公園」）聚集了兩萬多人舉行示威，隔日全天津商舖罷市表示支持。七月二十七日，天津學生代表前往北京參加向總統府的請願，要求全面拒絕巴黎和約。學生聯合委員會號召北京十五所大學及中學的一萬多名學生發起大規模罷課行動，以及成立各種討論和宣傳組織。有許多女性也參與活動，當時還是「北洋女師學院」學生的鄧穎超也身在其中，她發起數場討論和演講。鄧穎超在一九二五年嫁給周恩來，他們的婚姻一直維持到一九七六年周恩來離世。

周恩來約於五月中回到天津，五月十七日到母校南開學校參加「敬業樂群會」辦的活動。他尚未正式入學，但在給一位留日南開同學的信中寫著「我現在是天天到南開去的」。六月下旬，他也到火車站加入為赴北京的天津代表送行的行列。

抗議的規模和激烈程度一直持續超過兩個月，讓統治當局十分緊張。天津各學校校長共同決定將該學年課程提前結束，並推遲下一年的開學，讓學生可以分散回鄉。中國代表團並未簽署凡爾賽條約，幾位失職官員也已遭免職，運動已獲得部分勝利，抗議活動也見鬆弛，但部分核心運動分子卻繼續住在南開學校持續策劃抗爭。在一九一九年七月七日學生發行的《南開日刊》中，周恩來寫下「宜審慎、有恆心、有膽力，方能成功。」

周恩來漸漸被這些決定要繼續政治鬥爭的積極學生核心成員所吸引。他負責編輯其中一份激進的刊物《天津學生聯合會報》，並表示他「之所以回來，就是為了參加救國鬥爭。」他還沒有正式入學，但是卻住進南開學生宿舍，並且說服一位就讀南京金陵大學回到天津度假的南開老同學潘世綸留下幫他一起辦刊物。在沒有經費、紙張和印刷廠的情況下，他們用細心策劃和努力，還是讓這份刊物成功發行。所刊登的文章都是五四時期典型學生刊物所有的：著手改進自身思想和社會革新，以及排除舊觀念和社會舊勢力。

幾年後潘世綸回憶，在天津的團體中有人愛出風頭，有人爭權奪利，但周恩來不同，他完全受人信賴，對瑣事也不會畏勞避苦，把所有的一切都放在工作上，一手包辦所有的事——編輯、排訂、校對、印刷和發行——經常通宵工作，沒吃或很少吃東西，這種生活方式成為他往後數十年的習慣。他下筆極快，當大家思慮困窘時，他往往能提出新想法，讓他贏得這些積極參與活動學生的尊敬。雖然在許多人對這位後來成為偶像人物者的回憶中可以看到許多誇張溢美之詞，但他在那時候就顯露出將會投身革命的種種跡象，這倒是沒什麼疑問的。

為了擴大宣傳，周恩來在《南開日刊》上寫了一篇文章，把五四運動和日本的「米騷風潮」（譯註：指日本一九一八年七月因群眾抗議米價高漲而引起的社會騷亂，見前文）、韓國要求從日本手中獨立的「三一運動」（譯註：指一九一九年三月一日，韓國在日本占領下，一批主張獨立人士公開發表獨立宣言，引發多處反日遊行甚至武裝起義）連結起來。周恩來留學日本在學業上可能不算成功，但確實讓他在看待中國這些抗議活動時有了國際視野。他的文章被天津各主流報紙紛紛轉載，這些報紙的讀者有鐵路員工、郵電職員、企業商人、家庭主婦，甚至還有北京的訂戶。

前都是每日出刊，之後改為三日刊。會報內容有新聞、評論和關於新思潮和討論中國危機的文章。《天津學生聯合會報》（簡稱《會報》）自七月二十一日發刊到九月二十二日遭警方責令休刊創刊號登載周恩來所寫的「革心！革新！」[6]作為發刊詞。《會報》既帶有周恩來的個人特色，也得到在天津和各地積極參與活動人士的共鳴。

八月初，山東發布戒嚴，民族主義抗議活動遭到鎮壓，回族救國協會的三名成員被處決。消息傳到天津，刺激抗議活動再度興起。周恩來在《會報》表達對這種打擊抗議活動「黑暗勢力」的反對。他在所寫的社論中呼籲「推倒安福系」，「安福系」就是那些支持弱勢總統徐世昌的軍事勢力和他所屬的「北洋軍閥政府」（譯註：皖系軍閥段祺瑞於一九一八年三月於國會議員中成立政團「安福俱樂部」，藉以操控國會及總統選舉，後選出徐世昌為總統。因成立處所為北京安福胡同，故支持者稱之為「安福系」）。周恩來疾呼抗爭者要有準備、有辦法及要犧牲。他寫下，「國民自覺！」現在就是時候。接下來數日後，他再直陳光靠打電報、發宣言、上請願書都不夠，應該要發起罷工、罷市、罷課和不納稅的群眾運動才行。

八月下旬時向總統遞交的請願書不但被拒絕，而且請願代表還被警察拘捕，周恩來心中雖然早就料到結果，但仍然感到難過。他堅持首要是營救他們的同志，但要發起更大的反對運動。八月二十六日，從天津和北京而來的示威者超過二千多名，把在北京的總統府、國會和國務院包圍了起來。北京警察總監調動上千名武裝或是騎馬的警力，把示威者趕到天安門前。對峙情況持續了三天，而八月三十日，被捕代表得到釋放。

「覺悟」

九月二日周恩來和兩位參加活動的女學生郭隆真、張若名，以及另外四人同行回天津。以往要求男、女學生要分別參加不同團體活動的舊習被打破，在回天津的火車上，張若名提議，將現有的男、女團體合併。周恩來則強調應該先從這兩個團體中抽出主要人員形成一個核心團體——這就是「覺悟社」的由來；「覺悟社」之後於一九一九年九月十六日發行社團成立小冊子「覺悟」。這個社團初期有二十人，為了表示男女平等，男、女性社員各十人。周恩來代表起草「覺悟宣言」，內容表示他們反對各種阻礙中國進化到現代社會的勢力——軍國主義、資產階級、黨閥、官僚——以及讓中國遲滯不前的舊思想，包括男女不平等界限、頑固思想、舊道德、舊倫常。

李大釗於一九一九年九月二十一日到覺悟社演講。李大釗是中國第一位馬克思主義者，聲望甚隆，他曾於一九一三至一九一七年在日本留學，之後到北京大學教授歷史並擔任北大圖書館主任，對當時年輕的圖書管理員毛澤東影響很大。他和另一位中國馬克思主義的創始者陳獨秀一起致力於「新青年」的發行。李大釗的演講對覺悟社是一次振奮的成就：李大釗肯定他們兼容男女的組織和發行刊物的計畫，並提出以後其他更進一步活動的建議。

九月二十五日南開學校大學部開學，設置文、理、商三科，初期招收學生九十八人參加四年學制課程，教師有十七人。幾天後，大學部決定改稱為南開大學，於十一月二十五日召開成立大會。周恩來在九月八日大學初辦時就已經註冊，學號六十二號，文科生，並成為南開大學第一屆學生。

十月一日一隊從天津出發的代表團參加一項為山東再度向大總統請願的活動。但所有人都被拘捕，包括負責通信聯絡的周恩來也在內，不過十月七日就被釋放。三天後的十月十日，有四萬到五萬多在學和已畢業的學生群聚天津南開大操場紀念民國成立八週年。紀念會後參加遊行的人遭到警察和保安隊的攻擊，保安隊是在外國租界執勤的準軍事警察。一些遊行人員受傷，其中包括鄧穎超，她被打的很嚴重，甚至吐血。遊行群眾向警察廳聚集，由周恩來和另外一人代表向高階警官抗議。十月十三日，周恩來寫了一份號召罷課的傳單：從十月十七日開始罷課，持續兩天。

持續三個禮拜的活動，使得覺悟社暫緩原本規劃的活動。他們在一九一九年十月底恢復活動，那段時間成為覺悟社活動的高峰期，許多名人對有關救國問題、白話文運動和新思想進行演講：設立共同圖書室，針對政治、社會和學術問題舉辦一系列的研討會、講座和討論活動。《覺悟》首期於一九二〇年一月二十日發行，前面這些討論會的有關內容就刊載於其中，發表作者以抽籤的方式決定筆名。鄧穎超在一九五七年五月的一段訪問中強調，他們所做的是以學生活動為主，不太會做他們不熟悉的外面社會活動。然而，覺悟社和所發行的刊物還是受到學校以外許多人的關注，北京發刊的《晨報》還做了特別介紹，也因此讓它的一位女性社員張若名能夠在以後進入《晨報》工作。

五四運動的一項特色就是新思潮傳播的速度。對鄧穎超而言就是思想解放，像一股大水，沖走舊的思想，讓初生的新思想得以發展。各種新的、外來的思想衝擊著他們，鄧穎超也對無政府主義產生興趣。一位積極的覺悟社女性知識分子，同時也是社員的劉清揚（一八九四～一九七七）曾經在回憶時表示，那時參與活動的人員都有著滿腔的愛國熱情，但是卻沒有一定的信仰，談論著社會主義、無政府主義、基爾特社會主義（Guild Socialism。譯註：又稱工會社會主義，指國家和工會有各自職務，應平等存在，透過分權，達到政治和經濟自由）等，也都不懂馬克思主義或是共產主義是什麼。那些積極分子對中國所遭受的待遇憤憤不平，但對於中國未來要如何發展毫無任何頭緒。即便是在日本就接觸過馬克思主義的周恩來，對中國未來的可能發展也仍在細心謹慎地探索。

北京雖然是各種激進政治思潮滙聚的中心，但是天津也不遑多讓。在十一月十六日福州發生中國抗議人士遭槍殺事件後，活動重點轉向抵制日貨。周恩來到天津商會商討加強抵制日貨事宜，後來演變成當街焚燒好幾卡車的進口日貨，當地警察強制阻止抵制活動。一九二〇年一月二十三日，一位學生在檢查進口日貨時，遭到日本浪人毆打。當學生為此事向警察抗議時，又遭到軍警毆打，至少二十個學生被捕。兩天後，當局查封學生組織辦公處所並宣布他們的所有活動均為非法。數千名學生群集向直隸公署抗議，遭警察攻擊，許多學生受傷，包括周恩來、郭隆真和張若名在內的學生代表都遭到逮捕。

關押

這是周恩來第一次被關押。學生們被關在警察廳營務處兩個多月，彼此不能接觸，也不交付審訊。他們發展出一種不讓守衛察覺的祕密聯繫方式，發起絕食抗議非法拘禁。四月五日，包括鄧穎超在內的二十四名天津學生代表前往警察廳，要求代替被關的人入獄。因為絕食者中包括有學生、教師和有影響力的商人，讓當局產生顧忌，於是在四月七日將被拘者移送到地方檢察廳的拘留所，那裡的待遇比較好一點。他們被關在一起，可以相處交談、閱讀書報，每個星期一、三、五還可以討論政治。周恩來講述馬克思主義學說，他所講的內容都記錄在關押時所寫的日記內（譯註：周恩來於獄中依據活動日誌和日記編寫成《檢廳日錄》，並於一九二一年於天津《新民意報》上刊載，一九二六年正式出版），包括經濟變遷、馬克思生平、唯物史觀、資本和剩餘價值論等基本觀點。周恩來並不認為自己是個像在一九二〇年代入獄卻發展出原創並引人深究思想的義大利革命分子葛蘭西（Antonio Gramsci）一樣的理論家，只是因為他曾在日本讀過馬克思主義相關學說，才能在獄中有這些演講，他的這些能力，令人印象深刻。

七月十六日終於起訴，著名律師劉崇佑擔任被告辯護律師，然而他們仍被以「騷擾罪」判處兩個月徒刑。鄧穎超回想起審判當天，法庭裡擠滿了人，外面街道也都是人，當局怕觸犯眾怒，很快的就釋放被關的人，但他們所被拘禁的日子遠超過他們被判的這兩個月。

周恩來的想法在被拘禁期間逐漸清晰，他明確地知道因為思想複雜以致反對行動不一，加上過於冒進，才遭致鎮壓。如果說他步出監獄就成了一名職業革命者或許描述太過，但他對未來所選擇的道路確實有了更深刻的認識。

八月分他在一場原有社員十四名出席的覺悟社大會上強調，只有把各個團體組織聯合起來並將思想統一，才能完成他們所想要達成的日標。一些社員前往北京，在天壇西側自清朝以來受文人雅士聚會所愛的陶然亭和其他北京學生團體會面。鄧穎超介紹「覺悟社」，周恩來闡述他對聯合工作的想法。曾經在覺悟社成立後做過第一場演講的李大釗，在會上強調在決定要以何種組織聯合行動前，必須要先有清楚的主義和信念。

周恩來在獄中時，打算以勤工儉學前往法國讀書的李愚如曾經去探望他。一個年輕的女人要隻身前往海外求學在當時是前所未有的事，一定會受到家裡嚴重的阻撓。她的勇氣更讓周恩來堅定了前往歐洲的想法。他寫了一首短詩給李愚如：「三月後，馬賽海岸、巴黎郊外，我或者能把你看。」曾任前朝官員但有著新思想並出資辦理南開大學的嚴修，前去向南開大學校長張伯苓提出將資助兩名學生出國留學。周恩來和另一位同學李福景得到推薦，獎學金設立且推薦信也送往中國駐英公使處。周恩來也收到一位堂伯的資助，另外又安排為天津的一家報紙寫一些有關歐洲的文章，賺取額外的補貼。

相關手續於一九二〇年十月八日辦妥，十月中旬周恩來和李福景離開天津前往上海。周恩來到法國並不是為了將來就業，更不是一時的衝動，而是部分基於對中國的幫助。他曾在日本接觸到馬克思主義，但馬克思分析的基礎在歐洲，歐洲既是馬克思主義的故鄉，又是最先進的資本主義社會。英國曾經歷第一次工業革命，還有巴黎在一八七一年曾有過對卡爾・馬克思（Karl Marx）影響極大的巴黎公社，因而讓他寫出那本重要的《法蘭西內戰（*The Civil War in France*）》。在到達歐洲後不久，周恩來寫信給表哥陳式周，說明他到歐洲是要了解歐洲社會，以及那些致力改變歐洲社會者的想法。[7]

第二章

在法留學和革命

——一九二〇～一九二四年

> 一九二〇年我去法國，還對費邊的社會主義有過興趣，但很快就拋棄了，我感謝劉清揚和張申府，是他們兩人介紹我入黨的。[1]

在一間似乎曾經也有過輝煌歲月不起眼的小旅館牆上掛著一塊牌子，牌子看來普通，但卻清楚記著周恩來在法國那段與他成長有關的日子。「海王星旅館」（Hotel Neptune）位在巴黎第十三區的古德華街（Rue Godefroy），那是一條從義大利廣場延伸出來的街道，而義大利廣場這個環狀路口今天已經變得十分繁忙。牌子上有著周恩來浮雕的頭像，製作者是雕塑家保羅貝蒙（Paul Belmondo），他是因為演出新浪潮時期（Nouvelle Vague）電影而知名的影星楊波貝蒙（Jean-Paul Belmondo）的父親。這個浮雕頭像的樣子在現存周恩來相片中都未曾見到過，而下方記載的文字紀念著他在一九二〇年代曾經在巴黎的生活。牌子上刻著周恩來的中文姓名是鄧小平親題的字。既是周恩來好友又是同僚的鄧小平在同一時間也在法國生活和工作。從中國銀行轉個彎過來就是這間旅館，所有人和經營者是一對法籍華裔夫婦。旅館鄰近是一邊以舒瓦西大道（Avenue de Choisy）為界的「舒瓦西三角（Choisy Triangle）」華人區（Quartier Chinois），據說是歐洲最大的中國城。一九〇〇年代早期就有中國移民住在這裡，到一九七〇年代更有大量越南和柬埔寨難民前來，其中許多人都是華裔，讓這塊華人區迅速擴張。[2]

搭乘波爾多斯號

周恩來的法國之行啟程自上海。他搭上法國郵輪公司的「波爾多斯號（Porthos）」郵輪，一九二〇年十一月七日出發，經西貢前往馬賽。航程中在新加坡停留，經過麻六甲海峽進入印度洋，再經紅海和蘇伊士運河抵達地中海。波爾多斯號有的時候是作為定期輪船和郵輪使用，但它有一萬二千六百噸，是特別為馬賽－西貢－海防市航線而建造的，除運送郵件外，還可以運送兩千名往返於法國和殖民地之間的旅客。五週的航程對中國學生來說是一項挑戰，然而在這些同伴中，有兩位女性曾經跟周恩來在覺悟社一起工作過，郭隆真和張若名。另外約兩百位中國年輕人是「華法教育會（Sino-French Education association）」送往法國的第十五批學生。這段海上旅程常常不太好受，船上許多中國人因為暈船就待在最下層的船艙裡，但周恩來常常留在甲板上，手上拿著書。波爾多斯號在十二月十三日泊靠馬賽港時，教育會的接待人員引導周恩來搭乘前往巴黎的火車，並將他暫時安置到拉丁區住下。[3]

馬賽到上海是波爾多斯號的常態性航線，在中國學生們所住艙間上方的幾個上層的甲板，所住的都是有錢和有身分的旅客。當這艘郵輪於一九二〇年十月十二日停靠上海時，下船旅客中有一位是正要前往北京大學講學的哲學家伯特蘭．羅素（Bertrand Russell）。思想相當自由的羅素（他和美國的杜威，John Dewey，都是崇尚自由思想的人）相當受到一九二〇年代中國知識分子的歡迎。羅素前往東方宣揚自由主義時，正當周恩來前往西方追尋馬克思主義。張申府曾在上海和羅素見過面，隨後又在北京參加羅素的講座，他崇拜羅素，並成為對羅素思想相當了解的專家。但這並不會成為他參加共產主義先導組織的阻礙，這個先導組織的建立源自於陳獨秀。張申府在十二月二十七日到達法國，比周恩來晚兩個星期。張受中國馬克思主義者先行者陳獨秀和李大釗的囑託，要在法國的中國留學生之中成立共產主義討論團體。張申府可以同時接受馬克思和羅素的思想，這種情形在各家學說並陳且思想十分彈性的五四時期確實存在。[4]

巴黎、倫敦和愛丁堡

到巴黎時周恩來見到了李愚如，當時就是因為李愚如去探望被關押的周恩來，才讓周有了前往法國的念頭。周恩來寫了一封信給資助他赴法及在南開就讀的嚴修，告訴他有兩千多名學生在法國

「勤工儉學」，幾乎和在日本留學的學生人數相當，南開學生在法國約有二十人，散居各地，只有幾個在巴黎。

原本周恩來只打算在巴黎短暫停留，但因為生病，就住了兩個多禮拜。一九二一年一月五日，他渡過英吉利海峽，想到英格蘭讀書。因為他口頭上常常提到要去的地方是法國，前往英國就令人感到有些不解。然而不管是法國或是英國，這兩者都有現實的考慮，既有勤工儉學和獎學金需求，政治上他對巴黎公社也極感興趣。不過他的推薦信所送去的地方是英國使館，所以他必須在英國讀書而不是在法國。他在抵達倫敦後曾寫信給幾位堂伯，認為英國是發展最好的資本主義國家，而倫敦是全世界最大的都市，也是資本主義世界的縮影。不過有個問題是：學生在倫敦花費太高，所以他想到愛丁堡試試。他在寫給表哥陳式周的信中說，他想在這裡讀三到四年大學，再到美國讀一年，並利用假期遊歷各地。

周恩來是個很敏銳的觀察者，他很快就發現歐洲並不如那些中國先進分子所相信的那麼好。他知道第一次世界大戰對歐洲戰後一定會有所影響，但是戰爭遺留的大規模破壞和困難所帶來的嚴重社會問題——失業和飢餓——仍讓他感到驚駭。他為天津天主教會發行的《益世報》擔任通訊員，寫了兩篇「歐戰後之歐洲危機」的文章，稱歐洲將無可避免走向分裂，並提出中國要如何避免類似命運的質問。一九二〇年的歐洲並不是中國發展所要學習的榜樣。

《益世報》是一份很有意思的報紙，由天主教遣使會（Lazarist，或 Vincentian，較正式的名稱是 the Congregation of the Mission，*Congregatio Missionis*）傳教士雷鳴遠（Frédéric Vincent Lebbe）和中國教徒於一九一五年於天津所創辦。報紙名稱意為「有益社會」或「造福社會」，但由於中文字義的廣泛，字義也可理解為「對當世有益」。這是份天主教會所辦的報紙，但卻以報導正確性和思考獨立而有名，更是民國時期最具有影響力的中文報紙之一。雷鳴遠在天主教本地化的推動上相當有影響力，因為和上級齟齬而在一九二〇年被調回歐洲。他繼續在留法的中國學生中傳教，但最後竟發現他必須要和曾在他所創辦報紙當過通訊員的人競爭。

費邊主義、共產主義和歐洲危機

周恩來試著在社會主義的各個學派中為戰爭和戰後所發展出的歐洲危機尋求解答。費邊社會主義當時是訴求以溫和且穩定的手段進行政治改革，但是周恩來並不會在沒有經過詳細研究下就相信任何學派和主張。在寫給他表哥的信中，他列出兩種選擇，一個是「英國式」的漸進改革，像是韋伯夫婦（Sidney and Beatrice Webb）主張的費邊主義；另一個是「俄國式」的革命，「一洗舊弊」和重新開始。整個歐洲的社會主義者和改革分子也因為這個問題而分為不同陣營，在英國有革命分子和費邊主義者，在俄國社會民主黨內，列寧的布爾什維克遭到主張以更溫和方式推動社會變革的孟什維克反對。在已成為中國政治思想越來越重要熔爐的法國，社會主義運動也分裂為兩派，一派相信革命是不可避免且必要的，另一派則主張要走議會路線。一九二〇年十二月二十五到三十日，工人國際法國支部（The French Section of Worker's International）在圖爾（Tours）召開大會，大多數人贊成加入第三國際，即列寧所成立的共產國際（Communist International）。在圖爾大會前一直獨立運作的共產國際法國支部，於一九二一年成為法國共產黨，一些完全無法接受這個決定的代表則加入社會黨，法國社會主義陣營即一直分為革命主義和漸進主義兩派。

西奥多·澤丁（Theodore Zeldin）曾經說明法國知識分子為什麼會受到共產主義吸引：

> 它代表著法國傳統革命思想的重生，也是對至今為止各種曾經嘗試過途徑的揚棄。一九二〇年全面罷工的失敗，表示要尋求其他替代做法，而當時全世界最成功的例子就是俄國模式，於是俄國模式就成為不可避免的選擇。[5]

法國的全面性罷工發生在一九二〇年春，那時周恩來剛好來到法國。在周恩來於英國所停留的五個星期中，他對英國勞工運動也產生了興趣，尤其是對因為反對工資縮減威脅的英國煤礦工人同盟罷工。一九一四年煤礦工人聯合會聯手鐵路和運輸工人工會成立非正式「三邊同盟（Triple Alliance）」，原本想在運動中彼此支援、相互呼應，但實際上卻沒能實現。在各工會談判未果之下，原本聲勢日增的勞工運動急轉直下趨於失敗，和法國勞工運動如出一轍。一九二一年四月十五日工資刪減實施，當天鐵路工會和運輸工會決定不出手聲援煤礦工人聯合會，在產業工會史上被稱為「黑色星期五」。周恩來為《益世報》連續寫了九篇有關這些罷工的文章。為了阻止工資削減而進行的勞工運動趨於失敗，讓他認為英國費邊式的社會主義只是空想，唯一選擇只有俄式的革命道路。中國也正經歷一波工團主義浪潮，然而對周恩來產生影響的卻是英國和法國的勞工運動。6

留在法國

周恩來一九二一年二月初因為沒能取得英國大學入學資格回到法國。英國的生活費用是法國的兩倍，而且他還有語言的問題。外語並不是周恩來的強項，他曾經放棄在日本的留學，而說英文對他而言一直是不太容易的事。不過周恩來的語言問題還未結束，如果語言是他考慮的主要原因，他決定回到法國就變得有點奇怪。因為他以前從來沒有學過法文，後來才在巴黎近郊上過由法國文化協會（Alliance Fraçaise）開設的課程。法國文化協會在一九一九年開始教授外國人法文。

那時他和另外四位來自天津的同學轉到布盧瓦（Blois），雖然他仍然在努力學法文，他的首要工作仍是「社會調查」和為《益世報》寫文章，他常常為了寫這些文章而工作竟夜。

遷往較便宜的外省以及把主要精神放在寫文章賺錢等，透露出周恩來還是憂慮財務問題，不過比起其他在法國勤工儉學的學生，他的情況已經是較好的了。所謂「勤工儉學」就是「勤工」加上「儉學」，基本上就是加入這個計畫大部分學生的寫照。他們從事的都是一些手工或是低下的工作，一般工資都很低，而讀書也要考慮配合他們的工作。有些人，其中最明顯的就是曾和周恩來同時期在法國居留的鄧小平，辛苦工作賺取溫飽勝過一切，更別提讀書了。資助周恩來的嚴修，按時都會寄錢給他，但由於周恩來常換地址，嚴修必須透過別的學生把錢轉給他。這份按時提供的資助，表示他不必和大部分其他勤工儉學的學生一樣，去從事那些耗盡精神氣力的磨人工作。他生活簡單，學習認真，而閱讀內容漸漸傾向政治，在寫回家的信裡表示他「對於一切主義開始推求比較」。

成為共產主義者

周恩來曾在一九六二年一場演講中指出他政治思想上一個重大的轉變：「一九二〇年我去法國，還對費邊的社會主義有過興趣，但很快就拋棄了，我感謝劉清揚和張申府，是他們兩人介紹我入黨的。」在各種情況下，最後是這項個人引介說服他走向革命的道路，不過當時的背景環境也很重要。隨著法國共產黨於一九二一年成立，馬克思主義一時間變得流行，有關馬克思主義的出版品和馬克思的著作開始出現，大部分是法文的，但也有英文版的，讓周恩來比較容易閱讀理解。他大部分的時間都待在書店裡，但史料並未清楚表明對於那些馬克思的主要著作他是購買回去還是只在書店裡閱讀。

在中國共產黨的設立還只是在早期階段，陳獨秀祕密在上海成立一個馬克思主義小組，並且於一九二〇年五月和共產國際代表吳廷康（Gregor Voitinsky）一同起草過一份黨章。在北京，最初的黨員是李大釗，他曾經在天津覺悟社做過演講，還有黨員證是第一號的張申府。李大釗也邀請另一位學生加入，就是當時正在準備申請勤工儉學的劉清揚。

張申府和劉清揚於一九二〇年十二月二十七日抵達法國。劉清揚曾是覺悟社成員，也曾是積極參與五四運動學生示威活動時的女性成員，所以早就和周恩來熟識。劉清揚嫁給了張申府。張是一位北京大學哲學講師，對伯特蘭·羅素相當有興趣。張申府在一九一九年所發生的各個示威運動中十分活躍，也在各個積極分子於天津和北京召開的會議中見過周恩來。他被請去法國到華法教育會講課，但也被陳獨秀和李大釗賦與為新成立的中國共產黨吸收留法學生的任務。周恩來曾經在寫給中國朋友的信中表示，成立覺悟社時的想法和組織方式都已經過時，而分別比他年長五歲和四歲的張申府及劉清揚卻比他更為先進。獨自生活在離家甚遠的異國他鄉，周恩來十分高興能見到故知舊友的張跟劉，常和他們討論在政治理念上的所得和問題。張申府事後回憶認為這是一段較緩慢的過程。劉清揚一九二一年的二月或是三月被推薦和接受成為共產黨員。三月時，她和她先生引介周恩來入黨。

中國共產黨成立於一九二一年，在上海、北京、武漢、長沙、濟南、廣州、東京和巴黎八個城市都有組織。巴黎成立的小組是創始組織之一，而周恩來則是巴黎組織的創始成員。從一九二一年三月開始，共產黨即成為周恩來一生之所繫。

勤工儉學的學生開始對他們所受到的待遇表達不滿，這當然不是毫無原因的。法國在戰後的失業狀況並不像英國和德國那麼嚴重。曾經有過一段經濟成長，但接著而來的經濟蕭條卻造成勞資關係對立緊張。法國學生畢業後的就業機會越來越少，藉西奧多．澤丁的話來說，就是有一堆「大學畢業的無產階級」沒辦法找到適合他們的工作。而這些受過相當教育法語卻講得不好的年輕中國留學生們，要找到工作更不容易，只能做一些卑微的事情。他們在生活和工作的城鎮中組織起馬克思主義和各種激進的討論社團，像是蒙塔日（Montargis）和克魯梭（Le Creusot），克魯梭還是鄧小平曾居住過的城市。周恩來和他的同伴們熱切地將這些學生們團結起來。

貪腐、政府借款及抗爭

一九二一年二月，當法華教育會不再對學生進行資助時，學生們原本困窘的情況更為嚴重。而原本占勤工儉學學生總數中約三分之二沒能找到工作學生的資助經費又傳出遭到挪用，激起學生的怒火。在蒙塔日有許多學生退學，還有四百名學生在二月二十八日到巴黎中國駐法館館前抗議，要求政府發給學生津貼，並且能讓里昂（Lyon）和布魯塞爾（Brussels）的學生能自由入學。示威活動遭到警察強力驅散。蒙塔日的學生堅持要政治資助，但克魯梭的學生卻表示勤工儉學學生應該到工廠工作，大部分在克魯梭的學生都是如此，並藉此連結工人運動，如此一來就更能推動激進的政治運動。

剛從英國到法國的周恩來，迅速寫了一篇「留法勤工儉學學生之大波瀾」的長文給《益世報》，從一九二一年三月連續刊載。周恩來在文中表達了對學生的同情，卻對他們所提出的要求和做法提出一些批評。他雖然是共產黨員，但是並沒有參與對這些學生活動的領導工作，負責領導的是趙世炎和李立三，他們發起成立「勤工儉學會」，馬上就吸引到七、八十個學生參加。蒙塔日和克魯梭組織間的分歧解決了，趙世炎和蔡和森同意成立一個小型的共產主義組織，網羅在法的勤工儉學學生和華工。從第一次世界大戰成立中國勞工軍團開始，中國工人就有著重要的角色，加上許多學生不得不從事勞力工作，漸漸就形成了一個利益團體。趙世炎和蔡和森在一九二一年四、五月間成立的這個組織，第一次採用「少年共產黨」為名。

一九二一年六月，由軍閥掌控的北洋政府在將討論限制軍備的華盛頓會議（Washington conference。譯註：為一九二一年十一月十二日至一九二二年二月六日在美國首都華盛頓所舉行的國際會議，有美、英、日、法、義、荷、比、葡、中等九國出席，主要討論限制軍備和遠東、太平洋問題）前，派出一個代表團到巴黎。這個代表團是想要以烟酒稅、印花稅和外國公司在華鐵路建築權當抵押進行祕密借款，北洋政府將會取得軍火作為回報，學生們擔心這批軍火將會被用於對付在中國反對北洋政府的力量上。周恩來於一九二一年八月十六日為《益世報》寫了一篇文章，他用在南開學校所磨練出的優雅、舊式文體寫著：

> 是直一分贓之借款也，而擔保品之重，又關係全國命脈。嗚呼國人，尚在睡夢中耶？若是之借款，而欲吾國民之承認，吾國民苟非夢死，斷無予以可字者。

周恩來和他的同伴們聯繫到在法國的各個華僑團體反對這項借款，並且在法國報紙上發表聲明。六月三十日，三百多個華人在巴黎拉丁區的哲人廳（Café Pantheon）示威抗議，強烈的反對聲浪暫停了借款條約的簽訂，但到七月二十五日傳出商談仍在繼續祕密進行，八月十三日即在駐法使館前爆發再一次的示威抗議。中國學生不滿的情緒除了對在法國所遭受的待遇外，更加上了對中國政治情況的憂心。

一九二一年九月，因為中國學生進入里昂中法大學就讀問題而又引發了另一場紛爭。中法大學為華法教育會所創辦，校長是吳稚暉。勤工儉學的學生希望能得到入學許可，但即便是可以自行負擔學費的學生也都被以程度太低為由拒絕。周恩來曾在寫給嚴修的信中提到這件事，吳稚暉在一九二一年的夏天，決定在中國另行公開招生，而不願接受已在法國的勤工儉學學生就讀。

開學的時間定在九月二十五日，但是在八月二十日中國駐法使館就因不滿勤工儉學學生發起的示威抗議活動，公告終止對他們的補助費用。八月二十一日中法大學新招收的學生就在上海搭乘波爾多斯號起程，而九月十二日里昂中法大學當局再次拒絕克魯梭勤工儉學學生的入學申請。趙世炎當即發起到中法大學的抗議活動，但學校當局早有準備，把他們原本想要占據的房間盡皆上鎖。想要和學校當局談判的抗議人員被武裝警察包圍，押送拘留近三個星期，更在十月十三日被帶往馬賽，送上船被遣返回中國。領導活動的蔡和森和李立三也在被遣返者之中，只有趙世炎「在同志們幫助下」得以逃脫。

在這次壯烈的行動中，周恩來呢？金沖及在他所寫的周恩來傳記裡仍然記述著「周恩來一直積極地參加這場鬥爭」，即便周恩來的名字沒有出現在占據中法大學行動策劃者及占領宿舍「先發隊」的名單之中，他還是「保持冷靜的頭腦」，提醒大家要謹慎，警告當局有可能會誤導他們進入陷阱，並強調情況是複雜的，參加的學生們要有策略，準備好替代方案。金沖及最後表示，「後來的事實證明，他這個提醒是十分重要的。」周恩來再次提筆為《益世報》寫「勤工儉學學生在法最後之命運」，由心而發的長文，分為十八期連續刊出。他最後直指學生們勢單力薄，還引用馬克思和恩格斯在「共產主義宣言」中要全世界的工人們聯合起來的呼籲。周恩來並不是負責這次抗爭隊伍中英偉的領袖人物，但他已表現出能於危急情勢下沉著、長於策略思考，以及善於自我保護。

一九二一年底及一九二二年初，趙世炎和周恩來傳訊給在蒙塔日的李維漢，約在巴黎的一個旅館見面——有可能就是海王星旅館。三人開始形成一個推動共產主義的領導小組。

一九二二年三月，由於德國貨幣崩盤，周恩來、張申府和劉清揚為了生活花費能便宜些（譯註：因為德國馬克急遽貶值，他們所持的外幣幣值增加，滙換後花費就變得便宜），就一起遷往柏林（Berlin）。他們在威爾默斯多夫區（Wilmersdorf）的皇家街（Kaiserallee）找到一個住處，聯繫德國和比利時的中國留學生，並和趙世炎及其他在法國的人保持聯絡，催促他們在五月一日前成立一個新的組織。趙世炎是一個重要角色，但是他的所有文件和護照、簽證都在前次占領里昂中法大學事件中被沒收，無法在巴黎合法居留，只能躲到法國北部，利用通信保持聯絡。[7]

在法國的中國共產黨

一九二二年六月，周恩來和友人遷回巴黎，在布洛尼森林（Bois de Boulogne。譯註：位於巴黎西郊，占地甚廣，與相對位於巴黎東南郊的文森森林，Bois de Viencennes，為巴黎周邊的重要休閒綠地）召開了一次露天會議，由來自法國、德國和比利時的十八位先進分子參加，趙世炎、周恩來、李維漢列在參加名單之前。他們向一位在公園裡經營露天咖啡茶座的法國老婦人租了座椅，一有陌生人接近他們就停止交談。趙世炎主持，周恩來報告組織籌備情形並介紹章程草案，這種模式在以後成為中國共產黨官僚系統熟悉的做法。周恩來建議組織名稱使用「共產主義青年團」，但大多數人主張用「少年共產黨」。他還建議新加入的成員應該宣誓，大多數人認為這樣帶有宗教色彩，不過周恩來仍然解釋這是一種政治承諾的象徵。他還舉出袁世凱在接任總統時曾經宣誓效忠民國，所以當他稱帝時，人民可以合理地起而反抗。會議開了三天，同意以「旅歐中國少年共產黨」為名，並選出一個三人執行委員會：從中運作這次會議的靈魂人物趙世炎為書記，周恩來負責宣傳，還有張伯簡負責組織。由於張伯簡在德國，由李維漢代理。組織的基地設在趙世炎所住古德華街上的海王星旅館。

一九二二年七月，他們聽到「中國社會主義青年團」在廣州召開第一次代表大會，他們決定加入作為該團的歐洲支部。這件事經過全體會員投票通過，並募款派遣李維漢為代表回到中國。在還未收到廣州方面回覆的時候，他們又聽到中國派出一個代表團參加共產國際於一九二二年十一月五日到十二月五日在聖彼得堡和莫斯科召開的第四次代表大會。他們寫了一封正式的信函給這個代表團，並於一九二三年一月收到代表團團長陳獨秀的回函，建議他們把組織名稱改為「中國共產主義青年團旅歐支部」。趙世炎馬上召開一次更改名稱臨時會，從二月十七日到二十日，參加者四十二人，所代表的是全體七十二成員，其中五十八人在法國、八人在德國，還有六人在比利時。聶榮臻（一八九九～一九九二）即為比利時團員之一，當時他正在夏勒華（Charleroi）讀書，日後成為中共解放軍最傑出的將領之一。他在這次會議上第一次見到周恩來，在他的回憶裡，周恩來是一個親切、活躍的人，講話精闢，思考敏銳。

周恩來為現在名為「中國社會主義青年團旅歐之部」（譯註：按部分資料稱之為「旅歐支部」，但以金沖及所著《周恩來傳》及中共官方出版《周恩來年譜》均為「旅歐之部」，故從後者。另該組織又稱之為「旅歐中國共產主義青年團，後以「該團」或「青年團」簡稱之）起草黨章，他雖然無法說服大家採用宣誓儀式，但要求團員們「對於共產主義有信仰」。周恩來被選為執行委員會成員，並擔任書記。

這個小型組織的重要性不必太過誇大，它並不是中國共產黨的創始組織——創始組織成立於中國，它是招募有心要解決中國問題知識青年的附屬團體。它在中國共產黨早期歷史被承認占有一席之地，不但為中國共產黨新加入者把關，也是入黨的入口。組織中的部分成員日後亦坐上領導人的位置。組織也成就了成員間的個人情誼和聯繫，對他們在日後事業發展中極為珍貴。該團有著為中國共產黨招募黨員的作用：周恩來就曾經介紹李德（一九〇〇～一九七四）入黨，李德在當時曾為紅軍的開創者，也是和毛澤東關係最密切的人。這些早期建立起朋友和同志關係的人，並不是每一個都能活著看到人民共和國的成立。對於周恩來和他的同伴而言，他們所從事的活動比起那些僅僅是學生搞政治更是非同小可。一位曾是天津覺悟社的社員黃愛，一九二〇年六月回到故鄉湖南組織工會，遭當地軍閥逮捕後於長沙瀏陽門外殺害。周恩來對覺悟社社員寫了一首詩，強調黃愛的被害只會更堅定他的決心。由周恩來介紹入黨的孫炳文，在「第一次統一戰線（譯註：即第一次國共合作）」失敗後，遭到國民黨處決。後來周恩來和鄧穎超收養了孫炳文的女兒孫維世。孫維世日後在北京成為現代話劇新銳導演，後來激怒毛澤東的妻子江青，一九六八年死於獄中。

一九二三年三月十三日，周恩來在第一次對執行委員會的報告中表示，他們的組織「正式」成為青年團旅歐支部，「我們已立在共產主義的統一旗幟之下，我們是何其榮幸！」這份周恩來報告的手稿，收錄在黨的文件檔案中。就算在五四運動剛開始時，周恩來曾對共產主義有著任何疑惑，而現在他已經滿懷信心地使用著一九二〇年代馬克思主義的語言。

古德華街和《少年》

該團的活動（在中文資料中「共產主義青年團」或是「社會主義青年團」兩者均為稱呼該團所使用的名稱）服從於共產黨的紀律和領導人陳獨秀。中共中央委員會決定要該團十二位團員前往莫斯科的「東方勞動者共產主義大學」進修，其中包括該團公認的領導人趙世炎在內。周恩來留在法國，並協助辦理相關旅程事宜。

從德國回到法國巴黎後，周恩來就住在古德華街十七號「海王星旅館」的第十六號房，由於趙世炎也住在那裡，那間旅館就成了青年團非正式的總部。周恩來住的房間很小，只有一張床和一張小桌子。當要討論政治時，他們就會換到一間很有巴黎風味的當地咖啡廳去。在聶榮臻的記憶裡，周恩來不太和他人交談，總是低頭振筆疾書，很少停下來吃或喝東西，只有在休息時才吃點麵包、喝喝水或偶爾吃一盤蔬菜。周恩來靠著為報社寫稿賺取生活費，比起大多數勤工儉學的學生要出外從事勞力工作，他可以把所有的時間和精神都投入政治，感覺上得天獨厚多了。他的政治工作主要有研讀馬克思主義著作和俄國革命歷史，以及將所研讀的成果傳遞給其他的留學生華工，尤其是華工會的會員。另一個要負的重要責任是該團刊物《少年》的發行。這是一份在一九二二年八月一日問世且頁數不多的刊物，剛開始時為每月發行，之後就很少定期出刊。這份刊物還反映過新生的中國共產黨和如胡適等自由派思想家之間的扞格、對巴黎年輕學生有吸引力的無政府主義作尖銳抨擊。而周恩來也曾一度對無政府主義有過興趣。周恩來為《少年》寫過不少文章，主題包括共產主義在中國的角色、宗教、俄國革命以及勞工運動等，尤其還有對無政府思想的批評。

孫逸仙和統一戰線

正當青年團在巴黎成形之時，中國共產黨也正接受共產國際與國民黨聯盟的政策，莫斯科認為國民黨是一個在短期內就能受到廣大群眾擁戴的政黨。這個第一次統一戰線——只有維持到一九二七年——被認為是和以孫逸仙為首的國民黨內「革命民主派」之間的聯合。孫逸仙的總統職位在一九一二年被袁世凱取而代之，但卻仍然被認為是中國民族主義之父。

張申府在第二期的《少年》中寫了一篇文章說出了這件事，共產黨黨員可以在保留黨員身分下加入國民黨。屬於「孫派」的代表王京岐被派往巴黎以成立國民黨支部。王京岐曾經是勤工儉學的學生，因為里昂中法大學抗議事件而被遣送回國。周恩來和他取得聯繫，而在一九二三年三月十日召開的青年團年會中，和國民黨合作獲得大多數人支持。王京岐於四月二十五日回報在中國的國民黨本部，表示青年團有團員八十人，組織完善，行動也和國民黨一樣好。共產黨和國民黨員在法國合作，一九二三年六月十六日雙方於里昂會談後，周恩來和幾位更活躍的同僚被任命為國民黨巴黎分部籌備員。周恩來繼續推動這項合作直到一九二四年他返國前，即便國民黨和共產黨關係於一九二七年決裂，他仍然維持著一些私下的聯繫關係，這些關係在危機時刻發揮了極大的作用。

從《少年》到《赤光》

中國共產黨和國民黨都認為合作對彼此在招募、宣傳和聯合活動上都有助益。青年團把所發行刊物名稱由《少年》改名為《赤光》，而新的名稱聽起來更傾向於共產主義。由周恩來負責編輯的《赤光》每兩週出刊，內容專注於批評中國的軍閥政府和列強的干涉。這個方向非常切合共產黨和國民黨反對列強帝國的共同立場，馬克思理論就沒那麼突出。極力主張國家主義的學生們反對統一戰線，另組「中國青年黨」，取代無政府主義者成為共產主義者的主要對手。

周恩來找到的《赤光》撰稿人有後來擔任國家計畫委員會副主任及主任的李富春，以及因為擅長刻蠟版而得到「油印博士」名號的鄧小平。鄧小平把周恩來視為兄長，他們倆人一直以來的關係對他們和對中國都非常重要。

周恩來為《赤光》撰文，大多數都是針對中國當時狀況提出直率的論辯批評，他很清楚香港海員罷工和京漢鐵路發生的工人騷亂，也了解廣東和湖南新農民組織的重要性。儘管周恩來還沒有發展出一套具有遠見的理論觀點，但是卻可以對中國所發生的各個事件運用馬克思的觀點分析。他和同伴們雖然身在歐洲，但是心心念念卻放在中國。

一場於一九二三年五月五日發生的一列鐵路列車被劫後所引發的後續發展激起了周恩來的怒火。劫匪綁架了許多乘客作為人質，其中至少有三十名外國人，這個事件讓在中國的外國報紙強烈抗議，並要求中國應交出對鐵路的安全和管理給國際共管。縱使大部分的人質都已被釋放，周恩來仍然發起一場抗議活動，散發傳單並寫信給巴黎各報，譴責這是外國勢力干涉中國主權。

鄧穎超

一九二三年春，周恩來後來的妻子鄧穎超和其他幾位覺悟社社員在天津創辦了一份不定期的刊物。周恩來和她保持著通信，部分信件討論的是政治內容，有些被發表在那份刊物上，還有涉及私人事物的其他信件，他們的關係就在這段分隔兩地的情況下慢慢滋長。

鄧穎超祖籍為河南，一九〇四年出生。她很小的時候就沒了父親，母親靠行醫和教書來維持生活，惟沒有資料顯示她是否具備相關的資格。鄧穎超在北京和天津讀書，在天津時她讀的是師範學院，並且在參加五四運動時，認識了大她六歲的周恩來。當時兩個人都把心思放在政治活動而非私人關係上。在許多年後，周恩來在一次給姪女提供意見時告訴她，他在一九二〇年代在法國時曾經有過一個非常漂亮的女朋友，也能理解接受他的政治傾向，但是卻不適合當他終身的革命伴侶。而鄧穎超顯然是適合的。

女星社

在五四運動時，女性參與政治討論和活動的程度是前所未見的，而她們對中國共產黨所做的貢獻十分重要。三位覺悟社社員在天津成立專門從事婦女運動的「女星社」，這三位成員是李峙山、諶小岑和鄧穎超。她們於一九二三年一月會面商討相關事宜，四月二十五日「女星社」就成立。核心成員是一群「達仁女校」的教員，但來參加成員的範圍更廣。推動婦女教育是這個團體最優先的工作，他們為付不起主流教育學費的婦女開設一所免費參加的補習學校。加入「女星社」不限於女性，但對社員規定嚴格，但凡「辱女性」或是損害該社立場者一律驅逐出社。該社立場偏向左傾和「進步」，但卻獨立於新成立的共產黨和青年團之外。他們定期出版「女星」週刊，以及一份和

「女星社」有關係但卻獨立編輯的「婦女日報」。[8]

周恩來奉召回國

仍然在孫逸仙領導下的國民黨於一九二四年一月二十至三十日在廣州舉行第一次代表大會。共產黨人認為中國的革命活動應該更為積極的推動，於是召喚旅歐的青年回國協助，青年團於七月十三至十五日開會，選送回國人選。大部分入選者，包括聶榮臻、李富春和鄧小平，都曾到莫斯科「東方勞動者共產主義大學」進修過，周恩來沒有，但他被要求向黨中央作報告。到了七月底，他是一小部分可以搭船回國的人之一。他回國的時候帶著一份青年團執委會的推薦書，內容讚賞他是個信奉馬克思主義學生，具備英文能力並能以法文和德文閱讀。

周恩來當時二十六歲，此行是對他曾生活將近四年歐洲的道別，在這裡他從一個追求真理的年輕人轉變成一個以革命為畢生職志，並折衝於各種政治關係中的革命分子。[9]

第三章

廣州和黃埔軍校

——一九二四～一九二六年

軍隊不是階級，是一種工具。軍隊是壓迫階級的工具，也可以是被壓迫階級的工具。[1]

從周恩來離開法國到在中國下船的詳細經過並不是那麼清楚。一九二四年他從香港寫了一封信給中國社會主義青年團，上面寫著他和一位同伴正前往廣州去見聯絡人譚平山，譚是中共負責和國民黨聯繫的人。周恩來在九月初乘坐「佛山號」輪船抵達廣州。青年團幹部幫他在國民黨的平民教育委員會找了一間房間作為臨時辦公室。

廣州一九二四年

在周恩來離開中國的四年裡，中國的政治局勢有著很大的變化。在一些希望建立起一個統一共和國的勢力出現後，廣州這個南方國際港埠，成為吸引各方政策目光之地。抱著希望和期待的愛國青年，紛紛湧到這個孫逸仙和他所領導的國民黨倚仗的基地。國民黨在共產國際代表的協助下改組為一個列寧式的政黨，但是他們仍然維持著孫逸仙「三民主義」的使命：民族、民權和常被詮釋為是某種社會主義的民生主義。孫的國民黨政府並不將自己視為是軍閥政府，而是一個等待執政的全民政府，而孫逸仙也常常被描繪為一個平和的醫生和思想家、基督教公理會的信徒，但他卻在一九二四年成為了大元帥。

政治和工運的紛擾吸引著激進分子投入，然而情況卻也十分凶險。孫逸仙所控制的只有廣東三分之一的範圍，較富庶及人民較多的區域卻握在敵對武力領導人陳炯明的手中，陳炯明在小部分地方軍閥的支持下維持著他的政權，這個態勢就像是戰國時代（西元前四七五～前二二一年）一樣。

孫逸仙要對付的還有由地方商人為自衛所組成的「商團」。當孫逸仙得知他們要私運武器和軍火進入廣州時，雙方關係更為惡化。他下令扣留這些軍火，商團馬上發動罷市。由於孫逸仙的主力部隊都在北方對付北洋政府的軍閥，有謠言傳出商團將要發起暴動，引陳炯明襲取廣州。

當周恩來抵達時，態勢的發展正處於緊張且面臨爆發的時刻。對革命分子、民族主義者和共產黨員而言，商團是最大的心腹之患。周恩來堅決不做任何妥協。他在一份一九二四年九月七日送往中共中央的「辛丑條約與帝國主義」報告中強烈地表示，中國民族和帝國既然已不能相容，就應該認清帝國主義的敵人，和他們一起並肩，甚至蘇聯也可以。十月十日，是辛亥革命十三週年，周恩來對在廣州市南邊番禺區觀音山（又稱為蓮花山）一個公園參加集會的群眾演講，超過三萬人聽著他這位「廣東民主解放協會」代表的演說。他強調「帝國主義者、軍閥政客、官僚買辦和洋貨商人」都是革命的敵人，「我們有工人可以武裝，農民可以自衛，有兵士可以當先驅，有學生可以傳播宣傳，有商人可以做後盾。」這時文筆好的人和活躍分子成為最好的宣傳人員，當武裝的商團人員拘捕和打傷許多示威者時，周恩來敏銳的分析就更為突顯。商團武力巡行街道，對疑似的激進分子進行逮捕，強令商家罷市，並威脅孫逸仙的政府。

在這個「三日恐怖統治」期間，孫逸仙正在廣東北部的韶關指揮對軍閥作戰的行動。他馬上組成革命委員會，抽調部隊回師廣州。僅一夜就包圍商團武力，將他們繳械並解散那些不堪一擊且毫無紀律的成員。

看到這場短暫的勝利，共產黨員對廣州是「革命中心」這件事已毫無疑問。他們在城市及周邊鄉村的組織依然薄弱，在廣州只有二十位黨員，負責人是譚平山，他同時也在國民黨中央組織部擔任部長，這讓他無暇顧及中國共產黨的一般性工作，而跟著他的人也多把力氣放在處理國民黨的事務上。

一九二四年十月中共中央決定重建地方組織。共產黨發行的週報《嚮導》一九二四年十一月十九日報導周恩來為中共廣東區委委員長，並兼任宣傳部長。周恩來負責的範圍不只廣東一地，還包括鄰近省分廣西，以及香港和位於距廣東和福建交界極近的廈門兩個城市。因而他所負責的組織被稱為是「兩廣區委」，像是清朝的「兩廣總督」。周恩來在這個職位上任職三個月，期間除了對孫逸仙北伐的籌備工作提供支持外，就沒做什麼其他的事了。

黃埔軍校

廣州是軍事基地，而武裝力量在一個由地方軍閥掌握實際權力的分裂國家中扮演著十分重要的角色。孫逸仙了解在國民革命中軍事的重要，而準備想要做他接班人的蔣介石也是。蔣介石在一九二四年加入孫逸仙的部隊，成為在距廣州十里外黃埔島上新成立軍事學校的校長。這所軍校在早期西方資料中的羅馬拼音是 Whampao，即為黃埔（譯註：Whampao 係粵語發音而來），是為了培養「國民革命軍」的軍官而成立的。「國民革命軍」是孫逸仙為北伐所打造的軍事武力。在統一戰線期間，這所學校按照共產黨和國民黨的方式訓練軍官，許多畢業生在雙方部隊中都扮演著重要角色。孫逸仙於一九二五年三月辭世，沒能看到他計畫的完成，然而兩個黨都奉他為師。

在周恩來的背景裡，看不到任何跡象表明他有軍事上的才能。他的家族一直從事於教育和低階的民政事務。讀書時他長於古文，並培養出對現代戲劇的熱愛。他青少年和二十歲以前的興趣是政治，常和同輩思想先進的年輕男女相處。對於更為陽剛的軍事則從未表示過有興趣。

政治上的原因讓周恩來相信軍事力量是必要的，進而支持孫逸仙的國民革命，他在一九二二年十二月的《少年》上清楚表示：沒有武力，軍閥是打不倒的。那時沒有任何跡象表示他自己想加入這支武力，但等到了廣東後，他就到黃埔軍校（正式名稱為中國國民黨陸軍軍官學校）擔任政治部主任，教授政治經濟學。

孫逸仙對這所在校長蔣介石和黨代表廖仲凱帶領下的學校寄予厚望，作為學校的總理，他在一九二四年六月十六日正式開學典禮的演講中強調：以這所學校為本所成立的軍隊將是真正的國民革命軍。為此，學校裡均使用國語而非當地所通行的粵語。

招生工作也是全國性的，但因為各省軍閥反對這所軍校，所以都是暗暗進行。最初招收四百九十位學生，後來把其他機構（譯註：當時各軍各自設有「講武堂」培養訓練軍官，黃埔軍校成立後，國民黨即將可受指揮節制的各講武堂併入黃埔軍校）的學生併入後增加為六百四十五名學生，其中共產黨員和青年團員只有五、六十人。學校政治部的人不多，組織也簡單，最初被任命的主任和副主任後來也都離職，周恩來在巴黎奉若為師的張申府就曾任副主任。周恩來接任主任後，發現政治部暮氣沉沉，讓他非常不滿。他當時只有二十六歲，而且這又是一個全新的領域，但他隨即著手調整課程和進行工作改組。在他的學生——剛畢業的年輕軍官，有的是共產黨員，有的是共產黨的支持者——協助下，發行日報《士兵之友》，更組織論壇對學生和士兵實施政治教育，將重點置於孫逸仙對軍閥和帝國主義者的打擊。基本上就是延續他在歐洲所從事的宣傳工作。

廣州同時還有不同的軍事學校，其中一所還是特別針對培養航空軍官的學校（譯註：即軍用飛機學校）。周恩來還建立了「中國青年軍人聯合會」，以聯合這些其他的軍事院校和黃埔軍校。該會負責人為蔣先雲（一九〇二～一九二七，在北伐結束之後的一場戰役中陣亡），一九二五年二月一日召開成立大會，並發行刊物《中國軍人》。到四月，已有包括海軍三艦和裝甲車隊的成員等超過兩千人入會。

周恩來還在學校內設立中國共產黨黨支部，及至一九二四年底，黨員已發展至四十三人。一九二五年一月中國共產黨在上海召開第四次全國代表大會，周恩來不是以廣東省代表而是以留法組織代表身分出席。他還託請北京的代表帶信給當時在天津的鄧穎超。

對周恩來而言，這段時間是他的形塑期，此時期有三個關鍵：民族主義和國民政府取代軍閥割據、國民黨和剛成立的共產國際間的合作，以及維持與新成立的蘇聯友好關係。一九二四年之中，國民黨員和共產黨員在莫斯科的支持下表現出的仍然是志同道合。

第一次東征

陳炯明是孫逸仙在廣東的主要對手。陳炯明曾加入以孫逸仙支持者所在的興中會為主的同盟會，之後成為粵軍總司令及廣東省省長。陳炯明一九二二年當孫逸仙的部隊在粵北作戰時和孫決裂。在民族主義者的眼中，就是一個變節的軍閥背叛未來領袖。在許多方面孫逸仙的行事就像軍閥，只是有蘇聯在背後支持。不過他在一九一二年為了求得國家統一而將總統職位讓與袁世凱時，就已贏得了道德上的制高點。

孫逸仙在北上談判時生病，大元帥職務由胡漢民代理，陳炯明部隊據有東江，在北京的北洋軍閥支持下，準備進犯廣州。廣州政府由於孫逸仙不在，態勢有些混亂，不過在一九二五年一月十五日宣告出兵討伐陳炯明，即為「第一次東征」。

黃埔軍校將部分在訓學生和剛畢業的軍官編成兩個教導團，青年團團員蔣先雲認為他們應該為自己的信念奮鬥，參加由軍校校長蔣介石所指揮的部隊，蔣並擔任粵軍參謀長。由周恩來隨軍行動的教導團向東推進，迫使陳炯明部隊撤出省界。到了四月底，廣東政府的所在就被第一次東征所鞏固。

教導團的表現超乎預期，除了歸功於軍事訓練精實外，同樣也要靠政治教育所深植的紀律和士氣。蘇聯顧問的支援固然重要，但周恩來的貢獻更是舉足輕重。

周恩來在工作上積極投入，持續進行政治教育，和士兵及地方民眾開會，特別像是一九二五年二月六日在東莞所召開的大會上，他的演講振奮人心，大大褒揚宣傳軍民合作和東征的革命意義。這番講詞後來為八路軍所熟知。他在東征軍的表現提高了他在共產黨裡的聲望。當在上海的中共中央一九二五年五月決定設立廣州臨時委員會時，周恩來就成為五位委員中的一員。這個委員會雖然在還沒有實際做出什麼事之前就被取消，但對周恩來在黨內地位毫無減損。

第二次東征

廣州仍是新生國民政府的心腹大患。當時孫逸仙已患重病，但還是撐著去北京，當時是北京方面邀請他去謀劃中國的統一和重建。當他於一九二四年十二月底抵達北京時，已經明顯病重。雖然他的意見和北洋政府不同，但還是被奉為上賓。他於一九二五年三月十二日於北京離世，享年五十八歲。

由於領導人之位已虛，各地軍閥紛紛起而對抗廣州政府。四月十三日國民黨中央委員會同意廖仲愷提議，將黃埔軍校的兩個教導團併編為第一旅，仍隸屬於學校。由於周恩來的政治部藉由宣傳和接觸溝通，說明第二次東征的重要性和廣州政府的想法，使得國民革命軍的進展順利，因而備受讚揚。

沙基慘案

一九二五年五月三十日，一群工人為抗議一位工廠工人被殺而集會，卻有十三名示威者遭到上海英國租界警察開槍射殺，更多人被射傷。反對在華外國勢力的罷工、抵制和示威活動隨之蔓延全國，帶動對國民黨的支持。

周恩來於六月二日對他的士兵演講，以馬克思主義觀點詮釋軍隊的角色，強調孫逸仙的國民革命軍和軍閥們的軍隊有何不同，他說：「軍隊不是階級，是一種工具。軍隊是壓迫階級的工具，也可以是被壓迫階級的工具。」廣州軍人的反應如何不得而知，但這種政治詮釋的方式卻在提振紅軍及爾後人民解放軍的士氣時被用上。

一九二五年六月二十三日，廣州發生超過七萬人參與抗議英國警察的示威活動。香港早在六月十九日就已首先發動罷工，兩天內廣州就跟進。周恩來帶著部隊裡的兩個營和學校的一個營參加抗議活動。示威群眾所舉的標語上寫著痛斥英國帝國主義並要為死者報仇的字句。當示威者來到沙面島對面的馬路時，英國警察接連用步槍和機槍對群眾開火。北面有商業高樓，南面則是河水，示威者被困在中間難以避讓。事件造成五十二人死亡和一百多人受傷，其中有二十三名死者是軍校學生和其他單位的士兵。走在周恩來身旁的兩個人被殺，一位也是共產黨員的營長也同時遇難。這是周恩來有生以來第一次感受到死亡的威脅。

這又一波受害者的死難激起了更大的忿怒，引發更多的罷工和示威。全國性的總罷工在六月二十五日發動，同時還有一場在北京舉辦超過十萬人的抗議活動並要求政府對英國使團採取行動。然而中國外交部卻僅僅送去一份外交文書，要求條約關係應「在平等的基礎上」履行。

七月一日周恩來在黃埔軍校新學期的開學典禮上發表抗議「沙基慘案」的演說，並於七月三十一日向廣州和香港的罷工工人做了一份政治報告。他向聽眾表示，帝國主義造成工人和農民生活痛苦，而北洋政府卻懦弱無能。他認為唯一的方法就是經由國民黨團結起來。然而，他小心翼翼地將所信任的共產黨員安置在罷工工人組織中的重要職位上。國共之間不穩定的合作關係在孫逸仙死後的繼承人爭奪中隨之惡化。當抗議活動四處擴散時，國民黨左派和右派之間的關係也越來越緊張，八月二十日廣東政府財政部長廖仲愷正要前往國民黨參加中央執行委員會開會，就在中央黨部外遭到五名兇徒開槍射中，兩天後去世，周恩來一直隨侍在側。廖仲愷是當時國民黨最有權力的三人之一（譯註：即廖仲愷、汪精衛、胡漢民），又對支持國共合作主張最力。刺殺嫌疑落在這三個最後權力者中另一人胡漢民的身上，胡漢民遭到逮捕但沒有被控罪名。周恩來則在一次可能的暗殺中倖存，那次是正要前往參加預定會議，卻在蔣介石住處外遭到衛兵射擊。

蔣介石對國民黨高層展開清洗，並於八月二十四日獲任為廣州衛戍司令，國民黨的領導權漸漸落入他的手中。八月二十五日，黃埔軍校校軍在編制上和學校分離，改編為國民革命軍第一軍，周恩來擔任政治部主任。周恩來在黃埔軍校的職位由曾經擔任過《覺悟》編輯的邵力子接任，其他的共產黨黨員也都紛紛受到任命。周恩來了解蔣介石會盡其所能的限制共產黨的行動，但是黃埔軍校內的實際政治工作仍是受共產黨員掌控和指導，並由他遙控。

鄧穎超在一九八四年國民黨第一次全國代表大會六十週年時接受人民日報訪問，她仍認為這段時期的國共合作對國民革命成功是有幫助的。一九二五年八月初，她從天津調來廣州。她在天津是一位積極的青年團團員，並在一九二五年加入共產黨，帶領天津地委婦女工作。她和周恩來五年未見，只靠書信聯繫。由於安全因素，共產黨有嚴格規定黨員不得在信件中提及黨員身分，兩人直到鄧穎超到了廣州後才知道彼此都已經入黨。他們就在當月結了婚。周恩來常常在一早就離開家，坐船順著珠江到黃埔軍校，很晚才回來。鄧穎超則負責發展地區婦女團體。一九五四年當周恩來以總理身分前往廣州時，鄧穎超在寫給他的一封信裡提醒著他們曾在一九二〇年代生活在那裡的回憶，以及他們的朋友、同志，還有一起在那邊所有過的奮鬥。他們那時常常分隔兩地——到了一九五四年他們又再一次地經常分離。[2]

國民黨據有廣東

在孫逸仙的眼裡，廣州是國民黨的根據地，他的部隊會從這裡出發統一中國和收復自一九一二年開始的民國。他的事業，但不是他的理念，由蔣介石一肩挑起。蔣介石在一場政治變局中掌握了國民黨。統一所倚仗的國民革命軍和北伐工作，交由蔣介石指揮並獲得國民黨和共產黨雙方面的支持。

一九二五年十一月，蔣介石領導的國民政府（只控制著廣州和一部分的廣東省）訓令周恩來在國民革命軍所取得的城市中建立地方行政工作。當時戰鬥還在持續，然而周恩來派遣左派國民黨員建立起群眾組織，像是農民、工人及婦女團體，並和接受他們的縣長合作以及接管報紙。派出的特派員有許多是共產黨員或是共產黨的支持者，都直接向周恩來報告。

周恩來的工作分為兩個方面。在國民黨政府工作方面，他對廣東鄉村地區的舊勢力加緊進行強力打擊。撤除貪汙縣長、查辦在該地肆虐的鴉片販售，以及改革教育、工會和小販工會。同時他建議廣東區委設立潮梅特別執行委員會（譯註：依作者原文拼音為汕頭特委，然而成立之初稱為潮梅特委，轄區為潮州、汕頭及梅縣，此次為第一次成立，後於一九二六年三月改為汕頭地區委員會），以共青團成員為核心，彭湃負責組織農民政治活動，鄧穎超負責地方婦女工作。

當一九二六年二月第二次東征軍事行動結束後，周恩來投入地方行政組織改革工作。東征軍總指揮部撤消，改成立潮梅綏靖公署，由曾和周恩來一起在黃埔軍校共事的何應欽負責。何應欽是蔣介石的親信，在日後一九四六至一九四九年進行的內戰中擔任共產黨敵對方的高級將領。一九二六年二月一日，周恩來成立東江行政委員公署，這可能是第一個由共產黨員在政府組織擔任領導職務的例子。周恩來的看法在他給廣東政府的通電以及刊登於《廣州民國日報》中表達出來。他認為潮州和梅縣應成為新的革命根據地，地方民眾要參與政治討論，如此一來民眾才能了解政府，更要一掃舊式「衙門」作風，用新式做法和風氣取而代之。周恩來召集東江各主要官員在位於潮州南方的汕頭開會，會議從二月二十二日開到三月三日，他並在會議中抨擊帝國主義、軍閥、買辦和官僚之惡，並呼籲要在像是封鎖英國殖民地香港等行動上統一立場。隨後在會議中討論的問題範圍十分廣泛，但都設法避開太明顯的共產主義意識型態，集中包括道路、海港和電訊等經濟建設工作，以及在農業、商貿和貨幣使用上的積習、貪腐情形。

但周恩來是不是能成為一位成功的優秀國民黨地方政府官員？這永遠不會有答案了。三月十六日，蔣介石的廣東政府突然無預警地決定免去他在東江的行政職務，但仍保留第一軍的政治部主任之職。他於三月十七日回到廣州，三天後，蔣介石開始採取行動對付在廣州的共產黨員。

蔣介石及「中山艦事件」

在所主持的軍事征伐取得成功後，蔣介石成為廣州政府中主要的軍事倚仗。他的實力基礎就來自於國民黨和共產黨共同合作運作的黃埔軍校。兩黨都知道他們之間在想法上有相當大的差異且在發展上各有各的打算。一九二五年初，蔣介石便著手蒐集軍校中共產黨員的詳細資料，即便有些人還具有國民黨員身分。察覺有異的周恩來提出質疑，蔣介石卻辯稱是為了防範軍校內出現派系分裂而有的動作。

一九二六年一月在國民黨召開第二次全國代表大會前夕，周恩來從汕頭到廣東與陳延年（共產黨總書記陳獨秀的長子）及從莫斯科來的共產國際顧問鮑羅庭（Mikhail Borodin）討論國民黨內的派系問題，他們的策略是「打擊右派、孤立中派、擴大左派」，範圍包括共產黨員。將共產黨員全部撤出蔣介石的麾下，另外與和蔣介石爭奪國民黨主導權的左派勢力汪精衛合作成立軍隊，以回擊蔣介石。周恩來回到汕頭等待中共中央的覆電，但陳獨秀不同意這個做法，日後陳獨秀因此被指控須負錯失打擊蔣介石良機之責。

為了回應蔣介石在電報中的要求，周恩來三月十七日回到廣州。他對蔣介石正私下與國民黨右派謀事向中共提出警示，但共產國際特派員卻表示無論如何都要繼續維持統一戰線，那是史達林國際戰略的支柱，並且他們也並未察覺到有任何的危險。

有謠傳負責水岸防衛的砲艦「中山艦」可能以炮擊黃埔軍校為掩護綁架蔣介石。三月二十日蔣介石下令逮捕廣州政府海軍局代理局長——同時亦為共產黨員——李之龍，並下達戒嚴令，監控軍事及政府要員，包圍蘇聯領事館，監視蘇聯顧問，以及解除廣東與香港的罷工工人武裝。周恩來趕往質問蔣介石，卻被留置一天，不許對外聯絡。

「中山艦」是清朝末期由清廷向日本訂購的砲艦，但直到一九一三年才運回中國。一九二二年與陳炯明作戰時曾載送過孫逸仙與蔣介仙沿珠江航行，在孫逸仙死後為了紀念他改名為「中山艦」（孫逸仙在日本使用化名為Nakayama，中文即唸作「中山」，卻成為中國普遍認識的名字）。一九三八年該艦遭日機炸沉於武漢長江中。大約六十年之後被尋獲並打撈修復，置於武漢成為博物館。

這些謠言可能是為了掩飾蔣介石蓄意要打擊共產黨的行動而放出的，卻引起相當大的政治波瀾。蔣介石要求所有共產黨員退出第一軍，並要求交出拒絕退出者名單。在廣州的共產黨人對於究竟應採取反擊或是妥協接受以保統一戰線而猶豫不決。對於這段進退兩難的討論，日後成為元帥的聶榮臻一九八三年出版的回憶錄中的內容成為重要資料來源。對蔣介石露出反共跡象，周恩來主張反擊，他認為蔣介石所能掌握的只有第一軍，國民革命軍中其他五個軍都不見得會支持他。第一軍是由黃埔軍軍校教導團為基礎編成的，共產黨員和對共產黨同情支持的力量足以對抗他提出的要求。然而問題是一旦把蔣拉下，取而代之的可能會是另一個更敵視共產黨的人。

陳獨秀和中共中央的一紙命令解決了這個僵局。命令要求接受蔣介石所提的條件，以遵循莫斯科共產國際發出的政策。二百五十名中共黨員退出第一軍，只有幾十個人退出共產黨。周恩來也離開在黃埔軍校政治部的職務，陳延年則大罵他父親昏庸。

共產黨軍人和幹部被逐出第一軍和黃埔軍校後，一個「特別政治訓練班」在廣州大佛寺成立。由周恩來主持並私下教授他們有關位於北京的軍閥政府、一般軍事及政治介紹，以及軍中政治工作實務等課程。課程結束後，學員就帶著周恩來所灌輸給他們的想法，被分發到國民革命軍的各個部隊中。

周恩來把力量集中在中共廣東省委軍委的祕密政治工作上，聶榮臻和他一起。他們在廣州萬福路華南銀行二樓有一間狹小的辦公處所，裡面有一間房間給周恩來和鄧穎超，另一間由聶榮臻和另一位同事使用。相關工作機密性較高，只有黨內高階幹部才能去。當時最迫切的工作是要讓共產黨員參與北伐，而那時北伐正處於前期計畫階段。陳獨秀和上海的中共中央對北伐態度保留，認為國民革命軍力量不足，且廣州革命基地將成為守備空虛，但在廣州的地方區委和共產國際顧問鮑羅庭則態度積極。中共中央原本並沒有太多有關軍事事務的經驗，直到一九二五年十月在北京召開的中共中央擴大執行委員會決定成立「軍事活動委員會」，之後改稱為「軍事部」，初期由張國燾負責與上海和廣州的聯絡。張國燾在回憶錄中承認，他們只有從事由報紙上蒐集資料報告的情報工作。這對於在廣州正要參加統一中國的重要軍事征伐的共產黨而言是斷然不夠的。

實際的政治工作就落到周恩來和他所領導的廣東區委軍委的身上。他們在國民革命軍中的七個單位中運作，每週召開會議，有時會更頻繁，聽取報告或是傳達政策，尤其是有關北伐方面的事宜。周恩來還和蔣介石的蘇聯軍事總顧問加倫將軍（Vassily Blyukher，化名Galen）聯繫，但當蔣對共產黨的疑心漸增，蘇聯顧問影響因而式微，許多顧問離開廣州。

為共和國開赴北方

北伐發起日原本訂在一九二六年七月一日，但是作為先遣部隊的國民革命軍第四軍一支獨立團於五月一日即出發開赴湖南。該團由葉挺領導，葉挺是有名的粵軍將領，並曾擔任過深受孫逸仙信任的警衛團營長。孫曾於一九二四年送他到蘇聯進修，他並在一九二五年於莫斯科加入共產黨。葉挺於一九二五年九月回國，十一月擔任獨立團團長，團裡有約二十名共產黨員，還有一個黨支部。在黨的歷史研究者描繪中，這是一支由共產黨掌握的部隊。當部隊準備開赴北方時，周恩來在葉挺家中對領導幹部進行有關工人、農民和學生組織情況的簡報，這些都是可以爭取支持北伐的力量。當這些幹部離開葉挺家時，他一一對他們說：「武漢見面。」武漢一向是通商口岸，也是初期的軍事目標，後來這句話成為黨員們之間相互傳誦的口號。

周恩來和他所辦的訓練團繼續留在廣州。在一篇由手寫稿記錄並曾經在金正日傳記中也曾提的「國民革命軍及軍事政治工作」演講中，周恩來舉出北伐的優先工作：在反對帝國主義的戰鬥解決後，就可以消滅北邊的軍閥，以及著手解決中國社會問題。周恩來只是忠實反映出在史達林取代列寧之後的蘇聯革命理論中機械式革命階段，這個理論是由陳獨秀和在上海的中共中央所轉達的。

蔣介石於一九二六年七月一日下令出兵北伐。在出兵前，部隊於七月九日在廣州舉行北伐誓師閱兵。

周恩來領導的區委軍委委派聶榮臻負責北伐軍中共產黨員的聯繫工作。蒐集資訊、將指示及建議傳達給黨員，以及於各地招收同情支持的黃埔軍校畢業生進入獨立團。周恩來雖然留在廣州，但是對國共之間的緊張及不合隨著北伐接近成功而越發尖銳確實有所知覺。蔣介石曾表示要任命周恩來擔任北伐軍控制地區戰地政務或是戰地財政的職位。這有可能是要拉攏並誘使他離開共產黨的做法，但也可能真的是希望能留用一位在行政上頗有能力的人才。國共統一戰線期間共產黨員和非共產黨員間的分際很模糊，周恩來在人際關係上是一個人人接受且隨和的人，他對蔣介石並無私怨。

不論蔣介石的動機是什麼，他拒絕了蔣的提議，並在一九二六年年底中共廣東區委發行的《人民週刊》上抨擊蔣介石的政策，和反共、反蘇的國民黨右派，他「很希望國民黨能成為一個無左右之分的革命的中國國民黨」，但並不抱有期待。蔣介石決定放棄國共統一戰線，如此一來更加速了國民黨內部的左右分裂：莫斯科和中共方面的政策是支持在國民黨黨內鬥爭中的左派。北伐去除了建立統一政府在軍事及政治上的障礙，但是中共卻因此付出了巨大的政治代價。在這個重要關頭，周恩來突然被下令調往上海中共中央接任新職，離開曾經工作兩年多的廣州。[3]

第四章

身處風暴中心，上海和武漢

——一九二七年

周恩來同志身穿一身灰色棉袍，頭戴一頂鴨舌帽，圍了一條深灰色圍巾，西裝褲子黑皮鞋，完全是一個（黨的）地下工作者的形象。

——黃逸峰，曾參與閘北戰鬥的離退人員[1]

一九二〇年代的上海已經是中國最大的港口及主要的工業城市，也是公共租界（由英國和美國管理）和法國租界所在的地方，兩者都是國中之國，依國外法律和慣例進行管理統治，按治外法權之理，在裡面的被統治者就好像是外國外交人員。嚴格來說，它們不算是殖民地，只是依外國人的商業利益而治。愛國人士對此深惡痛絕，認為它們就是西方帝國主義的化身。在租界之外的上海，從一九二五年開始，就是由孫傳芳所控制，他是位統治著南京以降的長江流域的軍閥。

在第一次世界大戰後的幾年內，這座城市同時也是各種激進主義的溫床。罷工、商店罷市和學生罷工，與一九一九年的五四運動同時發生。一九二一年七月中國共產黨成立後，隨即就設立「中國勞動組合書記部」（譯註：後於一九二五年改為「中華全國總工會」），由張國燾（一八九七～一九七九，在以後成為毛澤東爭奪領導權的主要對手）和鄧中夏（一八九四～一九三三）領導。工人階級和外國統治當局的緊張關係在一九二五年五月三十日事件發生後來到最高點。在那次事件中，一位英國警官領導的警察在公共租界殺了好幾個中國工人（譯註：即為前章有關「沙基慘案」開頭提及引發全國抗議的「五卅慘案」）。工人運動更因而發展得更快和更有影響：兩位後來成為共產黨領導的人，李立三和劉少奇，合併十七個不同的工會和超過二十多萬個工人，成立上海總工會。[2]

改組在上海的中國共產黨

周恩來曾在一九二六年九月和十月到過上海，十二月時開始了他中共中央組織部祕書並兼任中央軍委會委員的新職。共產黨在幕後煽動工潮，並從中得利。中國共產黨黨員人數在一九二五年一月四大時為九百九十四人，到一九二六年暴增至一萬八千五百二十六人，然而組織狀況卻沒有跟上黨員增加的速度。在五位中央政治局委員中，蔡和森在蘇聯，瞿秋白和張國燾仍在廣州，只有陳獨秀和彭述之在上海。當時由後來被指責為托派（譯註：即信奉托洛斯基主義者，Trotskyist，原本是蘇聯馬克思主義、列寧主義的一個流派，由托洛斯基〔Leon Trotsky〕所創，認為其理論為正統馬克思主義，反對史達林政治路線，後遭史達林鎮壓。而受蘇聯共產黨鬥爭影響，中共後習慣以「托派」或「托派分子」稱呼背叛者或是黨內異議分子）的陳獨秀負責組織事宜，但陳獨秀突然因病住院，主要專長在宣傳工作的彭述之沒辦法兼顧陳留下的工作。一九二六年七月，在一場周恩來參加的擴大執行委員會上，組織工作遭批評非常幼稚及有很大缺失。一九二六年九月的「中央局報告」中更寫著「雖然仲甫同志（即陳獨秀）在病中仍試圖繼續進行工作，但中央組織部實質上尚無專人切實負責工作。」

周恩來調到紛亂的中央組織擔任祕書，不過實質上卻是在上海負責整個黨的組織工作。仍留在廣州的鄧穎超已有幾個月的身孕，但因為周恩來工作需要祕密掩護，他們又再一次無法聯繫。周恩來從事組織工作僅有兩個月，一九二七年春共產黨即與國民黨分裂。陳獨秀在武漢舉行的中共五大上報告說「上海事件爆發了，周同志又轉作軍事工作，因而組織工作又停頓了下來。」即使周恩來年紀仍輕——他當時只有二十八歲——但在軍事方面的經驗比起中共中央組織裡的其他人遠遠要超出甚多。

工潮和上海武裝起事

工潮的發展造就出三次由中共策劃的武裝起事。一九二六年十月的第一次起事，周恩來還在廣東，他也沒有在一九二七年二月發生的第二次短暫起事中扮演太積極的角色。但在一九二七年三月的第三次起事中，他擔任起了領導工作。國民黨之所以能在北伐中取得成功，完全依靠它的軍事力量，如果共產黨要與之抗衡，也要有自己的軍隊，而上海工人運動，就是一個珍貴的組建基礎。

在第二次和第三次起事間，幾乎沒有什麼間隔，兩個階段緊接在一起。二月二十三日，中共中央和上海區委召開會議，決定擴大武裝組織，準備暴動。前面的工人罷工是由留法勤工儉學領袖中的積極分子趙世炎和羅亦農所領導，但有可能很重要的這一次則是成立一個有總書記陳獨秀在內的八人委員會和另行設置一個包括周恩來在內的五人軍委，一起作為武裝工人起事的主要組織者。

北伐軍抵達上海

此時仍受到中國共產黨支持的國民革命軍，在一路攻克江西、安徽後，朝上海快速逼近，同時中共中央也得到蔣介石下令處決一位贛州的重要工會領袖（譯註：即贛州總工會委員長陳贊賢，在贛州建立工作推動罷工，後被蔣介石派新編第一師進駐贛州後逮捕槍殺）的消息，這是共產黨和國民黨之間緊張關係不斷升級更進一步的訊號。而孫傳芳則在軍閥間部隊彼此相互傾軋時撤出上海。

一九二七年三月三日周恩來告知軍委會上海工人已經了解很多，但是起事的時間還要好好斟酌和準備。他擴大軍委會組織以訓練工人糾察隊，並加強獲取北伐軍動態的情資。周恩來前往共產黨力量較大的幾個工廠察看，訓練二千名工人糾察隊槍械使用和巷戰戰術，並從租界獲取更多武器。他還鼓勵工人參加商會成立的保衛團，使他們能取得槍支、彈藥和制服。

三月初，北伐軍以南、西兩路接近上海。三月五日周恩來知會特委準備工作已完成。由於軍閥主力位在上海北邊的閘北，起事武力將會把力量聚集在該處。周恩來早已對起事武力的分配、戰術、時間和通信做好精細準備。三月十九日早上八點，三天後就是計畫起事日期，周恩來召集緊急會議，向領導幹部們報告由於北伐軍推進緩慢，他們的選擇受到壓迫。三月二十一日北伐軍攻克上海西南方的松江，前鋒則推進到上海南方周邊，當時將近有三十萬名工人加入罷工。因此，共產黨認為時機已成熟，並於當天早上九點鐘做出起事決定。中午前，參加罷工工人暴增至八十萬，按周恩來所計畫，「四郊幾處大工廠的汽笛同時長鳴」。這是該五千多名武裝工人糾察隊行動的信號，他們繫上臂章、拿起武器，並到安排地點集合。來自租界的工人也出面支持，還有人把鞭炮放在汽油桶內點燃以助長聲勢。按金沖及所書，「在前線負責指揮的是周恩來和趙世炎」，他們的指揮處是寶山路商務印書館的職工醫院內。中共閘北區委委員黃逸峰在一九七九年十二月接受訪問時回憶，「周恩來同志身穿一身灰色棉袍，頭戴一頂鴨舌帽，圍了一條深灰色圍巾，西裝褲子黑皮鞋，完全是一個（黨的）地下工作者的形象。」他在設於醫院內的總指揮部房間內攤開地圖、接收報告，並穿梭在火車站、東方圖書館和商務印書館之間「指揮戰鬥」。

這些起事人員占據了北火車站和警察局幾處重要地點，他們還從所占有的警察局內取得武器和彈藥。在北火車站這些人遭遇駐守周邊魯軍反抗，一輛載有魯軍援軍和武器的列車更在此處遭到他們的伏擊。[3]

在上海的背叛和失敗

一九二七年三月二十二日魯軍撤入公共租界。起事成員有信心取得勝利並由中國共產黨任命臨時市政府。這個動作是對國民黨內部情勢的一個極糟的誤判，再加上莫斯科要求不論以任何代價都要保住統一戰線的堅持，更是火上加油。

共產黨原本認為國民革命軍應該會支持工人糾察隊對他們共同敵人的軍閥部隊所做的攻擊行動。國民革命軍先鋒部隊是白崇禧率領的東路軍，而蔣介石對他下令先對閘北的戰況按兵不動。四月二日，蔣介石和國民黨內有權的右派人士開會，決定要清黨反共。蔣介石本能地拒絕承認共產黨的臨時市政府：四月九日他前往南京，宣布戒嚴，嚴禁集會遊行和罷工，更下令工人糾察隊向已對國民革命軍投誠的孫傳芳部隊繳械。到了四月十一日，已經筋疲力盡的工人糾察隊不僅要應付國民革命軍和軍閥部隊，還要對付已經被蔣介石收編的祕密流氓幫會青幫和紅幫。

一九二七年四月十二日，蔣介石對上海的中國共產黨和支持者發動一次突襲，更帶動接下來對中國東南部共產黨影響力展開全面清除。四月十八日，蔣介石正式宣布在南京成立國民政府，排除共產黨。這在國民黨內部形成分裂，由汪精衛為首的左派在武漢成立另一個抗衡南京的國民政府。從存在兩個國民政府開始，就沒有了真正屬於國民的政府。然而蔣介石有來自商界和國際社會的支持，即便未經過民主的任命，他的南京政權仍表現出是一個合法的政權。

對於共產黨人而言，特別是周恩來和那些曾在黃埔軍校和蔣介石共事過的人，這次叛變就是一個政治和個人的背叛。接下來的清洗更是惡名遠播：青幫流氓肆虐整個上海、成千被疑為共產黨人遭到逮捕、上百人被殺、公開執行處決以製造恐怖氣氛、幾千人失蹤。接著「上海屠殺」之後就是蔣介石為了要鞏固對中國東南部掌控而實施的「白色恐怖」。[4]

周恩來和上海的失利

讀過中國關於一九二七年一些紀錄的人都會相信周恩來是帶領上海工人起事勝利的偉大領袖。他在街巷戰鬥和共產黨領導小團體中都扮演著重要的角色。雖然趙世炎的地位比他高，但卻在七月時被逮捕和被處決，而周恩來是存活下來的最高階的領導人。他的策劃和訓練在起事時對工人糾察隊影響很大，而他作為軍事組織者的聲望也助長了他在政治上的發展。

起事還是以全面性的失敗告終。第一個固然要歸咎蔣介石對共產黨的背叛和莫斯科要保全統一戰線的堅持，不過共產黨領導層也沒能說服莫斯科這個政策不可行，更沒有預料到蔣介石會倒戈。當國民革命軍接近上海時，周恩來負責統籌軍事和政治情報，早在三月二十五日他就發現一些不正常的動向。他回報中共中央蔣介石「即將密謀解決我們的糾察隊」，並併編糾察隊，將力量集中於總工會。他還對組織罷工人員提出警告，認為國民黨右翼會出手解決他們在上海和武漢的敵對力量。但當時陳獨秀一心遵照實行共產國際統一戰線的政策，對這些完全聽不進去。這並不是情報蒐集上的失敗，而是囿於共產國際的政策而偏聽所造成。

這當中還使用了許多誘騙的手段。在起事時，周恩來住在商務印書館俱樂部，在背叛行動動手前，二十六軍師長斯烈出現在俱樂部，一派安然地邀請他到師部去進行商議。周恩來認為是對軍務的正式討論就同意前往，卻不料因而被囚。三十年後，周恩來在一九五七年對當時起事的倖存者坦承他被欺騙了。斯烈是他在黃埔軍校時一位學生的兄長，利用這層關係，斯烈在動手對付工人糾察隊時將他誘騙離開他所應該在的地方。

周恩來的人設法進行營救，根據一九七九年一月八日《文匯報》所刊載，其中一位黃逸峰描述當時的情形：

我們到了寶山路天主堂第二師司令部，我看到周總指揮雙眼怒視斯烈，抗議他們的反動行為。這時，房間裡的桌椅已被推翻在地，茶杯、花瓶散碎在地上。我聽到周總指揮義正辭嚴地對著斯烈譴責道：「你還是總理的信徒嗎？你們公然叛變革命的三民主義和三大政策，反對共產黨、反對人民，你們這樣是得不到好下場的。」斯烈在周總指揮憤怒的訓斥下，不得不低著頭說：「我也是奉命的。」經過趙舒（營救小組成員之一）同斯烈個別談話，斯烈開始改變主意，向周總指揮表示事情「已過去了，請您來談談，並無其他意思。」多次聲明是誤會，表示道歉。周總指揮根本不理睬他，轉頭同我一起坐上汽車，衝過重重關口，回到了北四川路東四卡子橋附近羅亦農同志辦公所在地。

在周恩來獲釋前，工人糾察隊已被繳械，局勢無法挽回。在數年後的一九五七年一場演講中，周恩來承認當時他太年輕、沒有經驗，不應該離開所在地，以致無人指揮。「不出去也要失敗，但不至於一下子就失敗。這是一個教訓。」

周恩來和趙世炎組織群眾集會和抗議，想要重新恢復工人武裝。四月十三日近午，當抗議群眾遊行至寶山路時，二十六軍士兵突然用步槍和機槍向遊行群眾襲擊開火，至少一百人被打死。在接下來的清洗整肅中，昔日同僚彼此相殘。下午時分，上海總工會被封鎖，四月十四日中共領導被迫轉入地下。周恩來轉移到一處接近吳淞（大上海北部地區一處港口）附近偏僻荒涼的地區，繼續祕密從事政治工作。[5]

上海及武漢

在北伐過後，中共的重心從廣州移到上海，而在上海慘痛的失敗後，又轉移到武漢。在上海叛變發生前，中共中央就已遷到武漢，但政治局卻派李立三、陳延年和共產國際顧問吳廷康回到上海，會同周恩來和趙世炎祕密推動工作。由於當時上海已陷入混亂，他們花了一些時間才找到趙世炎的住處，找到周恩來又費了更多一點的時間。他們加入羅亦農及另外三位俄國成員設立特務委員會，而該委員會成為共產黨在上海能夠有效運作的機構。

在四月十六日針對這次危機的會議中，滿腔激憤的周恩來堅持要把一封坦誠詳述這次危機發生經過的電文送交到武漢的中共中央。他指責陳獨秀執意和早就明顯表露出要清除共產黨的蔣介石合作、質疑共產國際對統一戰線的支持，更鼓吹對蔣介石發起軍事行動。在四月十八日的會上，他批評中共中央決策混亂模糊，黨內領導矛盾。這段時間是中國共產黨歷史中爭議最大的幾個時期之一，為對此時及之後黨內鬥爭倖存者有利，這些講話內容經常受到修改調整，因此在評估周恩來在意識型態和策略爭議中的位置時須謹慎小心。

中共中央指示周恩來和一些其他人前往漢口參加黨的第五次全國代表大會。大會於四月二十七日至五月九日召開，承諾中共支持汪精衛的國民黨左派。不過周恩來還是獲得同意留在上海處理工人糾察隊遭受攻擊的後續情況。他和李立三、聶榮臻一同協助糾察隊藏匿武器，轉入地下，並設法營救被捕人員。在三十年後一個紀念上海起事的集會中，他解釋如果當時把工人武裝和在江蘇、浙江的農民運動結合起來，損失應該會減少。錯誤已經造成，發展當然受挫，但俄國革命時也發生過類似的問題，最後還是成功了。他並沒有點出個別人的名字，但卒於一九四二年的陳獨秀就是公認的受過者；強調農民運動，周恩來明顯支持毛澤東所屬意的策略。

在上海大肆殺戮的三天後，國民黨在廣州逮捕及處決許多共產黨人，包括曾經和周恩來同住的一些人。鄧穎超因為難產住在醫院，他們的孩子沒能活下來，她無法聯繫上仍在上海的周恩來。周恩來透過一位化裝潛入醫院的同志傳遞訊息，要她和他會合。在同情她的醫院人員協助下，她搭上船抵達上海，並在上海醫院裡用化名住了兩個星期，但那時周恩來必須離開上海，否則就會有被抓捕和被處決的危險。稍後於一九二七年五月底，周恩來搭上一艘經由長江開往武漢的英國輪船，他化裝躲過武裝警衛並兩天都藏身在三等船艙中。等到了九江，他感到夠安全後，才出來混入其他的旅客中。他在漢口和接應人見面並被接往仍在國民黨左派手中的中央軍官學校武漢分校。

武漢的國民黨左派政權漸漸被孤立和不安，一連串的經濟問題更動搖了對汪精衛的支持，汪精衛和共產黨的合作到一九二七年八月終止。周恩來是在中共第五次全國代表大會後才抵武漢，但他在廣東的軍事經營和在上海罷工上的領導表現已經廣為所知。就在他未出席的情況下，依然被選為中共中央委員和政治局委員，並任中共中央祕書長，祕書長一職在他抵達武漢前由蔡和森代理。五月二十二日，更決定由他擔任中央軍事部長，中央祕書長一職改由李維漢擔任。李維漢當時前往湖南考察迅速發展的農民協會尚未回武漢，張國燾接著也要離開，五月二十九日周恩來正式代理張國燾的中央常委工作，當時的中央常務委員會只有陳獨秀、張國燾和李維漢。瞿秋白稍後在六月三日加入中央常委會。

這是一九二七年共產黨的領導群，而周恩來則成為其中的重心。他還和聶榮臻以及一些其他人管照著中共的軍事部門，更招收了一些黃埔畢業的學生。他們轄下沒有部隊，只能從事「組織和聯絡工作」，在軍隊中進行宣傳、慰勞傷兵，同時安排共產黨員占據重要職位，像是後來成為中共軍事上相當有名的朱德、陳毅和劉伯承等。照說他們還要負責武漢的工人糾察隊和湖南、廣東的工人武裝，就他們手中有限資源而言，這是個相當艱鉅的工作。

持續的鎮壓行動加上國民黨和軍閥聯手，更進一步讓共產黨弱化。中共中央決定要「挽救革命」，大部分意味著就是要維護統一戰線，然而另一個要在農村地區策動起事的呼聲也漸漸高漲。在湖南，共產黨以農民協會吸收農民對抗地方政府，地方政府的壓制手段造成省會長沙一時間瀰漫著恐怖氣氛和發生大規模處決。一九二七年五月底，長沙周邊已都是農軍，到了七月農民協會所招收的會員已達四百五十萬之眾，一場內部對於是否要以推動農民組織為優先的爭議變得越來越尖銳。即便共產黨員已持續遭到屠殺，共產國際顧問在意識型態上仍堅持要遵從史達林的統一戰線，決不允許任何改弦更張。周恩來想要前往湖南，然而代表共產國際的印度革命家羅易（Marabendra Nath，一八八七～一九五四）在和周恩來一陣口角後不許周恩來前往。對史達林治下蘇聯批評不遺餘力的伊羅生（Harold Issacs）——同時也是一位長年關注莫斯科政治情況如何扭曲地影響中國革命的觀察家——注意到鮑羅廷和其他共產國際顧問如何痴迷地一味要求要和國民黨合作：他們「把自己完全投入到國民黨的軍事和政治工作中，沒什麼多餘的時間和精力去管共產黨自身工作，正在萌發的農民運動就這樣被完全忽視。」

一九二七年七月二十二日，喬治亞出生的共產國際代表羅明納茲（Vissarion Lominadze）抵達漢口，接替因上海失利而遭暴露的鮑羅廷、羅易和維辛斯基（Vishinsky）等人的工作。羅明納茲接受的指示是找出國民黨內可以合作的潛在對象，並挾共產國際代表權威改組中共領導。他清除陳獨秀並成立臨時中央常務委員會，由張國燾、周恩來、李維漢、張太雷和李立三組成。替罪羔羊陳獨秀於一九二七年八月辭職，而大部分的政治局委員都獲得留任，包括伊羅生筆下認為「將上海工人一路帶向蔣介石的劊子手手裡」的周恩來。周恩來再一次展露出他能從禍事當中全身而退的本領。

七月十三日，中共中央宣布撤出日益反共的汪精衛武漢政府的黨員。此後，與國民黨任何派系的合作再無可能。[6]

南昌起事

中國共產黨仍然在國民革命軍中掌握有約兩萬人的部隊。七月十五日左派國民黨指示在軍隊中的共產黨員應退出共產黨，否則就退出軍中。武裝起事成為唯一的選項，而位於江西的南昌被選為起事的地點。

由周恩來和聶榮臻組成敵前軍事委員會，他們前往位於長江邊的城市九江，以聯繫因躲避局勢而轉來此處的眾多黨員。

聶榮臻較周恩來早到九江一週，七月二十日他和在當地的幾位黨員決定要發動起事並成立新政府，並將他們的決定向中共中央報告。中共中央在別無選擇下只能同意。七月二十四日，羅明納茲、加倫、張國燾和周恩來開會決議進行南昌起事，並均同意先行「東征」擊潰蔣介石，再以第二次「北伐」接續共產國際的策略。保守機密和嚴守紀律已成為周恩來的習慣，他一直都沒有對鄧穎超透露有關計畫的任何隻字片語，直到他要離開武漢的那天晚餐，才告知他要離開。鄧穎超也早就習慣這些保密動作，她在六年後回憶起當時，她並沒有問任何問題，只緊緊握著彼此的雙手，連何時或是能不能再見面都不知道。後來她還是看了國民黨的報紙才知道有南昌起事這件事。她和周恩來都投身革命，黨和革命的利益前，他們個人的關係常常要作退讓。

周恩來於七月二十六日抵達九江，並傳達中共中央已經同意這次起事的訊息。對於毛澤東認為重要的農民運動和土地改革，內部仍有不同意見。周恩來於七月二十七日祕密前往仍在國民黨控制中的南昌，並和朱德住在一起。葉挺和賀龍的部隊乘坐火車經過搶修好的鐵橋到達南昌。中共前敵委員會在南昌的江西旅社召開會議，委員會四位成員分別為周恩來、李立三（後因持續鼓吹在城市進行起事而遭批評）、惲代英（一九二七年廣州起事領導人，一九三一年遭蔣介石下令處決）及彭湃（自廣東出身的著名農民協會組織者），訂定七月三十日為起事日期。就在起事前一天，收到張國燾發來的兩封密電。張國燾後來因為成為和毛澤東爭奪中共領導權的主要對手，被指責犯了許多政治錯誤。張國燾強調要謹慎行事，並要求行動延後，等他到南昌再議，然而周恩來照舊進行準備工作。張國燾七月三十日到南昌，參加一場火氣極大的會議，連向來冷靜、客氣的周恩來都忍不住把拳頭拍在了桌子上。周主張遵照中共中央命令繼續執行，然而按照黨的規章，照道理張國燾是共產國際代表，即便經過多數決也不能否決張國燾的意見，他仍然要求謹慎對待張國燾所代表的共產國際指示。有人建議如果張國燾不接受多數決的話，就要把他綁起來，但最後張國燾還是退讓接受了。

起事行動於八月一日一早發起，由於計畫外洩被國民黨得知而提前兩個小時。清晨六時，國民黨部隊被逐出南昌，約三千人被殺，許多人被繳械。一個由中共和國民黨左派參加的聯合政府在原江西省政府宣告成立（譯註：此處所指應為中共和國民黨左派召開聯席會議後成立的「國民黨革命委員會」，作為南昌起事號召各方的旗號，但與以後成立的中共「民主黨派」之一的「國民黨革命委員會」各不相屬），不過這個聯合政府終歸是一場空，而起事最後也以失敗結束。周恩來加入為指導起事而成立的二十五人革命委員會，但並未被任命為重要領導人。委員會祕書長為曾參與辛亥革命的吳玉章，軍事參謀長為劉伯承，他在日後成為人民解放軍重要將領和鄧小平的盟友。起事後部隊逐漸從南昌撤出。

撤出南昌

參與起事軍隊的撤出路線選擇經過農村地區，受到農民協會的支持迎接。周恩來和他的同僚進行對土地改革的宣傳，然而南征行動本質上仍是軍事性的。八月二十五日，起事部隊的第二十軍按路線行進，遭遇到錢大鈞率領的敵軍，雙方都遭受重大傷亡。九月初，周恩來從先頭部隊所在向中共中央發送兩份報告，詳細描述了人員損失達一千人、在行進途中遇到的困難，以及人員、武器和彈藥的短缺。這兩份機密報告由周恩來派人喬裝成商人傳送，但卻花了兩個多禮拜才送達已遷回上海的中共中央手中。

此時起事部隊已朝位於粵東的汕頭方向進發，並以該地為目標。九月二十四日周恩來進入了這個他曾在一年前離開的城市。賀龍的共產黨第二方面軍隨即發布戒嚴，成立新的市政府及東江工農討逆軍總指揮部，由在上海失利前就在這個地區從事組織農民協會的彭湃擔任總指揮。周恩來在一場集合當地民眾召開的群眾大會上演講，鼓動他們挺身而出並解放自身。占領汕頭的共產黨軍隊組織鬆散、裝備不足，參雜許多新兵、訓練不足的學生和傷兵，他們彈藥不足，渴求補給和後援，更亟待中共中央和共產國際的指示。面對著更專業國民黨軍隊所具備的壓倒性優勢，他們於十月一日棄守汕頭。

新任中共廣東省委書記張太雷取道香港赴汕頭，要求參與起事部隊前往海陸豐，可以和當地農民武裝力量結合為「工農紅軍」行動。起事軍隊交由周恩來負責處理，但他身染重病，只得和一部分人員離開。

郭沫若在《革命春秋》中回憶在廣東沿岸召開的一次緊急會議的情形：

> 從汕頭市夤夜撤退以後，到了流沙，在這兒已經停留了一天一夜了。在第三天的中午，終於等到了兩位軍事負責人賀龍和葉挺的到來。首腦聚集在天后（討海人供奉的神祇，人稱媽祖）廟裡一間細長的側廳中開會，商討著最後的決策。決策大體上已經是商定好了的，只是在徵求賀與葉的同意……主要是恩來作報告，他當時還發著瘧疾，臉色顯得碧青，他首先把打了敗仗的原因，簡單地檢討了一下。把這些失敗因素檢討了之後，接著

> 又說到大體上已經決定的善後辦法——武裝人員盡可能蒐集整頓，向海陸豐撤退，今後要開始長期的革命鬥爭。這工作已經做得略有頭緒了。非武裝人員願留的留，不願留的就地分散。已經物色了好些當地的農會會友當嚮導，分別內海口撤退，再分頭赴香港或上海。

郭沫若以後在中華人民共和國中成了一位具有影響力的作家、歷史學者和文化官僚。他在文化大革命期間曾想要修改自己的作品以附和當時的政治風向，不過在一九二七年所發生的事件上，他確實是一個重要的見證。

葉挺認為只能當個流寇——他的意思是改做游擊隊——而賀龍也建議完全撤至湖南重新整理、集結。周恩來發著燒，被擔架抬著，走在隊伍後方。他的同志們勸他離開部隊，他堅持要陪著他們到海陸豐。撤退路徑取道狹長崎嶇的小路以避開敵軍部隊攻擊，有些傷病人員不得不被留下。意志越來越低落，這群人儼然成為國民黨和軍閥們的獵物。周恩來無法吃喝，常處於神志不清的狀態，他的同伴對當地不熟悉，更不通地區方言，然而最後還是由當地一位共產黨員楊石魂帶領他們到海陸豐蘇維埃內的陸豐。他們找到一條小船載著周恩來、葉挺、聶榮臻和楊石魂前往上海。這條可憐的小船對於要搭載他們四個人再加上船員顯得過小，不過在聶榮臻回憶中的這段可怕旅程後，他們抵達香港，楊石魂並在當地為周恩來安排接受醫療照顧。[7]

雖然革命分子策劃並發動起事，然而他們並不能造就革命，反倒經常被革命所造就。他們可能參與介入革命事件，卻往往發現這些事件並不是他們所能控制。就像馬克思曾經寫過而周恩來也一定讀過的一段話：

> 人們創造自己的歷史，但是他們並不是隨自己高興而創造，更不是在他們自己選定條件中創造，他們創造時所直接遭遇、被給予和被傳遞的條件是來自於過往。是已離世前人的傳統，如夢魘般壓負在在世者的腦中。8

革命分子受到了他們的政治觀念所啟迪，而他們覺得應該且得以去遵循的策略也受到這些觀念和他們對於革命本質的理解所束縛。直到一九二七年底，許多中共黨員越來越清楚領導層對於中國革命的理解有很大問題，主要是他們沒辦法抗拒來自於共產國際不計任何代價都要維持與國民黨統一戰線的堅持。對於日益右傾的國民黨已不可能再繼續合作、共產黨對於城市工人階級的支持越來越無力和共產黨賴以立足的農村大部分群眾不滿情緒暴增等這些在國共合作以外的情況，莫斯科方面完全不作考慮。

周恩來所做的正面和豐富的工作說明，以及中共稱呼他時所用的正式組織名銜，都說明著他在黨內的地位。他是一連串失敗起事的倖存者，也是雖失意卻仍急於探尋新策略方向的革命者中的一員。從南昌大敗中脫身的潰散部隊卻由毛澤東在井岡山及時重組，成了共產武力的主要核心。周恩來的軍事經歷以及他承認以往策略錯誤的意願，都讓他能在新生成的組織中穩坐一席之地。上海和南昌所給的教訓十分沉重，也讓這些生嫩的年輕革命著——周恩來當時也不過才二十九歲——十分迫切想要尋求一個新的策略。

第五章 中國共產黨和六大的危機

——一九二七～一九二八年

今天尚沒有全中國客觀革命形勢，也就是在今天尚不是全國的直接武裝暴動的形勢。

——周恩來[1]

從南昌出逃的一行人抵達香港時，周恩來的病況嚴重，他發著高燒，神志時而清醒、時而昏迷。楊石魂在九龍半島南邊的油麻地找到地方安頓這些人，並背負著周恩來到這邊。為了安全，他稱周恩來是姓李的商人。一位當地受過醫療訓練的黨員幫忙找到醫生，經過診斷認為是疾病當中最為棘手的惡性瘧疾。他病了三個禮拜，但還是在他人協助下渡過維多莉亞港，前往香港參加中共為檢討起事失敗而舉行的會議。

已遷返上海的中共中央決定召開緊急的「中央臨時政治局擴大會議」，並於十月二十三日寫信給南方局及廣東省委，要求周恩來於十一月七日前趕赴上海。周恩來在還沒有完全康復下，仍搭船自九龍的深水埗前往上海。黨的紀律和個人的自我要求總是放在身體健康的考慮之前。

這個兩天的緊急會議從十一月九日開始，參加者有政治局委員、指定的政治局候補委員、地區省委及中央分局代表等約十幾人。依當時凌亂的組織情況，領導層召集到的都是可茲信任、有經驗且能來參加的人。由取代已受眾人指責的陳獨秀黨領導位置的瞿秋白主持，並由共產國際代表羅明納茲與會視察指導。會議通過一份由羅明納茲起草且冗長的「中國現狀與共產黨的任務決議案」，還是有讓中共和國民黨能達成協議的想法。革命仍處於低潮，中共黨員人數從六萬人減少到一萬多人。

十一月的會議通過另一個由羅明納茲所提的議案，即對南昌起事部分參與者的懲處。周恩來和整個前敵委員會因犯了「機會主義」而被處以警告，但由於周恩來的政治組織能力受到肯定，他仍被選為政治局委員及常務委員。他和李維漢被分配到羅亦農主持的組織局，而因為羅亦農於當月底要被派往武漢，職務由周恩來代理，負責處理中共中央日常工作。周恩來被眾人熟知的能力和忠誠彌補了對他「機會主義」的責難。

周恩來在實際行事上仍維持著謹慎小心。一九二七年十二月十八日，他反對一份在浙江起事過於樂觀的計畫，還在一九二七年十二月六日的中央常務委員會的發言中，批評青年團因為「先鋒主義」傾向而不計任何代價想要急於發起行動。青年團書記任弼時表達支持，但他們卻無法防止十二月十一日在廣州成立蘇維埃根據地的意圖。

廣州起事

廣州起事——或者仿照巴黎公社被稱為廣州公社——失敗，是一九二七年革命最後的喘息和在城市舉事的終章。該起事於十二月十三日遭到鎮壓，損失幾千人的性命，大部分都是具有黨員身分或是共產黨支持者的工人、農民。黨內領導如葉挺一般具有軍事經驗者都反對這次起事。周恩來並沒有參與，並且在一九二八年一月三日的政治局會議中斥責其為盲目冒進。一月十三日他負責起草一份常委會的會議決議，指示湖北省黨委儘快停止「無政府、盲動主義的行動」回到工農運動的工作中。

一九二八年三月中，中共中央派周恩來回到香港召開一個檢討廣州失利的會議。後來被歸咎要擔起所有起事失敗罪責的李立三，卻斥責是廣州領導幹部不力所致，而這些領導幹部正是周恩來要維護的。周恩來同意犯錯的黨員應該被批評，但是由於他認為只談懲處沒什麼用，因而試著弭平廣東省委內部的分歧。

新任廣東省委書記鄧中夏於一九二八年二月底被捕，旋即被周恩來指示的營救下獲釋。四月四日，周恩來寫信給在上海的中共中央，表示「廣東省委已近於集體指導，雖中經挫折和破獲，但較前確大進步。」

上海和共產國際決議

周恩來在四月中回到上海，發現中共中央收到一份共產國際「關於中國問題的決議」。這份文件承認了共產國際要對廣州起事失敗負部分責任，也認識到「革命高潮」已經過去。這件事對周恩來和一些行事謹慎的領導人有益，但仍然沒有認可毛澤東要依靠農民從事革命的想法。四月二十八日召開的政治局會議由周恩來負責，會中批評共產國際為它先前政策辯護，周並對那些仍熱衷於在城市發動起事者予以指責。中共中央於四月三十日接受共產國際的決定。

安全與情報

在國民黨持續的威脅下，周恩來為共產黨進行了一件具有高度機敏性的工作——設立中央特別行動科（簡稱為中央特科），活動期間自一九二七至一九三五年。這個組織是以周恩來一九二七年五月曾在武漢成立的組織為基礎，負責蒐集情報及保衛中共中央成員人身安全。它還從事內部安全並對那些背叛中共的黨員以及對現任領導人造成威脅的前黨員進行嚴肅處理，也執行對會議的安全控管和對被捕黨員的營救、支援。

推動中央特科成立主要是由於武漢組織遭到國民黨「白色恐怖」嚴重破壞，還有在統一戰線失敗後了解到個人政治忠誠度實在難以信賴。當時還建立無線通訊部門，訓練電台和電報操作人員。一九二九年秋天首次收－發任務進入操作，同時連接像是香港和天津等重要地點的掩護網絡也完成設立。當領導部門一旦被迫逃離上海，聯繫網絡就轉移到位在江西的中央蘇區，負責運作的人員還誇口在消息傳遞上完全沒有中斷。

一九二八年春，中央特科吸收了它的第一個反間諜員。楊登瀛當時正為國民黨在上海成立特務組織，並且能夠接近國民黨要員和進入位於外國租界關押被捕共產黨員的警局。楊登瀛的手下中能提供預警通知和最有價值情報者被稱為「三傑」（譯註：中共所稱「三傑」因時間的不同有「前三傑」和「後三傑」之分。此處所指應為「前三傑」，又稱為「龍潭三傑」的錢壯飛、李克農和胡底等三人。該三人均透過楊登瀛關係，打入國民黨組織）。另一位中共諜員楊度，曾經支持過袁世凱，後來認同革命。他也是青幫頭子杜月笙位在上海法國租界豪宅中的座上賓。杜月笙和國民黨往來極為密切，楊度利用這層關係，把重要消息傳給共產黨。周恩來在他晚年一九七五年時，曾要祕書了解《辭海》中如果有收入楊度的條目，一定要註明他是共產黨員的身分（譯註：楊度由於曾在一九一五年發起籌安會為袁世凱鼓吹廢除民國，改行帝制，故在中國大陸一般印象均持負面，後由周恩來證實他曾經周恩來批准祕密加入共產黨）。楊度曾於一九二九年祕密入黨，但在兩年後因病離世。

莫斯科和中共「六大」，一九二八年六月十八日~七月十一日

在一九二七年召開的臨時政治局會議上，周恩來提議面對當前危急的情況，應該要召開一個全國代表大會。一九二八年三月共產國際執行委員會決定該次大會應在莫斯科舉行，該決定獲得一致

同意，固然是因為要因應在中國所遭遇到的危害，但也是因為共產國際想要監督著這場會議。

周恩來和鄧穎超偽裝成一對做古董生意的夫妻，搭乘一艘日本汽輪前往大連，再赴莫斯科。途中碰上一個意外事件，考驗周恩來的應變和機智。當輪船停靠大連時兩名日本水警過來盤問他們。周恩來堅守著古董商人的掩護，儘管他們身邊沒有任何古董，而且還要解釋為什麼他們買那麼多報紙。他們被帶到警局，周被指控是一名士兵，周恩來把雙手伸出給他們看，並問他們這雙手像是當兵的手嗎？他們接著打開抽屜，看著一張卡片並問「你就是周恩來，不是嗎？」周恩來仍然冷靜地告訴他們他姓王，是個古董商人。鄧穎超認為周恩來因為曾在黃埔軍校任職，所以警局會有紀錄。

因為警察對鄧穎超沒興趣，周恩來要鄧穎超先去旅館。等周恩來過去和她會合後，首先想到的就是要燒掉那些會危及到他線人的文件，而鄧穎超早就把那些文件丟到馬桶裡去了，接著他們愉快地到旅館的餐廳去吃中飯。下午在往長春的火車中，周恩來換了長袍馬掛，把鬍子也剃掉，搭上另一輛往吉林的車，和周恩來的伯父及其他親戚見面。接著周恩來和鄧穎超各自分開前往哈爾濱，然後再到位於蘇聯邊界的滿洲里，搭上前往莫斯科的火車。

史達林約於六月九日接見中國代表們，要對中國革命所達到的確切階段作定論，他堅持與國民黨的合作仍然是他們的目標。六月十四及十五日，布哈林（Nicolai Bukharin）以共產國際代表身分，召開了一個「政治談話會」，談論過去所犯的錯誤和現在應該要做些什麼。布哈林是一位老革命家和理論家，他和普列奧布拉任斯基（Evgenii Preobrazhensky）於一九一九年所著的《共產主義

ＡＢＣ》被共產主義運動數十年以來奉為圭臬。他的列席保證了中國共產黨所奉行的是正統的莫斯科政策。布哈林在對抗托洛斯基時是史達林親密的盟友，但很快的就失去權勢，在一場裝模作樣的公審後被處決。

參加「政治談話會」的中共人員約有二十人，周恩來和王若飛報告了被指為托派的前任主席陳獨秀未出席事宜。大會於六月十八日在莫斯科郊外一座簡單的舊式莊園中開幕，一直進行到七月十一日結束。八十四名代表和三十四名候補代表，代表著號稱有四萬人的黨員。新任主席瞿秋白主持開幕，共產國際和其他國家共產黨致祝賀詞，即使實在沒什麼事情可茲祝賀。六月十九日是布哈林「中國革命與中國共產黨的任務」報告，隔日瞿秋白則相對提出「中國革命與共產黨」的報告，然後依舊例進行分組討論。

周恩來擔任主席團成員及大會祕書長，即便是對周恩來而言，他的工作量也異常繁重。他經常忙於負責大會和所屬各委員會每天的日常工作。因此直到六月二十七日，他才發表了一篇「政治問題報告大綱」的長篇報告。這篇報告周恩來難以辨識字跡的部分手稿複件曾經被印出。他強調大會不應該提出責難，而應該想辦法避免重蹈過去的失誤。他使用共產國際官方馬克思的話語突出中國各地的情況都不同以及中共所受到的限制。他避開中國革命在高潮的任何說法，但提出應建設獨立的蘇維埃政權作為起事的基礎。六月三十日，他提出一份有關組織工作的報告，點出自從「蔣介石、汪精衛相繼背叛革命以後」，「白色恐怖」緊接其後，約有三十一萬到三十四萬共產黨員及其支持者被殺，至少四千六百人被關。工人和農民組織被摧毀，地下工會組織從七百三十四個減少到八十一個，支持和參與的人也很少。一些蘇維埃政權仍然存在農村地區，有些還在從被破壞中重新恢復。周恩來著重實際且不會張揚，他認為黨正進入一個全新且危險的階段。

當開始將政策的失敗歸咎在黨內知識分子身上時，大會間彼此對立的情形逐漸增大。瞿秋白和張國燾之間爆發激烈爭吵，布哈林更罵他們是「大知識分子，要讓工人幹部來代替他們」。周恩來對反知識分子傾向不以為然，不過仍強調「我們對知識分子應用無產階級的方法去使知識分子無產階級化」。稍後他還指謫統一戰線帶來的制約，並力陳應大力發展獨立的工農武裝力量以作為以政治化動員的紅軍基礎，並作為支持「蘇維埃政權」建設的憑藉。

當大會閉幕時，修改過的黨章獲得通過，選出一個由二十三名中央委員及十三名候補委員組成的新中央委員會。大會於七月十一日正式結束，新任中央委員會第一次全體會議接著於七月十九日召開，地點仍在莫斯科。周恩來被選為政治局委員，會議在兩天後再選他作為政治局常委並兼任祕書長，另外再任中央組織部部長。許多中共代表在中央委員會全體會議後即返回中國，周恩來、瞿秋白和一些其他代表則繼續留在莫斯科，參加於七月十七日至九月一日舉行的共產國際第六次代表大會。周恩來成為共產國際中央執行委員會的候補委員，還前去看望一些在蘇聯軍校讀書如劉伯承等的黨員。

周恩來也拜訪了在莫斯科中山大學的黨員。他正式介紹「六大」的狀況，並告訴大家當前中國政治情勢。作為中央組織部部長，除了與他們進行會見談話外，他也在為他們將來回國後要做的政治工作做一些聯繫和準備。後來成為內蒙古領導人的烏蘭夫，還記得當時周恩來對他和一些少數民族學生的親切關懷。當時也在莫斯科讀書的王明對派系活動的存在提出指控，共產國際和周恩來及中共其他代表進行聯合調查，但發現這些指控都是無中生有。王明在後來挾其莫斯科的倚仗成為毛澤東的夙敵。

周恩來於一九二八年十月回到中國，在瀋陽停留，向滿洲省委做簡短報告並探望他的伯父。莫斯科大會對他個人是一個極大的成就，他以在共產國際裡站有一席之地達到他在黨內的頂點，而他那時不過才三十歲。[2]

上海地下工作

周恩來於一九二八年十一月上旬回到「嚴重白色恐怖籠罩下」的上海，進行黨的祕密組織工作。瞿秋白剛成了替罪羊，新任主席是向忠發。向忠發曾是船工和碼頭工人，還是武漢的工會負責人。他的學識和能力都有問題，但當時共產國際非常熱衷於選任工人階級擔任領導幹部，向忠發是由米夫（Pavel Mif。譯註：時為共產國際東方部副部長）提出的候選人，新的政治局常委有向忠發、周恩來、蘇兆征、項英和蔡和森。不過，蔡和森很快就被除名（譯註：蔡和森因反對採取左傾冒進的城市暴動政策，被指為右傾，常委身分遭撤消），蘇兆征隔年二月就因病去世，候補委員李立三於十一月二十日遞補加入領導行列。這個領導團隊直到周恩來於十一月九日抵達後才真正開始運作，周恩來獲准起草工作計畫，並成為中共中央實際上的主要負責人。

對中共而言這是一個晦澀的時刻，正處在一波革命行動高潮結束後而另一波高潮不知何時來臨的低潮。國民黨持續北伐，進占北京和天津，國民黨的南京政府宣布成為全國性政府，但是在東北的張學良只是名義上歸附蔣介石而已。軍閥間彼此攻伐暫歇，恢復了一定程度的穩定，使交通得以復原，經濟也開始好轉。

周恩來了解，即便對手陣營諸方勢力彼此各有盤算，但所結合的力量仍遠遠大過共產黨的力量，不宜再從事武裝起事，共產黨應該要爭取群眾支持，準備下一個革命行動高潮的到來。

周恩來雖然忙碌，但他卻身處於危險之中。中共中央的工作是祕密的，而周恩來又是眾所周知最重要的領導人，自然也是國民黨幹員積極追捕的目標。他靠著長期從事掩護工作的經驗、沉著冷靜的能力和機智反應，躲過許多麻煩。他使用許多化名並經常變換住所，極少人知道他住在哪裡。除非緊急狀況，他只在早晨五點到七點之間以及晚上七點過後才外出。由於他對上海這個城市的布局深入研究過，他可以不著痕跡地穿過弄堂、小巷，不走大馬路或坐電車。他裝扮成商人模樣並滿臉蓄鬍，以「鬍公」的樣子躲避緝捕。在到一九三〇年春返回莫斯科之間的十八個月，他重建上海黨組織、發展地下工作，更為保護中共中央而推動嚴格的安全保衛工作。

天津亂局

在一九二七年中共創黨元者之一李大釗經軍閥張作霖下令刺殺後，天津的共產黨組織（譯註：此處作者所用「天津黨組織」實際是指中共順直省委及北方黨組織，即又稱順天的北京及直隸的河北，所轄地區甚廣，包括河北、山西、北京、天津、察哈爾、綏遠、熱河、河南北部和陝北。可能因外國讀者面對多個地名會過於複雜，加之主要活動發生於天津，故以「天津問題」或「天津亂局」統稱之）就陷入混亂之中，爭執不休的派系無法遵從中共中央指示。一九二八年十二月中旬，周恩來搭乘輪船自上海來到天津。一封密電送到天津的陳潭秋處，請他找一個周恩來認識的人去接他。徐彬如等著從塘沽開來天津的船逐漸接近，一個留著鬍子的商人走了出來。周恩來當時身著長袍馬掛，還戴著禮帽。徐彬如先帶周恩來到一家餐廳，隨後再帶他去長春旅社，當時是中共在天津近河濱的祕密交通點，其他黨員都住在那裡。接著徐彬如再護送周恩來到日租界的一家高級賓館，安排周恩來住在位於二樓的一個房間。

隔天徐彬如帶著陳潭秋、劉少奇和其他幾位黨員去見周恩來，報告天津問題，並籌備召開一場正式的會議。考慮到安全因素，周恩來縮減會議規模，但要求曾出席莫斯科「六大」的地方中央委員都要參加。這個會議（即順直省委擴大會議）於十二月底在一處位於法國租界內新蓋好但還沒住人的屋子內召開。周恩來先作報告，提醒大家莫斯科「六大」精神，並重申政治困頓時期是需要鞏固力量、爭取支持的時刻，而不是攻擊。他批評了組織問題，並強調組織改造和共產國際所提的加強無產階級基礎並行推動。

一九二九年一月十日或是十一日晚上七點，一場改組後的順直省委常委會議召開，周恩來主持並聽取了對於職務任命和組織的爭論意見，舉證並經過大量說服工作，達成妥協。周恩來於一月底離開天津前往上海，但仍留心順直省委，並且還安排毛澤民（毛澤東的弟弟）帶著印刷設備前來協助。

改造江蘇和武漢黨務

江蘇省委的工作範圍涵蓋上海、南京、無錫和南通，幾乎囊括三分之一全中國產業工人的人數。中共中央也設在上海。在一九二九年一月三日舉行的政治局會議中，總書記向忠發和李立三提議由中共中央兼江蘇省委工作。周恩來不同意這項提議，認為這會破壞中共中央領導權威及祕密工作。他堅持要召開政治局特別會議進行討論，經過多方操作後，周恩來的意見取得多數優勢。透過周恩來的運作，讓各地省委接受中共中央的領導權威，此時各地許多省委都因為被捕、殺害和叛變而遭到破壞。

武漢的中共黨組織則是周恩來下一個改造目標。一九二八年十月，周恩來起草「關於湖北組織問題決議案」，申明工作人員優先要找當地在業人員，並因應安全要求，組織要小而緊密，開會時間要短，交通線要各自獨立。這樣既遵從共產國際的規定又能讓中共在敵對的環境下運作。[3]

莫斯科和中共中央內的派系鬥爭

一九三〇年代早期，中共領導內部摩擦始終不斷，而在莫斯科，史達林則擊潰政敵鞏固了他的權力。一九三〇年三月，周恩來回到莫斯科報告中國的情況並參加蘇聯共產黨第十六次代表大會，這次大會是有曾經參與一九一七年革命分子參加的最後一次大會。托洛斯基早在一九二八年就被驅逐流放，他的支持者也遭到清洗。現今「右傾反對派」被追殺，而對史達林的個人崇拜開始日漸升溫。這些做法日後被中國仿傚，造成災難性的後果。史達林了解中共和共產國際遠東局在意識型態和私人關係間存在種種扞格。共產國際堅持要中國複製蘇聯的政策，消滅富農。然而這種做法並不符合中國農村地區經濟和社會關係的實際情況。在羅明納茲之後的共產國際幹部並不會密切參與中共的領導幹部或是黨員的工作，卻喜歡在只和黨內一、兩個高層開幾個會後就下發規定和要求。

周恩來為了減少被國民黨特務認出和逮捕，採取迂迴路線前往莫斯科。他於四月中乘船到歐洲（很可能是法國），接著經由陸路於五月抵達莫斯科。他使用一本真的護照，名字卻是透過學生組織取得的假名並貼上一張和他極為相似的照片。為了保持這次出行的機密性，在上海三月三日召開的政治局會議上，只記錄周恩來生病告假兩個月。事實上，他離開將近六個月。

李立三推動起事

正當周恩來在努力說服共產國際中國不見得一定要複製蘇聯政策時，中共內部一場危機的陰影正籠罩著他的這趟莫斯科之行。向忠發是黨的總書記，但李立三短暫接任周恩來留下的職務並在實際上主導黨的走向。李立三完全反對「六大」的政策，並認為革命行動的高潮已經到來，要推動在城市的武裝起事，進而革命形勢會向全國散布。而蔣介石於一九三〇年五月又爆發了和軍閥閻錫山及馮玉祥之間的內戰，更激勵了這個想法。

李立三利用周恩來不在時力倡中國已出現「新的革命高潮」，並向共產國際發出報告，共產國際對這份報告有所警覺。周恩來表示，就算革命「新高潮」已出現，但仍未成熟。他仍然小心翼翼，避免被指為「右傾」。李立三在一封六月十二日的信中，猛烈抨擊毛澤東所主張的「建立蘇維埃根據地等類似的割據觀念」。周恩來則認為即便蘇維埃政權是臨時性的，但卻是因應目前情況的基礎。周恩來在一次蘇聯政治局的會議上，連續三天力陳主張，盡力為他的觀點爭取認同。他主張即使推動根據地建設，在短期內還看不到武裝起事成功的形勢。在「關於中國問題的決議案」上，周恩來和瞿秋白共同合作，最終讓共產國際於七月二十三日通過同意應該停止武裝起事。他們指示周恩來和瞿秋白回到中國糾正「李立三路線」。

周恩來搭乘國際線列車臥鋪回到東北，再從大連乘船，最後在八月十九日抵達上海。他和李立三及向忠發見面，「接連進行兩次談話」，「通過耐心的說理和具體的分析」，周恩來說服他們遵從他和共產國際採取的路線。在八月二十二及二十四日的政治局合議上，周恩來大篇幅地陳述了他的意見，強調他已經爭取到李立三和向忠發承認他們先前的立場是錯誤的。

周恩來先前經過柏林的時候，接受德國共產黨的邀約，幫《紅旗報（*Die Rote Fahne*）》寫一篇文章。紅旗報是由一九一九年遭到政敵所殺害的社會主義者羅沙・盧森堡（Rosa Luxemburg）和卡爾・李卜克內西（Karl Liebknecht）所創辦的。.這篇文章以陳光之名在一九三〇年四月二十七日出版的《紅旗報》上刊出，他主張中國革命最重要的特徵是「農民游擊戰和土地革命」。

周恩來說服共產國際接受在農村建立蘇維埃根據地並不是「割據主義」和「保守主義」的錯誤，而是對國際間從未重視的農村地區革命的重要貢獻。因此，他要將共產國際的立場和毛澤東有關的農村戰略連繫起來。八月二十五日，周恩來起草一封給共產國際的電文（以向忠發之名），通知共產國際中共完全同意莫斯科的指示。他在八月二十六日瞿秋白回國之前順利調解了共產國際和中共領導間的齟齬。

周恩來以中共中央之名起草信函和電文，並於九月八日以電文通知共產國際取消在武漢和南京的起事和在上海的總罷工。而今在瞿秋白的支持下，再起草信函給在武漢的長江局，表明「革命的高潮」不存在，並指示武漢或是南京都不能起事，「還不是暴動的前夜」。

被李立三整肅過的黨、團和工會組織都已恢復。九月二十日召開的政治局會議上，通過周恩來的「中央工作大綱」，並補選包括李維漢和毛澤東在內的政治局候補委員。

中央委員會從九月二十四至二十八日在上海公共租界麥特赫脫路的一幢洋房中召開祕密會議（日後被追列為第六屆第三次中央委員會全體會議）。第一天聽取周恩來報告，李立三做自我批評和僅有其名卻無所作為的黨領導人向忠發的總結。周恩來在他「關於傳達國際決議的報告」中表示：

中國革命新高漲已成無可懷疑的事實……但是在今天，中國工農的力量尚未能聚集起來襲擊帝國主義與國民黨的統治，現在還不是全中國客觀革命形勢，也就是在今天尚不是全國直接武裝暴動的形勢。

周恩來繼續說明李立三所犯的錯誤是在形勢預估上把某種可能性當成了現時的行動判斷基礎——用共產黨的說法是犯了「冒險主義」的錯誤。李立三承認他所犯的錯誤並接受應負的責任。多年後，李立三坦承他那個時候太年輕、天真，太過急於想推動革命。由於李立三在周恩來不在時僭盜了黨內主導權，並把指責的矛頭對準他個人，更致電給共產國際要周恩來回國並撤消周在中央委員會的職務，這些都讓周恩來有理由提出批評，但批評內容卻持平的令人意外。李立三不想應共產國際的要求回莫斯科，周恩來因而寫了一封信給共產國際表達支持李立三，並維持李在政治局中的職位。

周恩來的政治格調

這件事情的經過並不見得就能據以表示周恩來是個聖人，但卻真實呈現並概括出他的個性和政治格調，讓他能待在中共核心數十年之久。他堅定維護自己的位置，還有來自共產國際的助力，但他不會因個人考慮而提出相關陳述，也不會威迫並欺凌他的對手。他的本能就是求取共識，如果不存在任何共識，那就進行協調，直到共識出現為止。他認為中共和共產國際之間並不存在真正的分歧，兩者都是要爭取「廣大群眾」，都想要強化革命行動，更都想要準備一場能推翻國民黨的武裝起事。中共地方黨委高估已獲得廣泛支持，以及誤判情勢發展速度。在第二份「組織報告」中，他對中共中央表示黨員人數已臻十二萬人，其中大多數都在蘇維埃區域內，他認為這表示中共的重心已經轉移到農村根據地上。在新一屆政治局的第一次會議中，周恩來再度提起這個問題，並強調要從失敗的城市起事中求取教訓，在蘇維埃根據地中建立軍事力量。

他要求紅軍內的上下級「同志」關係要更為密切，還廢除官兵間的階級分別。他同時了解游擊隊戰略和戰術在有些時候非常重要，因而要進行紅軍的現代化。他很清楚中共的軍事委員會不應該設在上海，而應該設在其中一個獨立的蘇維埃根據地內。雖然實際上對離開中共權力核心仍有猶豫，但周恩來仍然表達出前往江西的意願。

在一九三〇年十月三日召開的另一次政治局會議上，周恩來、向忠發和徐錫根三人被選為中央常委，並成立蘇區中央局以指導全國蘇維埃區域和紅軍工作，成員包括周恩來、毛澤東和朱德都在內。周恩來還不確定要前往江西，他在蘇區的職務由項英代理。雖然未能親自參與軍務，但周恩來依然保有在軍隊中的威望，透過項英，他以中共中央之名寫信給紅軍一、三團的前線委員會，要他們不要再重蹈攻打長沙或南昌的覆轍，集中建立起他們的武裝力量。

和周恩來交好，且日後成為中國人民解放軍元帥的聶榮臻，曾親歷九月分召開的那次會議（譯註：指在上海祕密召開的六屆三中會議），日後他回憶：

恩來是這次全會的實際主持人，但他很謙虛，總是把秋白推到前台，讓他主持會議，作報告，發表結論性意見。因此，三中全會使瞿秋白同志成為黨中央實際上的主要領導人。恩來這種沒有個人私心的謙讓精神，令人欽佩。

周恩來經中央委員會選舉後仍留在新一屆的政治局中，排名位列第二，僅次於向忠發。毛澤東則和後來成為紅軍知名指揮官的朱德一樣，成為中央委員會候補委員，兩個人都在離上海很遠的江西蘇維埃，沒辦法完全參與決策。

中共有一些有關「李立三路線」的文件，包括一份在一九四五年「七大」召開前夕發出的，這些文件都盛讚周恩來在解決這件爭議上扮演非常重要的角色。但在這段確實艱困的時間中，周恩來的態度並不是完全一致的。有兩份中共中央發出的通告，一份是一九二九年的第三十七號通告，另一份是一九三〇年的七十號通告，都由周恩來起草，就反映出這種不一致。中共中央雖然決定修改三十七號通告，但仍能反映出當時黨內就到底是反「左」還是反「右」而搖擺不定。七十號通告則是在一九三〇年周恩來對中共中央所作的發言後所簽發的，在內容中周恩來也高估了革命情勢，接近李立三的想法，這也是一些書寫周恩來的傳記作者所刻意輕描淡寫的。不論是在發言或是起草文件時，周恩來都不得不反映出共產國際的想法（在托洛斯基和他的支持者遭到驅逐後，共產國際本身就陷入混亂中），並要把這些想法套入到中國的情況中。他也曾經在一些對中共中央的發言中過於激昂，但在實際上卻未曾改變反對「不計後果的冒進」（李立三最大的過失）並一直傾向於採取謹慎的做法。在一九三〇年八月他從莫斯科回國前，他的立場一直是審慎行事並支持建立蘇維埃根據地，然而他之前之所以會留下對「冒進」支持的印象，或許其中大部分是對李立三的包容。

王明時期

周恩來明顯穩固的地位突然之間在一九三〇年十月被一封來自共產國際的信改變了。周恩來和地方省委對「李立三路線」所造成的分歧原本以個別和策略問題完成處理，而共產國際卻把它視為是反共產國際和反馬克思主義的領導路線。一批中共留蘇學生四月從莫斯科回國並介入其中，這批學生由共產國際遠東局的米夫（Pavel Mif）在背後撐腰的王明（陳紹禹）和博古（秦邦憲）所帶領。十一月十三日，王明和博古聯名寫了一封信給中共中央，指責瞿秋白和周恩來未能徹底清理「李立三路線」。

十一月十六日中共中央收到共產國際一封正式信函（譯按：此信原於十月發出，即為前面所提到改變局面的那封信，但遲至十一月十六日中共中央才收到），為慮及可能引發的討論會擴大黨內分裂，兩天後即召開政治局會議。政治局檔案中記載著周恩來的發言，他以一貫和緩的方式，建議接受對他們處理李立三的批評，他們或許沒有解釋得很清楚或是不夠深刻，而且當然應該接受莫斯科的指示；他認為政治局應該不要再多作討論。他知道那些「回國學生」已經自行開過會，但仍然邀請他們再召開另一次會議，以鞏固黨組織而不要造成分裂。

在後續會議上，周恩來盡力解釋所採取的調和態度並提醒要注意王明等人的打擊，王明等人自認為是共產國際政策真正的詮釋者，還想要取現行領導人的位置而代之。

米夫於十二月中祕密前來上海，他只見了幾個參與爭論各方的人，並提出要召開以反對「右傾」為主調的中央委員會全體會議。米夫的介入讓情勢更為紊亂。十二月九日，政治局對中央委員會先前的決議提出批評，政治局更於十二月十六日撤銷對王明等人的處分，並在米夫的壓力下否定周恩來的「調和」做法，指其為繼續「立三路線」，還要驅逐和處分中央領導。

米夫則表示要求召開的是中央全會。他試著要讓王明擔任江南省委（江蘇省委）書記，但被任命的卻是仍在蘇聯的劉少奇，然而在劉少奇未回國前同意由王明代理。米夫堅持瞿秋白要下台，但他知道不可能要求沒有經驗的王明等人進入領導人之列，因而留下周恩來。

一九三一年一月七日，由於擔心國民黨軍方或警察的襲擊，中共中央祕密在上海召開會議，會上米夫語帶嘲諷的表示他們沒辦法趕走周恩來，但是要「看他是否在工作中改正他的錯誤」。周恩來對過去一些錯誤承擔起責任，但是對派系和分裂問題提出警示。他並沒有為自己提出辯解，卻印發自己先前的報告（譯註：即在六屆三中全會上所做「關於傳達國際決議的報告」）給共產國際。

會議通過米夫所提的候選名單，瞿秋白、李維漢和李立三退出政治局。王明進入中央委員會及政治局，並在往後四年多主導中共的政治路線。這段時間對周恩來而言相當不好過，他和瞿秋白成為王明集團攻擊的主要目標，瞿秋白被趕出政治局，周恩來得以留下。米夫在中國停留六個月左右，完全主導中共的決策，對中共的運作造成阻礙，更對中央領導地位形成嚴重的損害。

周恩來陷入困境。黨內敵對團體爭相要另立中央，而共產黨員還身處於被逮捕和被處決的險境。一月十七日，幾位領導人被出賣並在東方旅社被捕，另外有人於一九三一年二月七日被殺害（譯註：一九三一年一月十七日因有人密告，上海警察發動搜捕行動，分別於中共各祕密地點抓捕三十多人，其中二十多人於二月七日被祕密處決，被稱為「東方旅社」事件）。周恩來在共產黨祕密報紙《群眾日報》上寫了一篇社論悼念這些死難者，並痛批國民黨「殘酷的白色恐怖」。即便常常被交付處理繁瑣事務作為羞辱，或是被對他具有敵意的王明說「為的是實際工作便利和給他們改正錯誤的機會」，周恩來仍然繼續為共產黨工作。在米夫支持王明之下，周恩來沒有別的選擇。

周恩來的地位在一九三一年一月十日被選入由三人組成的政治局常委會後得到改善。當月底，周恩來總綰軍事工作，政治活動的重心也轉移到紅軍及農村地區的蘇維埃根據地中。如此一來，也有利於讓他能遠離王明和米夫的惡勢力。[4]

第六章

江西蘇維埃

——一九三一～一九三四年

周恩來回應他對毛澤東的批評採取了「溫和的態度」，並指正「後方同志對他的過分批評」。1

在城市潰敗後，中共和它的軍隊大部分撤到偏遠山區，讓他們有時間重新整頓並得爭取廣大農民的潛在支持。周恩來不得不重新把力量投入軍事工作和農村蘇維埃上，卻因此成為毛澤東的夥伴，讓他能在中共堆砌的權力體系中取得長期的位置。

一九三一年一月中共第一方面軍成功擊退第一次「圍剿」，就是國民黨為打擊剛起步的蘇維埃區域所採取的軍事行動，國民黨部隊的兩個師被殲滅。為了準備對付第二次及籌劃中更多次的強力「圍剿」，周恩來在上海狀況百出的會議後（譯註：即六屆四中全會）即起草中央委員會第一份通報，他寫道：

帝國主義與國民黨軍閥進攻紅軍蘇維埃區域，是目前對革命來說最主要的危險……蘇區與紅軍的存在將更推動著革命運動前進……如果輕視了反革命「圍剿」的力量，過於誇大了自己的力量，這在現在比任何時候都更危險。

周恩來強調「保存實力以圖新的發展」和「應當更發動廣大群眾的游擊戰爭」。他和毛澤東的立場靠得更近了。

三月二日，約在第二次「圍剿」前一個月，周恩來起草了中央委員會關於預期攻擊的函件給總前敵委員會。總前敵委員會控制著駐紮在江西的第一集團軍和第三集團軍，江西集團軍被國民黨視為主要威脅。國民黨由和蔣介石親近且負責改正第一次圍剿行動缺失的何應欽指揮圍剿行動。周恩來注意到敵軍並未採取包圍，而是集中兵力，周恩來對這種策略很重視。他還寫了類似的信函詳述有關政治和戰略作為的意見及指示給方志敏領導的贛東北根據地，還有湘鄂西、鄂豫皖等根據地。

禍起上海

還在上海的中共領導人過著越來越朝不保夕的生活。他們經常需要祕密行動並採取嚴密的安全措施，但到了一九三一年四月底，更具體的危險出現在眼前。中央特科的顧順章在陪同張國燾前往鄂豫皖根據地時，在武漢被捕。顧順章具有上海工人階級出身的背景，不僅是政治局候補委員，更負責安全保衛事務，他的被捕造成相當大的恐慌。他有各個領導人的機密資料，包括姓名、住址和各種祕密工作方法。顧順章向國民黨倒戈的消息隔了一陣子才傳到上海。國民黨打算把所有中共領導人一網打盡，被一位潛伏在南京國民黨內中央組織部調查科的中共特務得知，把消息傳到上海，向領導中央特科的李克農示警。所剩反應時間極少，而要在國民黨控制下的上海進行大規模疏散十分困難。

周恩來在危急時刻果決且冷靜，他和陳雲商量應對方式。陳雲（一九〇五～一九八五）後來在文化大革命前成為中共中央副主席，並在一九八〇年代成為鄧小平在經濟改革上的主要諮詢對象。周恩來採取陳雲的意見，下令燒毀所有機密文件、轉移主要領導人住處和嚴密安全措施。把所有列為主要目標者移往上海市內或市外的安全地點。切斷顧順章所有的接觸關係，廢止所有顧順章知道的祕密工作方法。中共中央、江蘇省委和國際機關都在當天晚上整個遷往新處所。聶榮臻日後憶起這段時間，說他和周恩來連著三天都未曾闔眼。國民黨密探發動大搜查並突襲包括周恩來住處等許多地點，但等他們到時都已人去樓空。在周恩來的機智和細心策畫下，中共中央免於滅頂之災。

這次的危機讓中共領導機關的活動更加綁手綁腳，只剩下總書記向忠發、王明、周恩來，以及曾為工會人員但後來為國民黨工作的盧福坦。周恩來擔心向忠發的漫不經心，囑咐他不要外出，但向忠發還是在六月二十一日招呼出租車時被認出，遭國民黨逮捕。就在營救行動還來不及展開時，向忠發就在審訊中招出周恩來在小沙渡路的住處。在警察搜查前，周恩來和鄧穎超就已逃出，但周恩來已經無法繼續在上海工作。他在上海所做的最後一件事是在八月三十日發出一份給蘇維埃根據地和紅軍的指示。指示中強調有必要制定涵蓋基地臨時政府需要的政治綱領，並且責備紅軍沒能拋開游擊作戰的傳統。由於游擊戰法是毛澤東所鼓吹農村作戰的慣用戰法，日後在中共中央這就被解釋為是錯誤思想的結果。

為了取代已經無法立足的中共中央委員會和政治局，共產國際遠東局安排了一個由博古（秦邦憲）負責的臨時政治局，成員還有張聞天（化名為洛甫，常常被提到是中共一九三五至一九四三年間的中共總書記）、康生（日後成為延安和中華人民共和國掌管安全事務的頭子）、陳雲、盧福坦和李竹聲等人。這些人在一九三一年九月下旬正當日本開始進占東北時召集開會。

前往江西蘇維埃

米夫離開中國，王明於一九三一年十月前往莫斯科，周恩來在藏匿數週後，於十二月初離開上海。他打扮成像個廣東熟練的工人，由黃平陪著搭上開往汕頭的輪船，周要在汕頭和廣東一個接觸對象碰頭。為了怕引起注意，鄧穎超甚至都沒去送行。到了汕頭後，周恩來突破國民黨封鎖，進入中共位在福建永定的游擊基地，然後再轉往贛南。他在早前就和地方的交通人員計畫好這條路線，在轉搭好幾次輪船和火車後，於武裝人員護衛下，沿著人跡罕至的小徑跨山越嶺躲避國民黨用崗哨、碉堡加強的封鎖線，十二月二十二日抵達中央蘇區又稱中央革命根據地內的長汀（又稱汀州）。一九三一年十二月底，周恩來終於抵達中央革命根據地首府瑞金。他見到了建立這個根據地的毛澤東和朱德，並就任中共中央局書記。

蘇區中央局

江西蘇維埃是一個試驗，是中共第一個治理政府的經驗，即便只是在條件有限和戰時的情況下。中央局是中共設立在政府和紅軍之上的最高權力機構，在上海的政治局遷來後，成為中共全國性的領導機關（譯註：一九三三年一月，中共臨時中央政治局由上海遷來中央蘇區，和蘇區中央局合併為中共中央局）。周恩來一九三〇年被任命為中央局書記，在他無法到任期間，先是項英，後由毛澤東代理他的位置。周恩來到任後，將毛澤東轉入等第分明的組織階層內，這個做法造成他們之間有些嫌隙，但當毛澤東在一九四〇年代在領導人中慢慢嶄露頭角後，周恩來對他提供支持並忠誠以待。周恩來安於擔任副手並在幕後工作，在在都透露出他的人格以及他在政治考量的嚴謹態度。

當紅軍第一方面軍(簡稱紅一方面軍)成功抵擋國民黨第一次「圍剿」並迫使國民政府軍改採守勢時，中共於一九三一年九月加強中央蘇區建設。國民黨第二十六路軍改投中共。在周恩來到達瑞金前，中央蘇區的範圍在江西就及於十八個縣，其中八個縣全縣都包括在蘇區內；總人口數超過二百四十五萬人；連接的福建蘇區在消滅地主武裝和進行土地改革後的範圍即涵蓋有四個縣。這是由於有朱德所指揮的紅軍壓境所致，而這些紅軍士兵和農民武裝的擴張都是受惠於土地分配的貧農家庭子弟投入而來的。

一九三一年十一月七日到二十日，第一屆全國蘇維埃代表大會在瑞金召開，宣告成立中華蘇維埃共和國臨時中央政府。毛澤東擔任中央執行委員會主席，項英及張國燾為副主席。成立一個革命軍事委員會，由朱德任主席，王稼祥、彭德懷為副。當周恩來抵瑞金後，也加入這兩個委員會。大會通過周恩來在上海時就為中華蘇維埃共和國所起草的憲法大綱。

整肅「AB團」

中共雖然占有大片土地，卻仍然朝不保夕：在外有持續不斷的「圍剿」，對內則對到底誰才是真正的支持者而疑心不已。地方黨委發動了一場令人痛心且惡意的整肅反革命運動，整肅對象特別針對所謂的AB團，即反布爾什維克團（或整肅「社會民主黨」），造成濫捕、牽連和殺害頻傳。在一九三一年三月二十七日上海召開的政治局會議上，周恩來已經對在蘇區過度誇大內部鬥爭表示過憂心，八月三十日他起草一份指示，提醒對AB團的恐慌過度了。當他前往瑞金途中經過閩西（閩西是整肅AB團推動最激烈的地方），寫了一封信給政治局，表示他對地方報告中提到整肅AB團並沒有審問出證據證明錯誤就直接處理感到憤慨。他在福建時質問當地幹部用什麼標準認定反革命，並於十二月二十五日再度寫信給政治局，表示肅反運動已造成建立幹部與地方群眾關係上的嚴重障礙。當周恩來一抵中央蘇區，控制不讓肅反擴大化成為他的當務之急。中央局接受周恩來的反映報告，其中指出地主或富農被自動當成「ＡＢ團」分子，很多人都被打或被殺。肅反規模很快就縮小，並且周恩來堅持中央局要以「自我批評的精神」再次檢討過去所做的肅反工作。

軍事戰略及進攻贛州

另一個重要的事情在軍事策略上。全國政治局勢不斷變化，日本入侵東北造成一波仇日、反日風潮，尤其在一九三一年一月日本進攻上海和蔣介石政治重心的江蘇及浙江後更形高漲。國民政府被迫撤往洛陽，蔣介石於十二月十五日暫時下野，反對者在廣州另立政府（譯註：一九三一年國民黨內在是否制定「訓政時期約法」上引發爭議，亟欲制定約法的蔣介石將堅決反對的胡漢民軟禁起來，造成國民黨內部極大的反彈，孫科、汪精衛、唐紹儀另行成立「廣州國民政府」，要求蔣介石辭職，蔣介石因而如前述辭去國民政府主席，以及行政院長及陸海空軍總司令等職務），日本宣布東北為在東京庇護下獨立的「滿洲國」，更加重了危機感。

中共領導重新檢視了他們軍事優先順序，後來成為中共解放軍並對毛澤東提出尖銳批評的彭德懷，曾在自傳中寫著當時中共「應當高舉抗日民族革命戰爭旗幟，以停止內戰……改變某些具體政策」，在中共控制下的閩浙贛邊區對於抗日非常重要，應該要擴大蘇區範圍，加強彼此間的聯繫。

博古領導下的上海臨時政治局，不論是在實際上或是思考上都和蘇區相距甚遠，成員們還固執於由那批留學莫斯科學生所代表的官方馬克思理論，只把蘇區視為是為了攻打城市而用的基地。

贛州位於贛江沿岸，是贛南重要的商貿和軍事中心。它在十九世紀時成為內陸通商口岸，並有許多外國企業在此設立。在到達中央蘇區前，周恩來極為贊成奪取位於瑞金西邊的贛州。在與毛澤東會面後，他改變立場，致電位在上海的政治局，提醒他們發動對中心城市的進攻會遭遇到的困難。在政治局堅持之下，即便毛澤東持反對意見，中央局仍然同意要奪取贛州。因為贛州可以連接中央蘇區和湘贛蘇區，具有戰略價值。攻擊行動由彭德懷為總指揮，以他領導的第三集團軍為主，於一九三二年二月三日發動。

當地人所稱的「鐵贛州」易守難攻，它位於兩河交界，高牆圍繞，只有一面可供陸路接近。經過一個月的苦戰，四次以爆破強攻都無法打開缺口。他們低估了守軍力量並遭到重大損失。當國民黨調來援軍，中共於三月八日遭到腹背夾擊，只得停止攻擊。一個月的戰事所造成的是全面性和損失慘重的潰敗。紅軍於贛州以南重新整頓，周恩來趕赴前線，並在江口圩召開中央局緊急會議，毛澤東、朱德、王稼祥和彭德懷參加。彭德懷率領第三集團軍向贛江以西進發，稱為西路軍；身為中央政府主席和中央革命軍事委員會成員的毛澤東則指揮第一及第五集團軍朝國民黨較脆弱的閩西進軍，稱為東路軍。在與周恩來數次電文往返下，毛澤東的部隊拿下位在閩西重要的戰略及商貿城市彰州，讓中共在宣傳上得到極大的效應，更取得武器、彈藥及其他所需的軍事物資。

五月底時得到國民黨第十九路軍開往福建的消息後，局勢變壞，中共東路軍於六月初撤往贛南。位於上海的中共臨時中央於六月五日電令「五軍團主力應先與河西三軍團相呼應，解決入贛粵敵」。待到六月七日，周恩來致電毛澤東、朱德及王稼祥，轉知上海指令：「望堅持積極進攻路線，以全力求得此次戰役完全勝利，給粵敵以重大打擊。」周恩來接著於五月中旬在汀州召開中央局會議，討論如何具體執行中央命令，並重新調整編制，恢復原先各部隊番號。這次軍事行動並未對國民黨軍隊造成太大損失。

上海的臨時中央並不滿意而要求要有更多的作戰捷報。未曾親臨江西戰場的中共中央，心心念念仍然是如何在中國革命套用上共產國際提出的模式。在一封五月二十日送往瑞金的電報中，中共中央承認伍豪（周恩來）到中央蘇區後，有些錯誤已經糾正，但仍要求要更積極的奪取城市並避免蘇區各行其事。周恩來調整了一些蘇區的政策，但仍對自己在政治上和戰略上的觀點做出檢討。他於五月三十日的中央局刊物《實話》（刊物中文名「實話」應該來自俄文 Pravda，亦可翻為「真理」。譯註：在俄羅斯發行的《真理報》俄文名即為 Pravda）中寫了一篇文章，批評自己「犯了不可容許的遲緩、等待這種右傾機會主義錯誤」。

國民黨此時發起抹黑宣傳戰，揑造共產黨已完全分裂，最重要成員紛紛抽身。上海報紙刊出啟事，稱伍豪、周少山及其他人（譯註：當時啟事署名為「伍豪等二百四十三人」，這則啟事也成為日後江青一派對周恩來發起攻擊的依據）脫離共產黨。伍豪及周少山都是周恩來所使用的化名，所以如此一來即便不是用真名，他所有活動的意義都會被視為是為了替國民黨擔任特務所為。這個做法造成共產黨領導層的擔憂，幾則駁斥的宣示馬上被發布，其中包括一份由毛澤東以中華蘇維埃臨時中央政府主席為名發出的公告，申明伍豪不在上海政治局，而是在中央蘇區參與軍事任務。鄧穎超原留在上海，也前往中央蘇區，並於五月一日和周恩來在長汀短暫會合，周恩來當時正在長汀指揮戰鬥。她接著繼續前往中共位於瑞金的總部，即便她當時健康狀況不佳，仍然在中央局擔任祕書（譯註：經查各資料，均稱此時的鄧穎超為祕書長）。

包圍和內部鬥爭

一九三二年六月十六日，蔣介石對蘇區發起第四次「圍剿」。周恩來雖然身為因應長期戰爭而成立的勞動與戰爭委員會主席，卻把大部分的時間都投入軍事事務上。由任弼時和項英在中央局代理他的職務。七月二十五日，周恩來、毛澤東、朱德和王稼祥聯名從前方致電給中央局：

> 我們認為，為前方作戰指揮便利起見，以取消政府主席一級，改設總政治委員為妥，即以毛任總政委。作戰指揮權屬總司令總政委，作戰計畫與決定權屬中革軍委，關於行動方針中央局代表有決定權。

在毛澤東的指揮下，已於兩場戰役中取得重要勝利，但是仍有對於他反應遲緩和未能有效集結兵力的質疑被提出。周恩來的報告中隱含對毛澤東軍事才能的批評，儘管遣詞用字委婉，但仍透露出貶抑毛澤東的念頭。

八月八日周恩來和一些其他人提議毛澤東任第一方面軍總政治委員。一個新的軍事委員會成立，由周恩來擔任主席，成員有毛澤東、朱德及王稼祥，負責行動方針和作戰計畫。周恩來成功地將毛澤東擠到一旁。從一九三二年當時情況來看，這樣的做法並不令人意外：周恩來代表在上海的政治局，他又熟悉共產國際的想法，還具備黃埔軍校和參加過北伐的軍事資歷。由於在以後他和毛澤東關係變得密切，這段尷尬的經過就被掩飾或是篡改掉了。比起遮遮掩掩的周恩來，那批從莫斯科回來的留學生對被排擠的毛澤東責難更甚。周恩來統籌軍事行動，而毛澤東並未擔任軍事行動指揮官卻只是一名政委。

周恩來主持的前敵委員會並不想要投入主要作戰，卻想要奪取較小的地區並加以「赤化」，以備將來出擊之所需。此舉顯示周恩來比起那些只端坐在上海高堂上一頭熱的戰士還要謹慎，這些人即便經歷過反李立三一事，但仍執著在奪取城鎮和城市的想法。中央局認為周恩來此舉是浪費時間，但周恩來於九月二十四日從寧都致電中央局，重申他本身的立場。這麼一來讓這批軍事領導人和位在上海及瑞金的中共中央和中央局的衝突更加激化。九月二十九日，所有行動暫停，等待中央局全體會議的召開。

周恩來、毛澤東和寧都會議

到一九三二年十月初在寧都，衝突發展到不得不解決的地步。這個會議的性質和和召開日期仍不是很確定，但最具權威的周恩來傳記作者金沖及認為是在一九三二年的十月初，所引用的是一份十月底的報告。會上發生劇烈的爭執和前所未有對政治上不同看法的指責。中央局指責前線領導人過分著墨在軍事準備上，「澤東表現最多」。毛澤東遭到嚴厲的指責，並被要求應專責瑞金的政府工作，軍事工作讓周恩來負總責。周恩來承認部分對毛澤東的指責，但不同意把毛澤東調離前線作戰，並表示「如在前線可吸引他貢獻不少意見，對戰爭有幫助」。

周恩來建議兩種可行的做法。一個是他負指揮作戰全責，而「澤東仍留前方助理」；另一個是由毛負指揮作戰全責，而周則「負監督行動方針的執行」。大多數人反對由毛負指揮作戰全責，認為毛澤東還沒理解他的錯誤，而第一項也因為毛澤東不願意接受周恩來監督而難以執行。

周恩來因而建議毛澤東稱病暫離。即便毛澤東並未被證實生了什麼病，這個提議還是獲得通過，但仍同意毛澤東在適當時間仍能回到前方。周至此對全盤軍事作戰負起總責。雖然毛澤東被排擠開，但仍有不滿的電報被送往上海的中共中央，抱怨周恩來「不給澤東錯誤以明確的批評，反而有些地方替他解釋掩護。」周恩來被指責調和並模糊鬥爭界限，這明顯就是他的做事方法。他回答他對毛的批評採取「溫和態度」，而且「後方同志對他過分批評」。私下而言，毛澤東對於周恩來精心策劃的操作應該心存感念，畢竟這些做法讓毛保留了面子。

上海中共中央於十月六日的常委會上討論蘇區的問題，批評毛澤東保守、退卻，而周恩來懦弱、妥協，不願起而鬥爭毛澤東。一直想要爭奪黨領導權的張聞天公開提出應該解除毛澤東的作戰職務，送回後方。第一方面軍於十月十二日宣布毛澤東回到中央蘇維埃政府工作，所遺總政治委員一職由周恩來代理。上海臨時中共中央於十月二十六日批准。在第一方面軍的作戰計畫上，周恩來寫了一個批注，表示如果方便則送毛澤東一份（譯註：按金沖及著《周恩來傳》及中共中央文獻研究室編《周恩來年譜一八九八～一九四九》，有關此項批注日期為十月十四日，計畫署名為總司令朱德、總政委毛澤東及代總政委周恩來等三人。在中共中央尚未發布周恩來正式接任總政委前，周恩來做法合理，且列舉此事可表露周恩來個人行事風格）。

戰鬥與對江西的反抗

十二月中，周恩來和朱德面臨新一波的壓力——他們被要求奪取贛東的南城。國民黨的第四次「圍剿」已從湖北移到江西，主要目標就是中央蘇區。周恩來在一封十二月十六日的電報中申明應以運動戰因應，直接攻打南城會因當地地形及工事可能失利。面對國民政府的猛攻，紅軍讓出周邊的根據地，許多部隊退往中央蘇區。縱使主要的目標仍放在南豐，在上海的中共中央和在瑞金的中央局仍然堅持要紅軍先奪取一個城市據以抗擊這一波的圍剿。中央局於一九三三年一月二十四日發出電文要求周恩來、朱德及其他幹部，堅持要他們立即執行有關指示，以慣用的威脅語氣，要求他們如何執行這些命令知會中央局，不要拖延時間。周恩來持續反對，在數封往來的電文中，以戰場指揮者的立場詳述原因，繼續傾向從事更多的運動游擊戰。

蔣介石的部隊於一九三三年一月二十九日開抵南昌。二月三日，周恩來、朱德及王稼祥告知中央局，他們正面臨「連續的殘酷戰鬥」，需要的是「原則上與方針上的指示」，但所得到卻是另一個「堅決且斷然」的命令，不但維持原議，而且要他們立即告知中央執行的具體部署。這成了一道直接命令，周恩來於是在二月七日將部署進攻南豐的作戰計畫上報。他附加一道意見，表示如果敵情有所改變，這個計畫可能因之調整，甚至會用上運動戰。

臨時中央和中央局態度非常強硬，攻擊於是於二月九日展開，三日後完成包圍。國民黨部隊指揮官陳誠立即調動軍隊自外包圍，意圖一舉掃蕩紅軍。周恩來和朱德馬上做出緊急決斷，至二月十三日周恩來才得以回報，說明由於國民黨工事強固致攻擊行動失敗，而且要在承受重大損失下對應國民黨的增援兵力。在這種情況下，他們要將對南豐的攻擊另做一計——這只是在這場交戰中眾多計策中的其中一個——集中兵力在消滅敵方增援部隊。二月十四日，在留下較少量部隊壓迫南豐後，周恩來將主力調往西南方，欺瞞敵方指揮官。這在對抗第四次「圍剿」中是關鍵性的作為，二月二十七日午後，國民黨部隊兩個師在樹林密布且無路可行的山區遭遇紅軍伏擊。經過兩天慘烈戰鬥，國民黨兩個師被完殲，紅軍取得重大勝利。國民黨傷亡估計有二萬八千人，兩個師的師長均被俘。

周恩來一直待在前線，經常徹夜工作。他的一名護衛郭應春回憶當時周恩來的起居十分簡單，只有一張床和毯子，沒有枕頭，牆上掛著標示著敵軍部署的軍事地圖，外面只有一張開會用的桌子，還有一張小學拿來的小桌子，以及幾把「南方的矮凳子」。晚上用油燈照明，所用的燈油也很拮据。這就是周恩來的生活。他想的經常是如何讓紅軍更好、更精進。他檢討如何對抗國民黨所用以圍著蘇區所建的要塞戰法，其中還包括思考動員地方民眾和發展游擊武力。他當然沒有忽視紅軍的政治工作，並於一九三四年二月七日至十三日，在瑞金召開中國工農紅軍第一次全國政治工作會議。他二月十二日在會議中的報告強調紀律和與地方民眾關係以贏取民眾支持的重要性。他是首批重視電台用於軍事使用的人之一，尤其看重偏遠地區電台通訊的使用，並且下令籌設電台以及訓練熟練的通訊人員，對加密訊息更為注重。他另外還發展偵察部隊和加強後勤支援，以及推動蘇區和國民黨統治區間的商貿，以利用取得所需食物和必需品供給。

黨中央移往瑞金

臨時中央在上海已經變得無法生存，一九三三年一月十七日他們決定遷往中央蘇區。臨時中央主席博古（秦邦憲）帶領一眾於二、三月間到達中央蘇區，一旦到來，博古就把黨、政、軍等各方面的控制權都抓在手中，抨擊「悲觀主義」和「逃跑退卻」，對黨和軍事事務重新進行整頓。朱德任工農紅軍總司令兼第一方面軍總司令，周恩來任工農紅軍及第一方面軍政委。指揮體系改變，軍事行動由在瑞金的臨時中央直接發號施令。遷來瑞金的臨時中央和中央局合併固然合理，然而周恩來的中央局書記職務也就沒有了。

六月上旬，周恩來還要為紅軍被貼上「失敗主義」抗辯。他和朱德回到前線，卻在六月十三日收到一封長電報，批評第一方面軍的部署，堅持要他們兵分兩路作戰。這封長電報滿是共產國際的痕跡，而且是以在上海所完成草稿為底寫就。周恩來和朱德堅決不同意將部隊分開，接著就是一陣激烈的電文交鋒。在瑞金剛改組的中共中央下達命令反對前線領導人的看法。

周恩來和朱德必須執行命令，紅軍被分為兩路。蔣介石因而有了喘息的空間，在江西廬山召開會議，部署第五次「圍剿」，集結約五十萬人的軍隊包圍中央蘇區。中共中央知道第五次「圍剿」對蘇維埃是一場悠關生死的鬥爭。周恩來於八月五日，在一次對第一方面軍幹部會議上再次呼籲要建立起游擊武力。

在同樣的八月分，曾經在「圍剿」作戰中表現優異的國民黨第十九路軍領導軍官倒戈並尋求與江西共產黨軍隊合作。「福建事變」被蔣介石部隊敉平，卻拖住了第五次「圍剿」。

李德（Otto Braun）的加入

共產國際軍事顧問李德於九月從上海來到瑞金。李德是位在莫斯科的蘇聯紅軍參謀學院（譯註：即伏龍芝軍事學院，Frunze Military Academy，國民黨的蕭贊育、賀衷寒以及共產黨的劉伯承、劉亞樓、林彪，甚至毛澤東之子毛岸英都曾在此就讀）訓練出來的德國共產黨員。博古是中共在江西蘇維埃的主要領導人，沒有任何軍事經歷，自然都聽李德的。李德對中國實際情況所知不多，軍事專業也有限，只知道將第一次世界大戰的陣地戰法套用在中國戰場。這樣一來自然不會和傾向採取游擊作戰的周恩來和毛澤東合拍。李德獨斷、無禮，又經常擱置中國幹部的命令。自從中共中央遷到瑞金後，周恩來的地位即遭剝奪，而李德來到之後周更是遭到冷落。

無視於周恩來再三的請求，中共中央仍然拒絕出兵支援國民黨福建兵變，還在他們發行的刊物《紅旗週報》社論中斥責該兵變是「反動統治的一種新的欺騙」。周恩來和朱德奉令不得攻擊在福建的國民黨部隊，紅軍於十二月十三日更接獲命令將主力向西調動，第一及第三集團軍變更為西方軍，明知徒勞無功，但仍被要求去攻擊位於永豐附近的敵方碉堡。一九三三年十二月十六日，在無法正常指揮之下，周恩來向博古和項英抱怨黨中央在不了解前方情況下每日連番下令，致使部隊運作益發困難。他要求給前方領導人自主權，「免致誤事失機」。中共中央的回應是撤銷前方部隊的番號和領導人的職務，將紅軍改組為東方、中央及西方軍，並於十二月二十日下令周恩來、朱德及各前方司令官立即回到瑞金。

周恩來於一九三四年一月四日返抵瑞金後，被任命為中央革命軍事委員會副主席，從屬於中共中央和中央局，這項任命削去了他對前方部隊的指揮權，讓他只能從事技術性和組織性的工作。他也被政治局會議和蘇維埃代表大會排除在外，然而於一月十五日被任命為重新設立的中央委員會書記處書記。

國民黨對蘇區採取步步為營的鉗形收縮，在瑞金的博古和李德卻堅持以守勢和被動抵擋方式因應，但是中共和國民黨實力對比實在懸殊，從一月到三月間，紅軍屢戰屢敗。四月中，國民黨部隊強行自北面打開進入中央蘇區的通路，博古決定重新調動主力以為因應，由博古和李德赴前方越過名義上的司令官朱德直接指揮。

周恩來早已被排除於這些作戰行動之外，調度守備兵力留守瑞金。雖然不在前方，但他依然從往來的電文中得知戰況，他於四月二十七日建議博古、李德和朱德由於損失過重他們應行撤退。周恩來無法參與重要決策，當時擔任李德翻譯的伍修權回憶，周恩來有時直接用英文和李德交談，兩人之間彼此不喜對方，伍修權聽到的多是有關戰法上的爭執。李德主張以正規軍方式分兵對抗敵軍相同的各路部隊，而周恩來卻主張集中紅軍兵力於一處，攻擊敵方弱點。他們兩人不合的主要原因是李德仗恃著身為西方人和莫斯科代表的優越感。

七月初國民黨加強攻勢作為，紅軍撤守北邊。八月三十日，在遭受重大損失後，中央蘇區東線和北線被國民黨部隊突破，西線及南線也堪憂，在別無選擇下，只有將紅軍和蘇維埃政府撤出江西一途。

江西蘇維埃對周恩來的影響

中央蘇維埃儘管組織混亂而且曇花一現，仍是周恩來的第一次治理經驗。縱然在李德到來後受到些挫折，卻強化了他是位嚴謹且有能力軍事領導人的聲望。周恩來在江西建立起政治方面的各種關係，尤其是和紅軍幹部間的關係，這些關係對周恩來都有著長期的重要影響，他和王稼祥之間的聯繫就是一個很好的例子。王稼祥是那批被稱為「二十八個布爾什維克」的回國留蘇學生之一（譯註：前文所使用的「留俄學生」或「莫斯科的留學生」均指涉同一批人，主要突顯他們的留蘇背景與共產國際密切的關係，如王明、博古、張聞天、王稼祥等。所謂「二十八個布爾什維克」主要是指一九二九年莫斯科中山大學召開一場學期總結大會，會中有二十八個人立場相近，故將這二十八個人稱為「二十八個布爾什維克」。另有一說為「二十八個半」，因為當時其中的徐以新只有十七歲，年紀較小，故為「半個」。至於是哪二十八個人？說法莫衷一是，唯可確定的是此二十八個人的政治立場相近，均為堅定支持共產國際、反瞿秋白路線），這批人在一九三〇年代掌控著中共的運作，但後來卻從走蘇聯路線轉為支持毛澤東。一九四九年後，他曾擔任駐蘇聯大使，並在外交部經歷過一些職務。一九五四年和周恩來及張聞天一起參加過為解決朝鮮半島和中南半島衝突而召開的日內瓦會議。他並於一九五六年任中共中央書記處書記，但卻在文化大革命時遭到整肅，死於一九七四年。

周恩來在江西時最親近的盟友是朱德（一八八六～一九七六）。寧都會議，周恩來和朱德為紅軍的共同領導人。朱德於一九四九年成為人民解放軍總司令，並於一九五五年成為人民解放軍十大元帥之一。一九六九年在毛澤東的指示之下，他被清洗出中央政治局常委會，但由於周恩來的保護，得以在文化大革命中逃過被折磨和被監禁的命運。朱德於一九七三年恢復常委職務，卻於一九七六年死亡，只比周恩來多活了幾個月（譯註：周恩來死於一九七六年一月，朱德死於一九七六年七月）。

周恩來和毛澤東之間的關係顯然最重要，也是最複雜和最微妙的。儘管官方或是半官方的說法都刻意忽略或淡化這件事，但是周恩來到江西的確導致了毛澤東的被邊緣化；毛澤東在江西並未扮演重要的政治角色，並在軍事才能上遭到質疑。寧都會議後，毛澤東更被挪出紅軍的指揮行列，以稱病離職保全顏面，這些主要都是因為周恩來的介入。[2]

第七章
長征與延安
——一九三六年

我們打勝仗靠的是毛主席戰略方針路線，但每次戰役布置、使戰爭勝利是靠周副主席指揮。

——黃火青，第九軍團政治部主任[1]

在中共的文獻裡，他們的部隊抵擋住第五次「圍剿」，並執行從中央蘇區離開的戰略撤退。但在國民黨的描述中，這更像是倉皇逃難。共產黨無從選擇，撤出根據地才是明智的做法。共產黨重新在更偏遠的地方安頓下來，保留資源重新整頓，以待迫在眉睫的日本進犯。

中共的長征被過度神話了，但它實際上的確發生過，也確實是一個轉折。「長征」的叫法一直會混淆一般的視聽並產生誤導。長倒是長，但它不是一個單一的有組織的征途。不同的部隊向西及向北移動，經歷波折煎熬和千辛萬苦，在疾病、困乏和敵人追殺下的殘部最後來到陝北山區。他們在延安棲身，並建立一個統治陝甘寧邊區的獨立政府。共產黨的部隊也控制著中國其他的地區，但在一九三七到一九四八年之間，延安成為共產黨的象徵。一九四九年的勝利，靠的就是從這個山區據點裡所打造起來的嚴密組織，而這個據點是由新領導人毛澤東所主導。

☆

博古和李德接受了他們的失敗，在一九三四年五月撤離紅軍主力部隊。七月，博古和李德離開前方，然而在七月時接受調派的紅軍部隊卻不清楚要到哪裡去。一九三四年十一月周恩來說出此次行動的兩個目的：「一路是探路，一路是調敵」。

撤離行動的協調執行由三人負責，博古專務政治，李德主理軍事，周恩來則監督並敦促軍事準備。他們僅僅只有開過兩次會，一次在李德住的房子裡，一次在中央蘇區的辦公處所。雖然周恩來曾參與討論在撤離後哪些幹部應該留下的問題，但還是不能與聞主要的決策。陳毅（一九〇一～一九七二，後來成為人民解放軍元帥）必須留下，他受傷非常嚴重，而且因多處骨折需要開刀。中間雖然有許多困難，周恩來仍出手處理，讓事情得以順利進行。

鄧穎超也患有肺癆，痰中有血且發低燒，她因為過於虛弱而要求留下，卻和其他行動不便的領導人一起被編入幹部休養連。

告別瑞金

中共中央於一九三四年十月十日撤離瑞金，隨同行動的有紅軍總部、八萬六千士兵和後方機關。隊伍行進速度緩慢，又因要在國民黨炮火下的崎嶇山區地形中行進，特別艱險。紅軍突圍渡過湘江，但蒙受重大傷亡。原有八萬六千士兵，只剩三萬人左右，而精銳部隊亦在其中。

當周恩來正在指揮渡江時，毛澤東突然大步走來，周請毛先行渡江，毛說可以等周一起渡江，周恩來仍然堅持要等到所有他的部隊過去並將事情交付給下一個部隊時才離開。關於這段周恩來和毛澤東之間的對話，並沒有經過中立的查證，但卻是一個對於在長征途中兩者間關係發展上很有意思的標誌。

由於國民黨特務已得知紅軍的行動意圖，紅軍仍處於險境。毛澤東建議轉向西行，那裡的敵人力量薄弱，周恩來也同意。博古和李德對他們所造成的損失而煩慮不安。依聶榮臻回憶，博古深感自責，還曾拿出一支槍像是要自戕。博古無法指揮部隊，責任就落在周恩來的身上。在湘西南的通道召開一場會議，參加者有博古、周恩來、張聞天、毛澤東、王稼祥和李德。李德堅持要按原路向北行進，但卻遭否決。周恩來率領的部隊進入貴州，於一九三四年十二月十五日攻占黎平。

周恩來主張要集中兵力並攻擊敵方薄弱之處。在黎平的政治局會議和遵義會議上，周恩來都公開接受毛澤東的戰略觀點。由於和第二及第六集團軍會師已無可能，在湘西建立根據地的建議不被接受，轉而接受毛澤東的建議，在川黔邊區建立根據地，這樣一來可以繞開和湘西超過十萬人的敵軍正面遭遇。當周恩來告知李德這項決定時，德國佬大怒，隨後兩人大吵一架。政治局要求周恩來和朱德簡化紅軍指揮系統，此舉即削弱了李德的地位。一九三五年元旦，中共中央決定以貴州第二大城遵義作為新的根據地。

遵義會議，一九三五年一月十五～十七日

紅軍部隊於一九三五年一月七日進入多雨的遵義。周恩來於兩天後抵達，著手準備一場會議，在這場會議中所決定的戰略和政策影響著中共爾後數十年的發展。遵義會議確立了一九三五至一九四二年間中共領導人的合法性，雖然在長征途中召開的各項會議都不太符合正式會議應具備的規格和組織，但日後這場會議還是被稱為是一場政治局擴大會議，或者說是一場中共整個領導層都參加的會議。

這次會議由周恩來召集並組織，然而召開動機卻是毛澤東和王稼祥在討論最後一次「圍剿」和長征各階段問題時所提出。這也是自中共中央遷到瑞金後和回國的留俄學生間權力鬥爭的延續。周恩來對博古和李德在軍事上所犯錯誤的批評在會議期間造成兩極化的對立。毛澤東先前和張聞天及王稼祥進行討論時就發言批評這兩人的軍事路線，大部分的人都發言支持毛澤東的說法，依據金沖及所寫，周恩來「全力推舉由毛澤東來領導今後紅軍的今後行動。」陳雲以政治局委員身分參加了會議，他在一份一九三五年二月或是三月發給黨員的通告中表示「擴大會中，恩來同志及其他同志

完全同意洛甫及毛、王的提綱和意見。」周恩來和毛澤東在權力上是競爭對手，而周恩來在遵義會議上的態度卻仍然有些曖昧，他毫不猶豫的壓縮博古和李德的影響力，來自於毛澤東的支持很重要。

一九六七年毛澤東聲稱在遵義會議後，為避免在決策意見上的衝突，紅軍由周恩來、毛澤東和王稼祥所組成的「三人團」直接指揮，團長是周恩來。曾任第九軍團政治部主任的黃火青，在毛澤東死後的一九七八年五月的回憶錄中寫道，他個人認為是靠毛澤東的「戰略方針路線」才能打勝仗，但每次戰役，都是靠周恩來的指揮。周恩來的體力、耐心都異乎常人，連稱呼他為「胡子哥」的年輕幹部都比不過他。他清楚掌握著作戰的各個環節，尤其是對敵方部隊相關兵力的評估。陳雲在通告中所轉達有關遵義會議的決定為：

> （一）毛澤東為（政治局）常委；（二）洛甫（張聞天）起草常委會決議，發給各支部；（三）常委會適當分配工作；（四）取消三人團，仍由最高軍事首長朱、周為軍事指揮者，恩來同志是黨內委託的對指揮軍事上下最後決心的負責者。

金沖及明確表示「中央常委開會分工，以毛澤東為周恩來的軍事指揮上的幫助者」。中共官方黨史則強調毛澤東在遵義會議後成為獲眾人承認的主要領導人，但現今的證據顯示情況並非如此。中央紅軍主力進入雲南，再轉向川西，停駐會理。在另一場五月十二日召開的「政治局擴大會議」中，爭奪黨內最高領導權的鬥爭仍然持續著。林彪寫信要求撤換毛澤東，因為他不肯正面迎戰敵軍，由於毛澤東所用冷靜且謹慎的方式和周恩來頗為契合，周恩來起而為毛辯護，並且批評林彪。毛則說林彪是個娃娃，什麼都不懂。

張國燾與兩河口會議的分歧

六月十二日，中央紅軍抵達達維鎮（譯註：位於四川省小金縣）和從川陝邊區西進的第四方面軍先遣部隊會師。四天後，第三十軍政委，以後成為中華人民共和國國家主席的李先念也到達此地。六月二十五日，雙方會師部隊抵達兩河口，周恩來、朱德及毛澤東會見了負責領導第四方面軍的張國燾。第一及第四方面軍會師後的兵力達到十萬人，但眾領導人在是否要停留在近西藏邊界的此地就地發展或是繼續北上的問題上莫衷一是。隔天在又一場「政治局擴大會議」上，周恩來為選擇何處作為新根據地定出三項原則：

（一）地域廣大，好機動，不會被敵人封鎖；（二）人口要多，能擴大紅軍隊伍；（三）經濟條件上，人煙稀少、糧食缺乏之地甚至還不能自給，草原上的牛羊有限，生活習慣不容易適應。

周恩來堅決主張向北往甘肅。在毛澤東、張國燾、朱德、博古和張聞天及其他數人相繼發言後，周恩來求得大家的同意。六月二十八日，決議下發，命令會師後的部隊向甘肅進發，並將反擊由胡宗南將軍領導的國民黨部隊。

即便張國燾在兩河口會議上表示同意，他仍然帶領第四方面軍向南轉移。張國燾常被看作是負面且懦弱的人物，不敢面對強大的國民黨部隊。主張向北且日後領導陝甘寧根據地的毛澤東，則被視為英雄。

周恩來支持毛澤東的看法，於六月二十九日擬訂於四川西北部松潘對付胡宗南部隊的作戰計畫。情報顯示，胡宗南部隊於當地兵力尚未集結、碉堡尚在構築，紅軍可藉此控制向西北的主要道路。中央常委會通過這份作戰計畫，並同意增加張國燾為軍委會副主席。第一方面軍移動進入攻擊狀態，利用數週時間跨越高山地形，於七月十六日攻打位於松潘左近的毛兒蓋。

張國燾按兵不動，卻要求擔任黨內更重要的職位。周恩來於是提議由張國燾取代毛澤東為紅軍總政委，仍由周恩來為軍委會副主席，政治局於七月十八日通過這項提議。周恩來加入中央常委工作，並同意協助張國燾直到他熟悉政委工作為止。七月二十一日，成立紅軍前敵總指揮部，納入張國燾麾下的三位重要領導人（譯註：此三人分別為徐向前、陳昌浩和葉劍英，當時都屬張國燾領導的第四方面軍），其中葉劍英卻在以後支持毛澤東和周恩來的觀點。張國燾利用這個機會繼續強化他的權勢，並在七月二十一及二十二日於毛兒蓋召開的政治局會議上主張他續留南方的想法。

毛澤東和周恩來對於所失去的時間和先機感到懊惱。中央常會於八月召開由周恩來主持的會議，會上思考出一項調整方案，調動一、四兩個方面軍的幹部，對領導人事重新調整，最重要的想法就是維持團結。整個紅軍重組為由張國燾負責的左路軍和由周恩來負責的右路軍。

周恩來無法視事

周恩來殫精竭慮地工作，在軍委會他架設電台接收和發送電報，並因為總參謀長劉伯承的眼睛不好，不能在晚上工作，他就接下來做。長期下來日以繼夜的做事，睡眠甚少，在馬背上都會打磕睡。在毛兒蓋前，他就不太舒服，那時食物短缺，士兵都不得不吃野草和青稞。他發起高燒，不能進食，隨軍醫生當成流行的瘧疾來治。但他高燒不退、肝腫大並且皮膚呈黃色，醫生診斷是肝炎，而且已成阿米巴肝膿瘍，需要緊急引流。但在那時要執行消毒手術或是腰椎穿刺都不可能，只有施用手邊可用的藥物，並從高山取得冰塊降低他的體溫。

患有肺結核並咳血的鄧穎超和休養連一起行動，周恩來偶爾去看看她也只能說幾個字。當周恩來病況嚴重甚至昏迷時，換她去看他，還幫他處理所穿背心上的虱子和被咬的傷口。

八月十一日，周恩來去電第一及第三集團軍，要求他們繼續執行原來的作戰計畫。八月二十日晨，政治局再次於毛兒蓋開會，毛澤東報告近期與國民黨部隊衝突後的做法，周恩來因為生病沒有參加。八月二十一日右路軍北上進入草地，周恩來跟著彭德懷的第三集團軍後方行動，因為發燒而幾天無法進食，十分虛弱。彭德懷從迫炮連抽調人員組成小組，用擔架抬著周恩來及同樣也病重的王稼祥。一週後他們走出草地，到達位於四川省北部藏區的班佑。九月四日周恩來恢復一些，他通知幹部同僚聶榮臻和林彪，表示部隊因為饑餓和疲困而虛弱不堪，四百多人死亡就在路邊掩埋，還有其他受傷嚴重的人。右路軍於班佑休整，同時等待張國燾和左路軍的到來。

張國燾的徹底決裂

張國燾到達四川的阿埧，但以糧食缺乏和河水高漲為由，拒絕北上。他要右路軍跟隨他轉向西進，企圖利用他部隊數量和戰略地位的優勢推翻先前的政策決定。周恩來和另外六名領導人於九月九日聯名致電給張國燾，強調先前不要陷部隊於險境的協議。張國燾在隔日給陳昌浩（後來也加入了紅軍主力）的一封密電中表達了拒絕的態度。這封密電被擔任右路軍參謀長的葉劍英看到，立刻通知毛澤東。毛澤東、張聞天、博古和周恩來在尚未完全恢復的周恩來房裡開會，決定在周恩來的指揮下轉移右路軍及軍委縱隊以擺脫危險。

九月十二日一個更為緊急的政治局擴大會議於俄界（譯註：即位於甘肅省迭部縣內的俄界村）召開，毛澤東報告和張國燾爭論的經過，會議並做出指責張國燾為錯誤的決議。北上紅軍經改編為陝甘支隊，由彭德懷指揮，毛澤東任政委，並由彭德懷、林彪、毛澤東、王稼祥和周恩來組成五人小組，統籌一切軍事事務。在張國燾另立中央後，和他的合作已無可能。

在俄界開會的這些人成為一九三六年成立延安根據地及一九四九年成立中華人民共和國的核心團體。患難中的交情把他們綁在一起。周恩來是最有影響力的數人之一，然而毛澤東的權威則逐步擴大。

當紅軍進入甘肅南部藏區的甘南時，一份國民黨的報紙報導在陝北有一處由紅軍把守的蘇區。一場中共團級以上幹部會議在關帝廟召開，毛澤東報告要往陝北，這個提議於九月二十七日在榜羅鎮小學校長室召開的政治局常委會中獲得確認。紅軍於一九三五年十月十九日抵達吳起鎮，受到陝甘根據地軍民的「熱烈歡迎」，他們暫停下來反思他們自離開江西後所遭受的重大損失。這僅是長征結束的開端，而一九三六年十月二十二日在將台堡第一、第二及第四方面軍會師才是官方認定長征結束的日子。

開創延安根據地

隨後在原先隔絕獨立的陝甘根據地共產黨員和新抵達的中共中央以及長征部隊間，開始一連串日後運作相關的討論。除了要面對「圍剿」外，陝甘根據地還發生由當地省委發起的「肅清反革命」運動。中共中央成立了一個由董必武為首的五人小組負責調查此案，許多遭到錯誤逮捕的黨員被釋放，其中包括陝甘根據地創始成員之一的劉志丹。周恩來還發現劉志丹是他在黃埔軍校第四期的學生。劉志丹很快的恢復身分，並和其他僥倖逃過死劫得到剛到的中共中央重新分配擔任政治和軍事方面的工作。劉志丹還樂觀的表示：中央來了，今後一切都好辦了。新的根據地所轄區域內有許多回民，周恩來要求士兵要注意回民們的文化差異。

這時已是寒冬時節，根據地內缺少保暖的冬衣，這是一個簡單卻重要的問題，需要即刻解決。周恩來指示部隊清點衣物及其他必需物資的庫存，擴大現存工廠的產能。根據地還有許多造幣、彈藥和其他所需物品的製造工廠，長征部隊中有許多技術人員都投入到這些工廠中幫忙，解決了這次危機。

瓦窯堡會議，十二月十七～二十五日

兩個月之內，長征部隊就在中共中央的領導下緩解了「圍剿」的威脅並穩定根據地的組織和經濟狀況。在經歷數個月孤立無援和物資短缺後，他們有了新的希望，並在瓦窯堡召開另一場政治局擴大會議。瓦窯堡是一個位在延安北邊的礦業和商貿小鎮，雖然不大，但在戰略上非常重要。它在中共不得不離開，先往保安，再於一九三六年十二月底到延安之前，曾經短暫成為「紅色首都」。一九三五年十二月十七至二十五日，周恩來及其餘的領導人在作為辦公地點和住處的磚砌窯洞內開會。

中共在陝北軍事上的主要對手是由軍閥張學良帶領的東北軍。張學良是國民黨的盟友，但在他的部隊中有許多人支持要更積極抗日，因此被認為他或許在討論有關愛國統一戰線上態度是開放的。這也和國際共產主義運動的現行政策一致，這些政策要求要在抗日和解救民族上推動團結合作。林育英（譯註：又名林仲楠、張浩，為林彪堂兄）於十一月中旬從莫斯科來到瓦窯堡，傳達莫斯科方面的對於建立反法西斯陣線的想法，並重新建立起在長征時與共產國際中斷的聯繫。基於安全因素，林育英並未攜帶共產國際的文件，所以瓦窯堡會議中必須依賴他口頭報告在莫斯科的討論內容。直到一九三六年春，延安和莫斯科才建立起電訊的直接聯繫。

瓦窯堡會議等毛澤東從前方返回才於十二月十七日召開。他報告軍事戰略問題，表示要在四十天內渡過黃河，才能接近抗日前線。他建議應採取「主動」，並於十二月二十四日和周恩來共同起草「關於四十天準備行動的計畫」，開始進行東征準備對抗國民黨部隊。三天後，毛澤東對黨的活動分子報告「論反對日本帝國主義的策略」，這篇報告後來被收錄於《毛澤東選集》第一卷中。因為是毛澤東所作的談話，賦與中共加入新統一戰線的合法性，但有關的想法和論點卻不是由毛澤東一個人所做出來的。

周恩來和毛澤東在政治上分進合擊，周恩來在黨內地位不再理所當然高於其他人，而毛澤東即使已經可以挑戰博古在戰略上的教條觀點，但仍不能主導領導層的意見。張聞天表示出清楚的主張，即在面對日本急於想要殖民中國的意圖時，中共不能置身事外。一九三六年一月二日，周恩來在政治局會議上根據瓦窯堡會議內容作報告，重申張聞天反對「關門主義」的主張，述明中共應該在各方面都要參與即將到來的「民族革命」戰爭。這些討論即為建構國民黨及共產黨之間的「抗日民族統一戰線」基礎作準備。

毛澤東和張聞天，在瓦窯堡誰是主席？

瓦窯堡的五個磚砌窯洞住所在今天被指定為「革命舊址」，更成了中國「紅色旅遊」路線上必看的景點。周恩來和毛澤東所居住過的兩個窯洞仍然可以被參觀，有一個主要的會議室、兩個較次要的房間，一個是中共幹部使用的客廳，第二個房間現在被說成是專門提供給毛澤東使用的。如果在瓦窯堡會議時毛就已經是獨尊的領導人，他應該會有自己的辦公室，在記憶中，他也確實被分配了一間。他在瓦窯堡會議時雖然不是最高領導人，但是以他身為中共中央革命軍事委員會主席，依舊擁有相當大的權威。

即便實際上沒有真正的權威，但那時按正式級別而言的最高領導人是總書記張聞天（洛甫），他保有總書記的職位直到一九四三年。他在江西和延安所扮演的角色於毛澤東在世時，鮮少被媒體提及。即便張聞天並不是王明的主要支持者，也經常對毛澤東表示支持，但他卻是二十八個布爾什維克中的一員。[2]

第八章

刧持與抗日

——西安一九三六～一九三七年

只要蔣先生能夠改變「攘外必先安內」的政策，停止內戰，一致抗日，不但我個人可以聽蔣先生的話，就連我們紅軍也可以聽蔣先生的指揮。[1]

迫在眼前的日本侵略讓政治態勢完全改變。周恩來於一九三六年一月二日對政治局說他們要領導「千千萬萬民眾在黨的周圍」進行「民族革命戰爭」。這對正在進行的革命根據地建設而言是一個突兀的動作，而且發起及整合民族抗日力量動嘴皮子比動手做要容易的多。就如同周恩來所指出的一樣，共黨在某些地方掌握著政權，但在其他地區仍要祕密運作。他還再次提到張聞天對「關門主義」的指責，並強調要扭轉原先堅持要無產階級化的方向，進而接納知識分子。這份報告是典型的周恩來式文件，在細心帶領共產黨朝著既定目標前進時，總是考量著要搶占重要位置。

張學良和東北軍

建立一個統一戰線是共產國際現下的政策，但對中共而言，最好就是建立一個有組織的抗日力量。一九二七年上海大屠殺的始作俑者就是蔣介石，馬上要和他合作則根本不用考慮。然而東北軍閥「少帥」張學良是國民黨聯盟中的薄弱環節以及最可能的結盟對象。張學良和蔣介石關係不好，在張學良的東北軍中有許多軍官反對蔣介石把共產黨當成比日本人還要緊的敵人對待。

中共成立東北軍工作委員會，執行對東北軍發展工作的政策，周恩來任書記，葉劍英是他的副手。當為時不長的東征於一九三六年一月十七日開始時，政治局隨軍行動，周恩來、博古、葉劍英受命組成中央局，留在後方負責與東北軍協談並讓東北軍無後顧之憂。

一九三五年十月中共在榆林橋戰役中俘獲一名國民黨團長高福源，向中共中央聯絡局局長李克農提議，讓他回到國民黨部隊中，說服張學良和中共合作。李克農向周恩來報告這件事，周恩來毫不遲疑就答應了。高福源一九三六年一月一日離開瓦窯堡，在延安南邊的洛川見到張學良。張同意後，高福源回到瓦窯堡，要求中共派出代表進行正式的協商。一月二十日，中共中央派李克農和張學良會談，雙方在建立國防政府的可能性上進行三個小時的協商。

李克農三月五日又在洛川見了張學良一次，張學良坦誠相告他對蔣介石影響有限，而蔣介石掌握著所有的力量，是唯一有能力抗日的人。然而他也答應在四月分和毛澤東及周恩來見面，作進一步的商談。周恩來被委任為與張學良在延安會談的全權代表。政治局也得知相當懷疑蔣介石抗日意願的陝西軍頭楊虎城和中共黨員曾在西安進行過祕密談話。

中共領導群於四月初返回瓦窯堡，周恩來和李克農四月七日帶著電報收發報機前往延安。他們兩天後抵達延安並在當地一間教堂內與張學良展開談話。他們發現彼此有些相同的背景，像是出身東北、對周恩來母校南開學校創辦人張伯苓有同樣的尊敬。當張學良的部隊掌控天津時，於一九二四年遇到張伯苓，他將自己決定戒除鴉片、賭博和嫖妓的生活一事歸功於張伯苓的規勸。在一封四月十日周恩來寫給張聞天、毛澤東和彭德懷的電文中，他寫著：

> 停止內戰，一致抗日，他（張）完全同意，但他在公開抗日之前不能不受蔣令進駐蘇區……國防政府，抗日聯軍，他認為要抗日只有此出路，他願醞釀此事……他認為蔣部下現有分化（指在國民黨及國民政府內），蔣現在歧路上，他認為反蔣做不到。蔣如確降，他（張）當離開他……經濟通商，普通購物，由我們在他防地設店自購。無線電、藥品，他可代辦，並可送彈藥……彼此互派一得力人偽裝偵察，保持交通。另派有政治頭腦及色彩不濃之人在他處做事活動（（李）克農因太公開，不便在他處任事）。

這就是周恩來在處理特殊祕密政治和軍事外交時的細膩。周恩來當時判斷認為張學良已準備好一旦國民黨不抗日他將會採取行動，同時也看到張學良困於無法說服幾位支持他的政治領袖進行軍事合作。張學良承認紅軍是真的要抗日，抗日和剿共不能並存。然而，張學良在經濟上和政治上都依靠著蔣介石：蔣介石的身邊有許多親日人士，以致於委員長能否真正成為一位抗日領袖還是令人質疑的。

會談於隔日凌晨結束，周恩來四月十三日回到瓦窯堡，同行的還有中共安排在張學良處的地下工作人員劉鼎，劉鼎在向中共中央報告後，再被派回張學良處繼續祕密工作。毛澤東和彭德懷四月十四日從保安發電給周恩來表達他們對周恩來的工作很滿意。

陝北和埃德加．斯諾（Edgar Snow）

在東征期間，中共失去了一位高級部隊指揮官劉志丹，並且將紅軍撤回，但這並不算是全然的失敗，中共不但吸收到數千名支持者，更讓它成為國民黨不得不正視的軍事力量。中共中央決定放棄瓦窯堡，六月十四日中共政治局決定「恩來留守東線，指揮東面各軍及地方部隊，抗擊進攻敵人，並布置中央及軍委轉移」。

周恩來七月八日在前往陝西的途中，於百家坪遇到美國記者埃德加．斯諾。斯諾用英文詳細描繪了在這次見面時對周恩來的印象，對當時中文資料所寫的周恩來提供了一個對照。

但是這時突然來了一個清瘦的青年軍官，有著黑色大鬍子。他上前對我說話，口氣溫和有教養，「哈囉，你們要找誰？」他是用英文說的！我很快就知道他是（周恩來），那個「惡名昭彰」的紅軍指揮官，他曾經是一間教會學校的榮譽學生。

即便關於周恩來各種奇特際遇的資料並不一定正確，但他已經是位傳說中的人物。斯諾描寫周恩來在百家坪外「抗炸小屋」裡的司令部和他見面的情形，並把他寫成是一個「書生出身的造反分子」。

（周恩來的房間）很乾淨，陳設很簡單。掛在土炕上的一頂蚊帳是能看到僅有的「奢侈品」。炕頭上放著兩個鐵製公文櫃，用一個小木桌來當辦公桌。當哨兵報告我到時，（周恩來）正弓著身體在桌前讀電文。

周恩來表示有人告訴他斯諾是一個「可靠的記者」，並表示斯諾可以自行參觀並報導。就像許多外國人一樣，斯諾完全臣服於周恩來的魅力之下。

他體型清瘦，身高一般，骨架小卻結實，雖然留著大黑鬍子，看起來卻有些男孩子的況味，還長著深邃溫暖的大眼。他有一種明顯的吸引力，似乎是來自於羞赧、個人魅力和指揮若定的奇特組合。他說的英文有些緩慢但相當正確，當他告訴我他已經五年沒講英文時更讓我覺得詫異……

周恩來當時留給我冷靜、頭腦清楚並講求實際的印象。他和緩的說話態度和國民黨九年多來詆譭共產黨是「無知匪類」、「強盜」和其他貶損字句的宣傳有著奇特的對比。不知怎麼的，當他陪著我走在安靜的田間小路前往百家坪，經過芝麻田、熟成的麥田和果實飽滿下垂的玉米田時，他真的不像是一般人所說的「赤匪」。相反的，他似乎是真的輕鬆自在，充滿了對生活的熱愛，像是跟著一路走在他身邊有著大人樣子的「紅小鬼」一樣，他像個父親般地把手臂就搭在那個紅小鬼肩上。他有些像以前曾在南開學校演女角的那位青年，因為在那段日子，（周恩來）相貌英俊，有著像女孩子般的苗條體態。

在送走斯諾後，周恩來聯繫部隊，重新回到中共的臨時都城保安。政治局七月二十七日在保安開會，周恩來報告和張學良建立關係的情形，毛澤東高度稱讚他的工作。周恩來被任命負責「白軍工作部」（譯註：「白軍」即指為國民黨部隊），擴大中共黨員在國民黨部隊中的勢力。

祕密接觸和會談

中國共產黨也開啟了和蔣介石祕密接觸的管道。一九三五年底，蔣介石面臨黨內分裂和來自日本漸增的壓力，在堅持要清除中共的同時，又向他們伸出探詢的觸角。他也和莫斯科方面展開溝通聯繫，包括對中共在那邊的代表——王明。其中一個在西北幫蔣介石牽線和中共聯繫的人叫做諶小岑，在五四運動方興未艾期間是覺悟社的創始成員之一，和周恩來及鄧穎超都熟識。諶小岑在國民黨內曾歷經數個較高的職位，他幫國民黨內具有影響力且對中共沒那敵視的人與他曾私下在南京會過面的上海中共地下黨員之間進行聯繫。

一九三六年一月在宋慶齡（孫逸仙遺孀）代為引介下，張學良幫兩名中共在上海的地上黨員董健吾及張子華安排前往陝西的祕密通道，向中共報告有可能舉辦和國民黨的會談。他們二月二十七日抵達瓦窯堡，當時毛澤東和張聞文在山西前線，周恩來在陝北前線督導。博古接見兩位信差並以電文知會其他人，周恩來建議與蔣介石及張學良兩邊的折衝要分開單獨處理，另外張聞天、毛澤東和彭德懷則在三月四日表示同意，他們「願與南京當局展開具體實際之談判」。董健吾向宋慶齡回報，國共兩黨之間的溝通在中斷將近十年後終於恢復。中共於四月二十五日呼籲「全國各黨各派人民聯合抗日」，而周恩來於五月五日寫信給諶小岑，邀請他和一些其他相關人員到陝北會談。在八月十日的政治局會議上，周恩來建議放棄反蔣口號，毛澤東同意，周恩來也指出在蘇區、紅軍和土改政策上也應該有其他調整的打算。九月一日發出的中共中央文件中表達可能將蘇區改為一個統一民主國的部分、派出代表參加國會以及紅軍服從統一的軍事指揮。

在九月十五日召開的政治局擴大會議上，張聞天精要地提出共產黨面對的難題：如何在愛國抗日的共同基礎上和對手聯合，又要保持獨立、「純潔」。周恩來到第二天才發言強調國民黨立場的改變和蔣介石的搖擺。他堅稱中共應該要逼迫蔣介石真正地抗日並且盡可能讓蘇維埃改為民主共和國，成為「反帝反封建」的根據地。

九月二十二日，周恩來寫信給和蔣親近的國民黨CC派陳果夫、陳立夫兄弟，指出委員長已解決兩廣事變，並探詢是否有可能停止和中共之間的戰事。兩天後，這封信和由周恩來起草有關國共合作的中共中央文件由潘漢年帶到上海以送去給蔣介石。但蔣介石把這種示好的動作看成是中共對他派兵包圍蘇區的示弱，而依然派廣州市長曾養甫邀請周恩來到香港或是廣州商談。十月八日中共中央決定在停止攻擊紅軍和拒絕出讓領土給日本等前提下，周恩來可以飛往廣州進行談判。但由於對蘇區的攻擊仍在持續進行，周恩來參加談判一事取消，但仍同意由潘漢年到廣州進行初步會談。十月二十一日，周恩來經由在西安的張子華，將此事轉達給曾養甫和陳立夫。

當潘漢年在上海的滄州飯店和陳立夫見面時，陳立夫提出蔣介石要廢除紅軍的要求。陳立夫表示他和潘漢年都不是軍人，而再次要求要周恩來和蔣介石面對面會談。潘漢年則強調前提條件是要停止敵對。在數次更進一步沒有任何結果的會談後，潘漢年於十月十日被召回蘇維埃根據地。周恩來在一九四五年寫道，蔣介石根本沒有合作的意願，除非紅軍完全束手或是臣服於他的武力之下。

張國燾的回歸

當祕密談判正在進行時，三大紅軍主力重新會合。張國燾原本率領部隊南下，在川康邊區建立根據地並另立「中央」，中共中央再三以電文懇請張國燾回來重新加入他們。

張國燾根據地地處偏遠更甚於陝北，缺少糧食和物資，和少數民族衝突甚多，一些領導幹部（其中許多人都覺得張國燾南下的做法不好，但仍然跟隨行動），包括朱德和劉伯承等，原本一直跟著張國燾的，也漸漸失望。張國燾另立中央的舉動在陝西引發眾怒，於是在一九三六年一月十三日發出電文，要張國燾取消他的「反黨非法組織」。中共中央將一九三五年九月十二日俄界會議中對張國燾「錯誤」的批評內容廣為宣達，張國燾則在一九三六年六月六日同意取消他另立的「中共中央」並且北上和紅軍主力會合。

十一月十五日周恩來代表中共中央安排迎接張國燾部隊，並展開將張國燾部隊重新納入紅軍主力這個敏感複雜的任務。處理的困難來自於張部的長期分離、在犯下政治錯誤後的指責言語以及在張部中有幾位重要領導幹部，而這些像是朱德及賀龍等的領導幹部雖然跟著張國燾走，但是長久以來對中共中央都保持著忠誠。周恩來報告了和張學良的談判情形，另外還在群眾大會上及幹部或只有一些人的小型團體聚會上向張部人員講話。他向張國燾的第四方面軍人員保證他們是整個紅軍的一部分，他們以往的英勇表現和犧牲都是被承認的，他還強調尤其是在陝北距離日本的威脅很近的情況下，團結更是必要。

有位叫廖承志的軍官因為不同意張國燾意見而被開除黨籍並遭到關押。張國燾曾經在周恩來到他的司令部之前至少處決過一個批評他的領導幹部。廖承志認為如果周恩來沒有介入這件事，他一樣會遭到被處決的命運。

在一九三六年十一月二十一日山城堡一役中，新會合後的紅軍將胡宗南率領的右路七十八師（譯註：原文是七十八團，regiment，但各方資料均顯示為七十八師，故調整如文）「殲滅一大半」，成為在紅軍團結下的一場勝利，也讓張國燾對周恩來的貢獻盛讚不已。周恩來在十二月一日回保安之前前去巡視看望第四方面軍的軍官和士兵。十二月七日召開軍事革命委員會，擴大組織為二十三人，並選出主席團，由毛澤東任主席，周恩來和張國燾為副主席。團結後實力大增的紅軍讓中共更有信心和蔣介石周旋。

西安事變

「西安事變」的發生相當出人意外。一九三六年十二月十二日，兩位對當局失望的將軍，張學良和楊虎城，調動所屬東北軍的部隊，將蔣介石和隨行的高級官員拘禁在西安附近華清池的臨時住所處：

蔣介石住在華清池內院最後一排房子裡，槍聲和喊聲把他從睡夢中驚醒。一開始，他以為是紅軍打進來了，嚇得發抖，披著睡衣，拖著鞋就往外跑。這時前院槍聲正緊，他知道院內不能藏身，就向後門跑去，門鎖打不開，在一個守夜侍衛的幫扶下，才爬上牆頭。誰知借山勢砌的院牆裡低外高，他倉皇失措，一害怕就從牆頭跌到牆外七、八尺深的亂石溝裡。脊骨摔傷了，腳也碰破了，還丟了一隻鞋。他顧不得疼痛，跌跌撞撞地往山上爬。最後，由他的一個侍從副官把他背到山（驪山）腰，在一塊名叫虎畔石的石頭後邊的亂草叢中躲藏起來。

捉蔣部隊衝進蔣的臥室，發現蔣不在。但床上被褥尚有餘溫，蔣的衣帽、假牙還放在床頭，座車也在車庫內。根據情況判斷，估計蔣介石不會跑遠，立刻搜山，果然在亂草叢中找到縮成一團的蔣介石。上午十時，東北軍戰士連拖帶架把蔣介石塞進汽車，押送西安新城大樓。這座大樓是楊虎城辦公、開會和接見賓客的地方，根據事先安排，作為蔣的住處。

這一段描述完整節錄自《西安事變與周恩來同志》一書，反映出這個事件在中國的說法。書籍作者聽起來就像是站在穿著睡衣的蔣介石所藏身屋外同行的其中一員一樣，添油加醋地講述著整個劫持的經過。這個事件經常被拿來作為例子，說明蔣介石有多麼懦弱和不誠實，而周恩來又是如何的始終如一、威信懾人和精於說服。

蔣介石透過他的情報網絡對張、楊與中共的祕密接觸早有察覺，而中共領導人對這兩位將軍想要說服蔣合作形成統一戰線的急切意念也知之甚詳。但把蔣介石和他的衛隊都拘禁起來一事仍然讓中共相當震驚，進而在當晚張學良致電保安請教中共意見時，毛澤東和周恩來回覆內容友善，遣詞用字恭謹有禮：「恩來擬來兄處，協商大計。」

政治局在隔天開會時對情況還不太清楚，毛澤東概略報告了一下政治情況，周恩來則發言較長，表示要對國民黨發動夾擊，不要公開和南京政府對立，但可以設法孤立蔣介石。十二月十三日中午，政治局決議通電張學良，確定周恩來前往西安的行程，並請他派飛機赴延安來接。張學良回覆：「現此間諸事順利，一切恩來兄到後詳談。」

周恩來的延安之行

這是個極其不尋常的任務，是自一九二七年以來中共領導人第一次以非祕密身分前往國民黨控制區。十二月十五日一早，周恩來帶著十八人代表團，騎馬從保安前往當時還在民團控制下的延安，而延安也在不久後就成為中共各重要部門的所在地。他們冒著大雪，在安基停留一夜，隔天傍晚抵達延安北門外。當地游擊隊告訴他們，當天下午曾聽到飛機聲，但沒遇到人，就沒有停留。由於延安不在他們控制下，代表團留在城外沒進去，準備乘車走陸路前往。十二月十七日清晨一架飛機終於出現，周恩來寫了一張字條給延安縣長，希望能准許他們通行前往機場。這架飛機是張學良的座機，中共當地聯絡人劉鼎在機上等候，並在飛往延安途中向周恩來作簡要報告。多年後，劉鼎回憶當時周恩來曾強調：拘禁蔣介石不是在軍事上打敗蔣，蔣的命運也不會像是俄國革命後的沙皇，或是滑鐵盧之後的拿破崙。

當飛機降落西安時已是當天晚上，劉鼎帶著代表團前往七賢莊一號，那裡在以後就成了中共在西安的辦事處。當天晚些時候他們再前往張學良位於金家巷五號的宅第。那是一個傳統的中式院落，有三幢樓房，張學良住在西邊那幢，周恩來和代表團人員住在東邊。張學良和代表團一樣都急於想見到彼此，張不知道下一步要如何處置蔣介石，著急著想要聽聽周恩來的意見。

在西安事變發生後時間很快的來到第六天，南京政府下令派出討伐軍，並以飛機對西安東邊的渭南和華縣進行轟炸。澳籍記者，同時也是孔家和張學良的朋友端納（W. H. Donald）帶著蔣介石夫人宋美齡所寫的信函飛到西安。她的信件由張學良親自帶給蔣介石，並在信中描述當前的狀況是「戲中有戲」。十二月十七日早上，另一位國民黨將軍蔣鼎文帶著委員長的手令，要何應欽將軍停火三日。對於蔣介石的處置仍無定論，有些人主張處決，有些則主張關押到蘇區。

周恩來飛來西安撲向這個亂局，並和張學良竟夜長談。張學良仍然保持著他的看法，認為蔣介石是唯一能領導抗日的人，而且再三強調一旦蔣同意停止攻擊中共，就必須釋放。周恩來承認中共對西安事變的發生感到震驚，並且同意張學良提出的觀點，但仍規勸要謹慎行事，畢竟蔣介石雖然遭到拘禁，但並未失去力量。周恩來思索，可以用抗日不力為由將蔣介石交付審判，但會讓日本更有侵略中國的理由。最好的做法就是說服蔣介石一致抗日並將之釋放。當天晚上他致電中共中央，「答應保蔣安全是可以的，但聲明如南京兵挑起內戰，則蔣安全無望。」蔣介石被當成對南京政治施壓的人質——特別是對那些被中共認為在蔣身邊的「親日派」，要求停止對共產黨軍隊的攻擊。中共中央毫無異議地支持周恩來，並在隔日致電國民黨中央委員會，強調和平解決這場危機。然而，信任和信心的建立並不是件容易的事。

曾任國民政府財政部長的企業家宋子文出發前往西安。宋子文是宋美齡和她姐姐們的兄弟（譯註：宋家以宋靄齡最長，宋慶齡次之，宋子文居三，宋美齡行四，其後還有宋子良及宋子安，共六位兄弟姐妹），被西方稱為是T．V．宋。為了準備宋子文的前來談判，周恩來和張學良提出五項原則：一、停止內戰；二、下令全國抗敵支援綏遠（綏遠是蒙古地區的一個行省，深受日本威脅）；三、肅清一切親日分子；四、由宋子文在南京成立過渡政府；五、成立抗日聯軍和釋放政治犯，武裝群眾，並在西安召開成立「救國會」的籌備會。

周恩來於十二月十七日將他所設想的這幾個原則電告中共中央。他另外還和張學良討論一些確保紅軍安全的做法，商妥攻占陝北幾個城鎮的時程，其中包括延安。延安在一九三七年一月十三日成為中共各司令部新的所在地。

十二月十八日上午，周恩來前往楊虎城在九府街的宅邸拜會，轉達中共中央的問候——楊虎城曾經和中共有著長期的友好關係——並且和楊說明與張學良的討論內容。楊虎城有些驚喜，他原以為中共會藉這個機會除去蔣介石。他表達了釋放蔣可能會產生後果的疑慮，提醒周恩來他還在蔣的麾下，如果蔣一旦翻臉，他可能就會遭到報復。周恩來表示理解楊的顧慮，但說明現在的情況不是只和中國的政治及軍事領導人有關而已，國際情勢已然改變，英、義政府和反法西斯陣營都要求蔣要採取更堅定的路線抗日。蔣介石必須抗日以求生。周恩來也對紅軍所做的一些事表達歉意，包括殺害楊部一名旅長，該旅長還是中共的地下黨員（譯註：此處所指為當時任職楊虎城所轄十七軍警三旅旅長，後中共承認為「誤殺」）。楊虎城表明對中共的敬佩，並聲明願遵從他的上司張學良的領導。

周恩來在當天即去電報告毛澤東和中共中央：

> 南京親日派目的在造成內戰，不在救蔣。宋美齡函蔣：寧抗日勿死敵手。孔祥熙（銀行家及國民黨政治人物，娶宋家大姐宋靄齡為妻）企圖調和，宋子文以停戰為條件來西安，汪（精衛）將回國。蔣態度開始時表示強硬，現亦轉取調和，企圖求得恢復自由。

中共於十二月十九日召開政治局會議，對於情勢的掌握更為清楚。毛澤東認為南京政府的注意力都放在蔣介石被捕一事上，並動員軍隊對付在西安的張學良和楊虎城。毛還表示中共的主要關注點並不在蔣個人身上。張聞天明白要將蔣交付「人民法庭」公審不妥，中共應該要盡量爭取時間。

每個人心裡都明白國民黨軍隊可能會開向西安。在西安的中共人員必須讓自己轉變心態從對抗國民黨成為與國民黨合作，周恩來也要設法配合策略改變打造出一個新的政治架構。這時突然出現一個「雷電社」的組織，他們擁有自己的電台，傳送西安將會被攻擊的各種小道消息。周恩來調查後發現是幾個東北軍中的年輕軍官，他們以為他們的做法是支持革命的，周立刻停止這個電台的傳送活動。

在保安的毛澤東正致力於為當前革命階段做出理論上的聲明。在西安的周恩來則不僅親身執行著談判任務，同時也是最了解蘇區實際需要的人。這些需要包括開通西安和延安之間的運補道路，讓糧食、衣物、藥材得以運送，並讓具有熱情和愛國心切的年輕人能前往延安。

張學良雖然對周恩來及他的同僚放心，但對共產國際和蘇聯卻有所疑慮，尤其是《真理報》和《消息報（*Izvestia*）》還聲稱他和楊虎城與日本人的陰謀有所牽連。中共想讓莫斯科知道事情發生的情形，但因為通訊問題，中共常常必須不靠共產國際的意見逕自獨立處理。周恩來以莫斯科會支持他們來安撫張學良，等通訊恢復後，莫斯科同意了中共所採取的行動。

博古和葉劍英雖然啟程前往西安，但卻遲至十二月二十二日才抵達，所有當時在現場的決定都是由周恩來所為。周恩來對應危機的冷靜從容、細膩嚴謹和工作效率，以及廢寢忘食的態度都留存在眾人的印象中。

共產黨和在南京國民政府之間的溝通渠道於焉開通。宋子文由端納相伴於十二月二十一日飛到西安。宋子文不僅是蔣介石的妻舅，還是一位國民黨內的重要人士，受英、美影響很深，不是「親日派」。當時這場在西安的談判究竟如何並不明朗，隨後卻有很明確的政治理由讓所有參與者都強調自己在其中所扮演的是正面角色。張學良告訴宋子文，東北軍、十七路軍和紅軍將領們都已達成共識，只等蔣介石同意他們所提出的原則（那時已從五項原則增加為八項）。宋子文沒料到周恩來在西安，他們沒有直接接觸，宋派助手郭增愷和周見面。周恩來強調中共並沒有參與劫持蔣介石，而且他正為和平解決此事而努力。宋子文對這番求和的回覆大喜過望，隔日即飛回南京。

危機解除

中共中央於十二月二十一日電令周恩來「爭取蔣介石」，並要求和蔣介石一派人士「開誠談判」。這封電文並要求南京政府轉變為廣納各界加入的抗日政府，削減「親日派」的力量，並停止對蘇維埃根據地的攻擊，這些要求事項都是說比做容易的事。十二月二十二日宋子文帶著蔣介石的夫人宋美齡和蔣鼎文——可能還有蔣介石手下著名的情報頭子戴笠也一併同行——飛回西安。當蔣介石見到妻子和妻舅時，同意接受政治和軍事改組，他拒絕在協議上簽字，但願以「領袖的人格」做擔保。

正式談判於隔日在張學良宅第西側樓的二樓展開。宋子文代表蔣介石，張學良、楊虎城和周恩來則為「西安方面」，這是個奇怪卻又對稱的組合。周恩來提出一份修改過的「六點主張」，宋子文代表蔣介石同意。下午眾人就過渡政府、撤軍和釋囚等具體事項進行討論。

十二月二十四日晚間，周恩來同宋子文、宋美齡一起去看蔣介石。蔣介石只要明確答應一些事就能得到獲釋的機會，但他不願意。宋氏兄妹則稱蔣介石這幾天生病，而當周恩來進到蔣的臥室時，蔣介石立刻起身，請周恩來坐下。周注意到蔣較十年前蒼老，蔣介石回他「恩來，你是我的部下（指周恩來當年曾在黃埔軍校的時候），你應該聽我的話。」周恩來則以老百姓的立場直截了當告訴蔣：

> 只要蔣先生能夠改變攘外必先安內的政策，停止內戰，（和共產黨）一致抗日，不但我個人可以聽蔣先生的話，就連我們紅軍也可以聽蔣先生的指揮。

周恩來問蔣為何不停止內戰，宋美齡替委員長回答道不會再對共產黨進行「圍剿」，並奉承地感謝周能遠道前來調處這次事件。蔣介石表示他累了，周恩來即退出。十二月二十五日，周恩來報告中共中央蔣介石已原則同意，剩下的事就由張學良和宋氏兄妹全權處理。

宋子文請「西安方面」相信他會執行協議事項，並提議和蔣介石於當天離開西安。張學良同意甚至願意護送他們。周恩來想要留下一份有關協議事項的文件，也不贊成張學良陪同蔣介石離開。「西安方面」的高級將領們寫信給宋子文，堅決要求要有簽署文件並將蔣介石的軍隊撤離蘇區。蔣看到信在大驚失色下向張學良施壓，張即釋蔣。約下午三點，張學良和楊虎城偷偷用車把蔣介石和宋子文帶到機場。蔣介石對協議發表了一個簡短的談話，並說他、張學良和楊虎城都要知道自己之前的錯誤。張學良用自己的座機跟著蔣前往南京，並寫下手令，要東北軍在他離開期間要聽從楊虎城指揮。

蔣的離開既倉促且祕密，周恩來聽到消息趕到機場時，蔣已飛走。周恩來嘆了一口氣並認為張學良是受到京戲「連環套」影響太深，戲中犯事的角色承擔自己所犯罪行（譯註：戲中匪首因與鏢師有舊怨，故盜取御賜駿馬嫁禍鏢師之子，後在鏢師之子與友人計挫匪首後，匪首即願俯首認罪）。張學良跟著曾被他劫持的首長而去，實是置自己於險境之中。

意料之中的毀諾

西安的談判是一場糅雜軍事、政治和家族關係的奇特混合物。蔣介石、他的妻子和妻舅急切盼望蔣能獲得釋放，並作好答應任何事的準備。張學良和楊虎城則想方設法從他們孤注一擲和張學良的急躁所造成的困境中解脫。周恩來則是在危險和機遇間步步為營。依照蔣介石離開後所展現的態度，這位委員長隨後的言行不一也不太令人意外了。

蔣介石重掌總司令。當飛機在洛陽落地後，他命張學良指示楊虎城釋放被關押在西安的高級將領和放回被扣留的五十架軍用飛機。到了南京，蔣即下令將張學良軟禁，並於十二月三十一日召開軍事法庭，張學良被判十年徒刑。而後的一紙特赦雖讓張免於牢獄，但卻交由國民黨軍事委員會嚴加管束，使張學良被軟禁約達半個世紀。一九四六年他被移往臺灣新竹縣五峰鄉曾為日本軍事機構內的一處寬敞居所，並於一九六四年在形式上獲赦，但仍被限制居住直到一九九一年。張於二〇〇一年離世，享年百歲。

周恩來與博古及葉劍英商討，並和楊虎城進行協商。「西安方面」原本期望張學良幾天後就能回來，當張學良未能如期出現，周恩來請求中共中央准許部署於陝西的紅軍部隊能完成作戰準備，進入關中地區部署。一月八日或九日，紅軍已完成部署，身為西安地區紅軍指揮官的周恩來向進駐咸陽的紅軍講話，說明「西安事變」的意義。雖然周恩來是奉中共中央政策之名執行工作，但他仍是在現場最清楚情況的人。

既是中共中央同時也是共產國際的政策，認為仍要逼使蔣介石抗日。一月十日，周恩來向張學良表示，只要國民黨軍隊不進攻，紅軍不會攻擊。隔日他寫信給蔣介石，責難他數次進犯陝境且羈押張學良，更強烈表示要蔣將軍隊調離以免暴發衝突。周恩來的打算是聯合紅軍及張學良、楊虎城部隊，並利用他們聯手對蔣介石施壓。

楊虎城也派人到蔣介石處做同樣的要求，但蔣似乎沒想要接受這種進一步的脅迫。一月二十日，蔣介石將東北軍和十七路軍調往甘肅及陝西西部，並命他的中央軍進駐西安，另楊虎城辭去其指揮職務，仍保留軍階。東北軍因張學良被扣而遭削弱：代理指揮的元老軍官無法受到年輕軍官信任，並因不同立場遭到蔣介石分化。楊虎城雖為西安最高官員，但卻無法掌控仍對張學良效忠的東北軍。

張學良返回西安似乎越來越無望，東北軍中少壯派軍官思考著各種營救方法。由孫銘九帶領的一派人向楊虎城及周恩來請求支持他們以軍事手段解決。經過博古、葉劍英及紅軍內的高級將領和政治幹部討論，由於仍要維持與「西安方面」軍方的合作關係，中共中央暫時同意只要他們採取軍事行動即給予支持。

同時這批東北軍少壯派軍官在渭南召集會議，簽下除非張學良回來否則他們的部隊不會離開西安的決議。張學良的代理人于學忠從他所指揮軍隊的駐地蘭州飛來處理這次的譁變。他和楊虎城、周恩來和反對這次譁變的將領們開會，少壯派軍官則在外旁聽。楊虎城坦承可以採取行動對付參與譁變軍官，但弊大於利，應該尋求和平解決的方法。在這場爭議中處於局外人的周恩來則表示中共立場同樣是尋求和平解決，但首要還是團結。

西安氣氛相當緊張。二月一日，城市牆上出現「除奸」的標語。隔日上午，少壯派軍官帶領警衛部隊攻擊忠於蔣介石的將領，王以哲將軍遭射殺，其他人因為待在楊虎城的寓所而逃過一劫。當這批參與攻擊的人前往周恩來辦公室尋釁時，周恩來訓斥他們，說他們正在做蔣介石想做卻做不到的事——分裂東北軍——並指他們並不是在救張學良，反而是陷他於危險之中。當傳出王以哲是被中共殺害的謠言時，周恩來馬上前往王家致哀，並協助處理後事，讓謠言得以消除。王以哲遭殺害的消息激怒了在西安城外的東北軍官兵，並有尋求復仇之勢，周恩來決定將發起此事的孫銘九和其他共謀者送到紅軍基地避免發生流血殺戮。

西安成為一個火藥桶，但是周恩來站在策略上思考與東北軍、十七路軍建立長期合作的問題。他努力得到的政治成果已然喪失殆盡，但他將自己更積極地投入工作中，比平常更少吃飯和睡覺，但在開會時卻總是神采奕奕。即便仍有許多困難，他仍以自身對合作承諾的態度激勵同僚，並獲得了東北軍和十七路軍官兵的信任。但刺殺事件所造成的惡果在紀律和精神上仍造成損害。楊虎城帶著十七路軍主力離開西安前往三原縣。中共中央為了周恩來和博古的人身安全，要求他們也隨之離開西安前往三原。周恩來拒絕離開西安，他相信只有他留在西安才能挽救局面。但他仍然將博古、葉劍英和他的所屬人員送往三原。

紅軍聯絡處

當國民黨中央軍接近西安時，周恩來在七賢莊一號建立紅軍聯絡處並且公開運作。國民黨軍隊於二月八日在未遭受任何抵抗下進入西安，指揮官顧祝同於隔日到達。國民黨政工特務在街上貼出「攘外必先安內」和批評西安事變的標語。當周恩來前往抗議時，顧祝同當著周的面訓斥負責軍官，並且保證隔天標語就會被清除。

楊虎城於二月十四日羞愧地返回西安，但仍保有人身自由。一九四九年，當國民黨在大陸潰敗，他在蔣介石的命令下被逮捕並處決。

西安事變獲得和平解決，雖然並不符合任何參與者心裡所希望的方式。西安無戰事，紅軍在未發生任何衝突下撤離，並在西安成立了一處聯絡處，可以處理從一九三七年春開始生效的第二次統一戰線事宜。或許不能說全是周恩來的功勞，但他的堅持、綜觀全局的能力和長遠打算，還有他在臨危之下仍能保持冷靜等，都有著重要作用。如果不是他的政治、外交和軍事長才得以充分運用，可能雙方都會發生更糟糕或更血腥的結果。[2]

第九章

戰友

——一九三七～一九四五年

（周恩來）在狹窄的走道裡上上下下馬不停蹄的忙著。這位我曾在臨汾見過，留著大鬍子、著全黑軍服的政委，現在成為鬍子刮得乾乾淨淨、身穿（國民黨）部隊藍色軍服的軍事委員會副主席。這種改變對於一個有著多樣性格的人來說，並不意外。（周恩來）看起來比以前更年輕，也許更上相，但仍是一如以往的行動派。[1]

儘管不見得符合某些人的想法，西安事變仍然和平落幕，而第二次統一戰線並未立即隨之而成。建立起一個抵抗迫在眼前日本侵略的聯盟，需要細心謹慎的計議和苦心隱忍的妥協與退讓。

第二次統一戰線：第一階段

周恩來具備著處理這些棘手談判的政治敏銳度和柔軟身段。從一九三七年二月，他分別在西安、杭州、廬山和南京五度和國民黨代表會面。第一次是和代表蔣委員長的顧祝同，而在歷經數場艱難爭辯後，才終於見到蔣介石本人。原本蔣同意直接與周恩來在南京見面，但在張學良遭到拘禁之後，中共變得小心謹慎。毛澤東和張聞天接連致電周恩來，強烈建議他和國民黨中央執行委員張沖在西安談判。

二月二十四日，周恩來覆電給毛澤東和張聞天，提出談判中的五項原則：

1. 可以服從三民主義，但放棄共產主義信仰絕無談判餘地。
2. 承認國民黨在全國領導，但取消共產黨絕不可能。惟國民黨如能改組成民族革命聯盟性質的黨，則共產黨可整個加入這一聯盟，但仍保持其獨立組織。
3. 紅軍改編後，人數可讓步為六至七萬，編制可改四個師，每師三個旅六個團，約一萬五千人，其餘編為某路軍的直屬隊。
4. 紅軍改編後，共黨組織飾為祕密，拒絕國民黨組織，政訓人員自行訓練，可實施統一的政訓綱領，但不能辱罵和反對共產黨。
5. 蘇區改特別區後，俟共黨在非蘇區公開後，國民黨亦得在特別區活動。

中共中央委員會書記處在第二天就以電報回覆同意，（很可能是）毛澤東還加上雖然抗日救國為「第一天職」，但仍不要忘了階級鬥爭和民眾的痛苦。

周恩來所提出的是談判基本前提，並於二月九日在西安和顧祝同開始談判。顧祝同同意紅軍辦事處的設立，並初步討論到中共的公開活動、蘇區改為特區，以及紅軍納編進國民革命軍等問題。

二月二十一日國民黨在內部經過激烈的內部爭論後，國民黨中央執行委員會提出取消蘇區及共產黨等要求（譯註：國民黨正式通過的「取消赤禍案」全文，並未有禁止或取消共產黨的明確文字，但明文要求取消紅軍及禁止赤化宣傳）。周恩來嗅出了讓共產黨組織換個名稱而保全頑固派面子的微妙變化和字義中另有用意的味道。張沖在國民黨會議（譯按：五屆三中全會）之後來到西安參加二月二十六日的談判。即便在許多事項上都未能達成共識，但雙方的距離似乎都更接近了，於是三月八日即整理在一個月之內雙方討論中的共識，以完成一個可能的協議。原要由周恩來寫成一份文件送交蔣介石，但國民黨代表們堅持要做一些變動，包括調整相關組織和紅軍規模、中共同意服從委員長的一切號令、訓政人員由國民黨官員指揮以及蘇區由南京政府直接控制等事項。這項改變等於是將中共變成僅是國民黨的附庸，是不可能被接受的。周恩來堅持要就以原條文傳送給蔣介石，否則就要張沖回南京請求進一步的指示。周恩來懷疑代表團有著自己的事情和想法，無法代表委員長的意圖。周恩來獲得中共中央授權，堅持要跟蔣介石直接會談。

這場談判還是有些進展：紅軍改編規模由四個師改為三個師，並且由一九三七年三月起，國民黨補助紅軍財務和補給。政治上的文字交鋒沒有阻礙軍事上的實際合作。三月十四日，周恩來和一些和他一樣出身於黃埔軍校的國民黨高階將領會晤，雖然彼此分屬不同陣營，但卻有著相同的承傳，這份承傳讓他們彼此忠誠所屬的認同有些複雜，但也造成許多人不願再啟內戰。

第二次統一戰線：第二階段

周恩來於三月底飛去見蔣介石，但不是在中華民國首都和國民黨總部所在地的南京，而是在杭州。蔣家在西湖畔有一幢「澄廬」別墅，蔣介石就是在那裡和他妻子度蜜月。這並不是一個適中的安排，但也讓它成為一場非正式和非官方的意見交換。周恩來經由上海到杭州，在上海時他協請宋美齡將中共中央提出的條件轉交她的先生。在見蔣時，周恩來在話語中以近似於孫逸仙三民主義的話語陳明中共真的想要合作但卻不是投降。蔣介石以懷柔的語氣說明近十年的衝突只會削弱中國，並強調可以由人員之間進行合作安排（譯註：就像第一次統一戰線時共產黨員可以個人名義加入國民黨一樣），而不是兩個政黨的合作。他同意中共可以參加國民大會和國防會議，而在共產黨控制下的「行政區」可以整併，但要由南京派出經過中共同意的官員負責督導。當周恩來提出以中共擬定共同綱領作為合作的可能性基礎時，蔣卻加以推拖。周恩來綜合判斷在蔣的談判技巧背後有一個問題，就是有關他的領袖地位，至於其他任何事都是次要的。

在離開杭州時，拜訪了張學良東北軍在上海的高階將領，這些人同意和周直接合作。他同時也和中共在上海的地下黨員接觸。三月三十日他帶著蔣介石給他的通訊密碼飛回西安，並於四月初抵達已於一九三七年一月中旬成為中共總部的延安。中共立即召開一場政治局擴大會議，會中對周恩來的工作成果表示滿意。

到延安三個星期後的四月二十五日，周恩來坐著一輛卡車前往西安繼續和蔣介石會談，卡車上載著三十多人，包括一個護衛隊，周恩來和駕駛坐在駕駛室。就在距離延安約三十公里的嶗山附近，他們被一群約百來人的土匪伏擊，這些土匪把道路阻斷並開火。周下令還擊並以樹林作掩護。附近的紅軍部隊聽到槍聲後趕來，但當他們趕到時，周恩來和駕駛員已然脫離險境。同行人員中十幾個人遇難，周恩來決定返回延安。這些土匪不容易受到周恩來談判技巧的影響。

四月二十六日周恩來坐上一架被派往延安的飛機前往西安商談國民黨對紅軍經費分配、冬季衣物和蘇區關係等問題。五月底他再飛往上海及南京，討論中國共產黨的合法地位，六月四日則抵達江西省的山區度假勝地廬山。他和蔣介石從六月八日到十五日展開會談，宋美齡、宋子文和張沖都參加。討論一份由中共中央所提出，涵蓋許多耳熟能詳有關抗日、救國及民主等問題的長篇文件。周恩來發現蔣介石設下更多障礙，並決意躲避中共提出來的問題，力推成立「國民革命同盟會」。這個組織的名稱是借孫逸仙在一九〇五年所成立的「同盟會」為名，而蔣的用意是以此納入國民黨和共產黨人員，並將之置於他個人全權掌握下。蔣推翻周恩來在杭州時已收到有關對中共和紅軍的確切承諾，還做出要求毛澤東和朱德「出洋」的奇怪建議（但沒有說去哪裡或是解釋出國要做什麼）以及要邊區的領導人全都離開。蔣提議中共可以派代表參加國民大會，但不得以「共產黨」名義出席。

蔣介石「翻臉」的原因可能是因為國民黨內激烈的反共壓力，而他也因為受到被下屬劫持的羞辱而變得更機靈，更何況周恩來在那次的事件中不但是個目擊者，還在維護他的獲釋上扮演著主要的角色。周恩來不能同意蔣介石的說法，但是同意將同「國民革命同盟會」一事請示中共中央，並且在有關要求毛和朱「出洋」事情上嚴詞駁斥。

周恩來於六月十八日回到延安。中共中央同意一些必要的讓步，並在國民黨也能接受同等地位的安排下，接受「國民革命同盟會」。這也是虛晃一招，中共打算發表一項宣言，如果蔣介石同意設立雙方共同的總指揮部，紅軍即改編，否則，紅軍則以國民革命軍暫編軍為名自行改編。陝甘寧邊區選舉於七月舉行，在中共推舉三位國民黨人（譯註：此三人為張繼、宋子文、于右任）中擇一擔任邊區行政長官。中共想讓蔣重回統一戰線，但仍做出一些讓步。

六月二十二日周恩來致電蔣介石，提出紅軍共同指揮架構的進一步建議，南京方面並於六月二十六日邀請中共到廬山進行進一步會談。周恩來、博古和林伯渠於七月四日前往西安，七月七日抵達廬山。這一天也是盧溝橋事變發生的日子。

日本侵華

七月七日駐北京的日軍在西南邊的宛平縣盧溝橋附近演習，以尋找一名失踪士兵和對付當地反對民眾為由對城鎮進行炮擊。日本調來駐在東北的援軍，揭開占領中國的序幕。

在延安的中共中央發表一篇宣言，呼籲在國家危急時刻要團結抵抗。周恩來在上海會見中共的積極分子，並向他們簡要說明要做好上海一定會遭到攻擊的準備，而這件事在十一月就應驗。周恩來重建起上海的地下工作，並駕輕就熟地進入他以前從事祕密工作時的角色，以法租界的黃金大戲院表演為掩護，在那裡和工作人員會晤。

周恩來、博古和林伯渠於七月十三及十四日飛到廬山。蔣介石和國民黨左派領導人汪精衛共同邀請國內一些重要政治人物商討決定如何因應這個緊急狀況。周恩來回想起當時，認為這場談話「不是大家坐下來開圓桌會議，一道商量」，而是由國民黨所主導。這三位中共代表沒有參加，他們在廬山的事是祕密的。周恩來等三人和蔣介石、邵力子和張沖另外舉行會談。周恩來帶來一項要蔣介石同意的文件，但這位委員長卻拒絕以南京政府之名讓中共得到合法地位。

周恩來於七月十七日透過宋美齡將另一份文件交給蔣介石，但談判陷入僵局，周恩來帶著代表團離開飛往上海。周恩來於七月二十一日致電朱德、彭德懷和其他紅軍指揮官，建議由於談判失敗，他們主動改變紅軍為前面已經討論過的三個方面軍，在必要時可以獨立作業。七月二十七日，蔣介石透過蔣鼎文轉達周恩來，同意紅軍改編抗日。隔日在延安的中共中央即將改編過的部隊以朱德為總指揮，彭德懷為副總指揮，周恩來和博古並於七月三十日前往雲陽視導改編事宜。

蔣介石是個兩面派，或者客氣點說，他是做雙重操作。面對維護國民黨內反共的強硬派，他表現出中共是不受歡迎的人物，並拒絕讓中共合法；同時卻又偷偷摸摸和周恩來談判，把紅軍當成就算不歡迎仍是主要的夥伴。周恩來對蔣介石的兩面手法相當清楚，並相應地調整自己的做法。

在紅軍建軍紀念日的八月一日，毛澤東轉發給周恩來一份張沖的電文，張沖曾參加廬山和周恩來的會談。這份電文內容中密請毛澤東、朱德和周恩來飛往南京「共商國防問題」。周恩來答覆如果是召開「國防會議」，他、朱德和葉劍英會參加，否則，只有他、博古和林伯渠會前往會談。張沖回電是開「國防會議」。八月六日周恩來和朱德到達西安，葉劍英在那裡和他們會合後三人飛往南京。國民政府這邊的參加者有馮玉祥、白崇禧和其他幾位地方軍事實力派將領。張聞天和毛澤東留在延安，用電報和周恩來保持聯繫，周恩來還答覆了毛澤東發出有關游擊戰重要性的電文。蔣介石和何應欽最後同意八路軍執行側面作戰以協助友軍，不做正面作戰，但派第一集團軍為先遣部隊。在華南的中共武力改編為新第四軍。

周恩來也在談判中為中共爭取開設辦事處作為合法政治運作處所，以及發行報紙和刊物。兩份重要出版物，《新華日報》和《群眾》，被同意在南京發行，周恩來甚至說服了一位國民黨的政治家，也是書法家的于右任幫《新華日報》題寫報頭。在上海和南京被日本人占領後，發行業務必須遷往武漢。周恩來還要求釋放被南京政府關押的共產黨人及政治犯。

八月十三日，當談判還在進行，日本帝國陸軍對上海發動突襲，這場戰事由於太過接近蔣介石的國民政府所在地，使國民政府深感不安。八月十八日，蔣介石同意紅軍納編為國民革命軍第八路軍，由朱德任總指揮，彭德懷為副總指揮。[2]

周恩來於八月二十一日離開談判地，前往洛川參加中共政治擴大會議，他可以前往參加這場擴大會議是因為他清楚即便談判到了結尾有些鬆散，但真正的抗日統一戰線已經確定成型。在政治局會議上，毛澤東一如以往主張在這場他認為是持久戰的戰事中，要實行游擊戰術。周恩來支持在敵後布置游擊戰武力，在戰役打到後面的階段對日軍進行攻擊。洛川會議最重要的結果是決定由十一人組成中央革命軍事委員會，由毛澤東任主席，朱德、周恩來為副主席。毛澤東現在於同等地位的同僚中排名最前。周恩來在指揮層級中排第二，但他鮮少待在延安。

和閻錫山共事

一九三七年八月底毛澤東致電給周恩來，緊急要求他去太原或大通和山西軍閥閻錫山見面。周恩來在山西停留三個月，讓博古和葉劍英在南京談判。山西一線戰略位置至關重要，因為它面對的就是洶洶而來的日本帝國陸軍。第八路軍的一一五師先遣部隊已進入山西，和閻錫山部隊的協調聯繫工作就更形急迫。

周恩來九月三日乘坐火車由西安出發，和彭德懷、徐向前和聶榮臻同行，隔日換搭木船渡過混濁洶湧的黃河，而閻錫山則派出一列兩節車廂的火車送他們到太原。聶榮臻先行離開，前往帶領一一五師先遣部隊，其餘人員於九月五日抵達太原，並住在八路軍辦事處。周恩來感覺閻部軍官士氣低落，難以投入作戰。由於日軍進犯西境，從前線撤離無家可歸的難民和部隊傷員處處可見，暴雨造成黃河氾濫成災，成千上萬民眾饑饉無助。九月七日，周恩來在彭德懷和徐向前（徐向前出身山西，仍與地方維持聯繫）的陪同下前往作戰前線去見閻錫山。

閻錫山的統治非常獨立，他對於山西省施行鐵腕管轄，甚至連和蔣介石合作都有些猶豫。他支持改革但相當反共，但由於中國現下正處於危急存亡之秋，所以他也準備考慮合作。他邀請包括中共人員在內的「進步人士」進入他的政府工作，這些人也祕密地向中共北方局報告。在西安事變前，閻錫山並推動與中共在延安領導人間的祕密聯繫，這也是第八路軍得以在太原成立辦事處的原因。他利用中共和國民黨的對立維持他的獨立性。

閻部遭到重大失利，軍官也沒有信心能抵抗日軍。周恩來構思一份第二戰區的作戰計畫，閻錫山非常衷心地接受這份計畫。周恩來得到閻錫山對八路軍在山西作戰行動的同意，尤其是對太行山根據地的設置，那對作戰計畫非常重要。閻還同意支援物資，雖然只有支援部分數量的被服和彈藥。這些中共代表還和包括傅作義在內的當地將領會面，周恩來特別強調要動員地方群眾抵抗侵略者，不應只靠正規軍。

八路軍總部於九月二十一日進入太原，朱德和鄧小平亦在其中，閻錫山同意八路軍在太行山進行獨立的游擊作戰。朱德接掌位於五台縣紅軍總部的指揮職責，周恩來則返回太原。九月二十四日，周恩來向張聞天和毛澤東報告八路軍和游擊武力的部署情形。

平型關之役

一九三七年九月二十四及二十五日發生在平型關的戰鬥中，日本潰敗，急需的補給被截。這次戰役對八路軍而言是一場重大勝利，因為通常這樣的勝利都是要由師級部隊作戰才能取得，而非游擊戰的方式。國民黨對此次戰役的重要性作淡化處理，而毛澤東在一個月之後和記者貝特蘭（James Bertram）談話時表示，這場勝利是運用游擊戰和運動戰戰法，也就是毛澤東個人偏好使用的戰法。周恩來在這場平型關之役的準備工作上參與甚多，一直和總指揮朱德以及閻錫山會商。

中國的資料中提到貝特蘭時都稱他是英國人，雖然他確實是替英國煤體，包括《曼徹斯特衛報》（*The Manchester Guardian*。譯註：已於一九五九年更名為《衛報》，*The Guardian*）和《新政治家》（*The New Statesman*）雜誌撰寫報導，但他是個紐西蘭人。他在一列開往北太原的軍用火車的三等車廂中遇見周恩來。

（周恩來）在狹窄的走道裡上上下下馬不停蹄的忙著。這位我曾在臨汾見過，留著大鬍子、身著全黑軍服的政委，現在成為鬍子刮得乾乾淨淨、穿著（國民黨）部隊藍色軍服的軍事委員會副主席。這種改變對於一個有著多樣性格的人來說，並不意外。（周恩來）看起來比以前更年輕，也許更上相，但仍然是個一如以往的行動派。

當貝特蘭第一次在臨汾見到周恩來時，就像許多西方人一樣，他很快就被他吸引住了。

這個人靈巧地走進房間，身著全黑的「中山裝」，有著相當引人注意的氣質。他的短髮和所蓄的鬍鬚讓他和作家勞倫斯（David Herbert Lawrence，譯註：二十世紀的英國作家，由於作品在描寫情感和肉體關係上十分直接，常引起極大爭議，例如《查泰萊夫人的情人》即為他所著）有些奇特的相似處，他急切的活力更加深了這個印象。這個人如果不是革命分子的話，應該會是個藝術家。

他待人活潑，表情有些愉悅，他會突然靈活地做出一些手勢。他可以相當輕鬆地說出流利的英文，但偶爾會用一些法文的詞語或法文字來補充語句。年輕而靈動黑色的眼珠在他一說話時就亮了起來。他帶著一股真誠的魅力，還有天生辯才無礙的說服力。

周恩來使用英文交談的貼心讓中文講得不是那麼好的貝特蘭心懷感激。周提到八路軍所使用的軍事和政治策略。贏得民心無論如何和在戰場上取得勝利同等重要，現階段要靠包括開群眾大會等的大量宣傳來完成。這是周恩來常常提到的事。

忻口戰役和太原陷落

周恩來持續和閻錫山見面討論戰法並協調八路軍和國民黨部隊之間的作戰行動。在雙方於忻口協同執行作戰計畫期間，周恩來攜帶著電台和延安聯繫。周恩來是很有說服力的人，但他還是不能說服閻錫山改變正面作戰的想法，這樣一來會造成重大損失。忻口戰役是第一次中共和國民黨部隊間的大規模合作，卻極不成功。

一九三七年十月底，周恩來會見《大公報》的兩位記者孟秋江和陸詒。《大公報》是一份獨立發行的報紙，以其反對日本侵略為其主要而受到廣泛尊崇。他向兩位記者強調中國軍隊應該從純然的防守轉而為攻勢防禦。閻錫山於十一月二日邀請周恩來到太原參加一場會議，會中決定由傅作義將軍接手太原防務，周恩來再次提出動員民眾支援抗日的建議。他是少數留在太原的高階軍官之一，他一直留守到十一月五日晚間才和八路軍辦事處的人員一同撤離。原本作為防衛城市使用的沙包減緩了他們的撤離速度，汾河上僅有的橋梁被國民黨的軍車和難民們阻塞，周恩來回到太原，交待負責留守防衛的參謀軍官提供掩護火力以保護難民。周恩來和隨行人員徒步過橋後再搭乘護送他們前往臨汾臨時基地的八路軍車輛。隨著十一月九日太原陷落，中國軍隊遂失去華北控制權並落於日軍手中。太原的失陷意味著陣地戰在山西的結束，八路軍重新回到游擊作戰。

日本皇家陸軍的攻勢似乎難以遏阻。現在已成為上海市城郊的淞江也於十一月九日落入日軍手中，日本更是於十一月十二日掌握了整個上海地區。日本對於十一月十五日要求召開九國公約布魯塞爾會議討論停火的呼聲置若罔聞，單方面打破一九二二年九國公約對於維持中國獨立及領土完整規定的保證。十一月二十日，蔣介石的國民政府正式宣布撤出南京，遷往位於中國西南的省分重慶。同樣在那天，東京再次成立「帝國總司令部」（又稱為「大本營」）掌握對於所有軍事行動的指揮權，中國毫無疑問成為日本占領的目標。

武裝群眾

在一九三七年九月底，中共中央及北方局將在山西開展游擊作戰視為首要之務。周恩來建議將華北劃分為九個「戰略區」，並在十月一日報告中表示這些區域內現都建有游擊武力，有些為中共指揮，有些屬於「友軍」。他推動自主武裝群眾及組織游擊團夥，另於次日以為求山西和國家利益之由尋求閻錫山的支持。周恩來對於在內蒙古日軍對陝甘寧根據地的威脅憂慮日增，即使該地沙漠地形和冬季刺骨寒風會造成各種困難，他仍要求對綏遠（原為省，後廢省，現今納入內蒙自治區）的游擊武力提供支援。在十一月十五日歸綏（原綏遠省會，現稱為呼和浩特）為日軍占領後，大量難民流出，中共中央派遣騎兵團和一支蒙漢混編分隊前往北方。

周恩來親眼目睹了國民黨撤出太原時的混亂失序，部隊、武器和裝備四散，他急電毛澤東和中共推動重整毫無組織的國民黨殘部成為武裝游擊團體。

周恩來回到臨汾，和國民政府將領衛立煌會面，衛立煌承認過去的作戰失誤，周恩來向衛立煌說明動員群眾才是良策。衛立煌在日後和蔣介石拆夥分途。

在太原陷落後，小鎮臨汾成為抗日重心。比起延安，它更低調地吸引著愛國心切的年輕人。周恩來於十一月十六日在臨汾的一場演講中強調敵後游擊戰的需要。有一個重要的抗日團體名為「犧牲救國同盟會」（簡稱「犧盟」），於一九三六年九月成立，以閻錫山為會長，名義上獨立自主，實際上由中共地下黨員負責運作，並在太原被占領之前召集數千名工人、學生和其他人士在城中舉辦一場提燈遊行。出身太原，日後成為支持鄧小平的「八老」（譯註：在鄧小平主導中共期間有所謂八位老幹部共同協助決定政策的「八老治國」說法，但確實是哪八老則眾說紛紜，唯一般認為是：鄧小平、陳雲、楊尚昆、薄一波、彭真、李先念、王震、鄧穎超）之一的薄一波，就是「犧盟」的祕書。「犧盟」所轄的「山西青年抗敵決死隊」實際上受共產黨指示活動，等於是一支游擊部隊，擁有兵力七萬人。

山西政府早已潰散，許多官員四散奔逃，權力由軍方掌握，透過閻錫山認可的軍政委員會進行治理。閻錫山對於動員群眾仍有猶豫，擔心戰後會對山西執政造成複雜的問題。尋求與閻錫山合作始終是中共政策，但與犧盟及決死隊的合作更是第一優先。

周恩來在外待了將近三個多月，面臨返回延安聲聲催促，要求他回去討論在長江流域活動，而等待他的是十二月九日至十四日召開的政治局會議。王明偕同陳雲和康生從莫斯科返國，在會上以共產國際執行委員會名義批評洛川會議中所做的決策，認為那些政策只會造成統一戰線中的盟友越發疏遠。王明所提的意見不被毛澤東及一些其他人所接受，而周恩來被選任帶領組織中共長江局及和國民黨談判的外交代表團，王明成為代表團成員之一，中共中央另致電共產國際，表示「王明可去武漢一次，見蔣介石，因蔣有電要他去。」周恩來的主要任務是前往武漢建立長江局，這本來就是件難辦的工作，並不會因為王明的參加而變得輕鬆。[3]

蔣介石撤來武漢

早期曾是通商口岸的武漢，位置約在上海和重慶中間，也是蔣介石戰時的根據地。因位於武昌、漢口、漢陽——「武漢三鎮」和漢水匯入長江之處，被稱為「九省通衢」。在革命史上，武漢首開辛亥年推翻清朝的武昌起義，並於一九二七年短暫成為汪精衛左派國民黨政府的根據地。

在一九三七年十二月十三日南京陷於日本後，國民黨政府撤退到重慶，而蔣介石和他麾下的高階將領們仍留在武漢指揮軍事作戰。

武漢一時之間吸引著愛國人士、活躍團體、報紙和雜誌紛紛前來，讓武漢充斥著活潑的政治氛圍。董必武於一九三七年十月在武漢成立八路軍辦事處，十二月葉劍英和其他人員從南京撤來武漢，在舊的日本租界設立一個新的辦公處所。中共的機關刊物，如《群眾》和《新華日報》都在這裡公開發行。

周恩來於十二月十八日和鄧穎超、王明和博古一同到達武漢。周恩來、王明和博古則於十二月二十一日晚間和蔣介石會談。根據周恩來發給毛澤東的電報內容，蔣介石提出要當初他特別要求參加的王明留在武漢協助他：蔣介石知道王明代表莫斯科以及與共產國際間關係密切，他希望能爭取蘇聯在抗日上的支援。中共長江局以中共中央代表團為名開設，王明暫任書記，周恩來任副書記，主要負責督導與統一戰線非共黨盟友間的合作事宜。

與國民黨共治

周恩來透過代表陳立夫建立起與國民黨間經常性的溝通聯繫。周恩來要求共同成立一個兩黨關係委員會獲得通過，但對其他的共同綱領和合作組織等建議則沒被接受。國民黨內許多人仍然傾向於一九二〇年代的國共合作模式，中共黨員以個人名義而非以黨的代表名義參與合作。

一九三八年初國民政府改組軍事委員會，蔣介石邀請周恩來進入政治部擔任位於部長陳誠之下的副部長職位。陳誠是蔣介石首要的軍事副手，由他當面向周恩來提出邀請。娶了蔣介石的大姨子宋靄齡的銀行家，也是國民黨籍政治人物的孔祥熙也邀請他到行政院服務。周恩來在請示延安的中共中央後，以會引起兩黨摩擦為由再三推辭這些邀約。但蔣堅稱邀請周擔任的職務是確實有實際職權的職位，而且可以強化部隊。

當新的政治部於二月一日成立後，在武漢的中共中央代表團致電延安表示：由於孔祥熙是對日主和派，周恩來不可在行政院工作，但如果不接受在政治部的職務，蔣介石就更有理由宣稱中共沒有合作意願。周恩來因此成為國民政府軍事委員會政治部副部長。他是唯一一位在國民政府擔任高階政軍職務的中共領導人，這與他一九二〇年代曾在黃埔軍校的資歷或有關聯。

在一九三八年一月到七月間，周恩來多次和蔣介石開會，有些會議冗長而難應對。這些討論包括成立「三民主義青年團」推動孫逸仙的遺緒。中共中央代表團對這個提議並不反對，然而蔣介石不允許他們在這個組織內部以單獨存在的黨派名義活動。其他的議題包括中共控制下的邊區政權以及八路軍和新四軍的部署、裝備和補給等。周恩來不時地將進展——或明確地說毫無任何進展——情形向位在延安的中共中央報告。周恩來對蔣介石無意或是無法承諾提供中共及其部隊資源而沮喪。

由蔣介石設立的「國民參政會」於一九三八年七月六日至十五日在武漢召開。國民黨認為這是對周恩來要求擴大參與的回應，毛澤東、王明、博古、吳玉章（曾參與武昌的辛亥革命，並將這段生動的歷史著述出版）、林伯渠、董必武、鄧穎超等七位中共領導人被選任為參政員，這七人除了毛澤東請假外，都出席參加第一次會議。

會議同意由周恩來和劉健群為統一戰線起草一份共同綱領，由於劉健群和「藍衣社」有著密切的關係，共產黨人對這個安排並沒有太多的信心。當周恩來把這份草案送交第二次會議時，就被擱置不再討論。國民黨內的派系鬥爭讓蔣介石和周恩來間原本就不太容易的關係更加複雜。國民黨從未像共產黨一樣熱衷於統一戰線，但雙方都知道，不論是戰爭或是合作最終都會結束，他們都決定要為他們的政權和軍隊盡可能爭取最好的地位。

郭沫若：陷身政治的詩人

周恩來日間是國民政府軍事委員會政治部副部長，夜裡他就到八路軍辦事處工作。利益衝突在所難免，在有關政治部宣傳部門主管任命一事上（譯註：當時負責宣傳工作的是政治部第三廳。即有關第三廳廳長任命）就發生過一場風波。蔣介石屬意剛由日本回國的郭沫若。郭沫若是非常知名的詩人、譯者和刊物主編，但他擔任中共地下黨員超過十年，這個選擇就變得有點微妙。中共想利用宣傳部門鼓動民眾支持抗日（當然也為了增加對中共的支持），郭沫若怕接受這個職位會影響他對文學的投入，更可能會讓他的青年支持者棄他而去，所以猶豫不決。

郭沫若在日本十年，致力於發展學術和文學事業，對他的共產黨黨員身分一直保密，避免接觸和共產黨有關的學生。蔣介石邀請他回國，就是想要藉由像他一樣受人敬重的作家和學者來博取支持，並以將他自一九二七年南昌起事後所發出的通緝名單中撤除來安撫他。

周恩來在一九二七年時讓郭加入共產黨，並同意讓他返回日本避風頭，當時郭的家人都留在日本。郭沫若在周恩來的施壓下同意為了黨的利益以「非黨人士」身分接下這個職位。陳誠和其他國民黨人員用欺騙和不實的手段邀請他參加一場周恩來未被邀請的飯局，在飯局後緊接著就是一場事前未被告知的正式會議，讓他看清楚他不過就是一個掛名的虛位主管，他決定放手不幹。帶著周恩來的祝福，郭沫若於二月十七日離開武漢前往長沙。周恩來和郭沫若都沒有出席第一次政治部部務會議。周沫若最後還是在三月一日回到武漢，在他和中共都準備好的情況下，極盡可能對陳誠提出要他接任職務的一連串條件。

第三廳的第一個任務就是在四月七日到十二日舉辦抗戰擴大宣傳週，以政治和文化活動盡可能擴大對各階層的號召。這是個由中共策劃組織而在國民黨控制區進行的活動，周恩來決定藉此以印刷宣傳品、漫畫、歌曲、電影和戲劇向工人、農民以及更重要的前線士兵宣傳共產黨。宣講隊前往前線，同時帶著藥品和其他物資到需要的地方，協助照護受傷士兵、有需要的兒童和難民。周恩來公開宣揚抗戰擴大宣傳週，並在《新華日報》進行鼓吹。電影院和劇場放映愛國電影或表演，晚上還有火炬遊行，還用卡車載著電影放映人員去到偏遠的鄉村去放映電影，許多地方還是第一次看到電影。整個活動讓抗日情緒熱烈激昂。

武漢文化界與抗日

日軍馬不停蹄的向前推進，城市紛紛失守。一九三八年六月底，周恩來和第三廳全力推動抗日募款活動。周恩來把國民政府給他的薪餉二百四十元捐獻出來，毛澤東也從延安打電報過來，把擔任國民參政會員一個月的酬勞捐出。

周恩來更持續大範圍接觸各行各業人士，甚至連國民黨高級官員也在內。對於許多本來就不太接受共產黨的人而言，周恩來非常具說服力並且能讓他們留下深刻的印象。更重要的是他能讓人信任，即使是他的對手也一樣，而且他也從來不會讓相信他的人失望。許多國民黨左派在一九四〇年代國共合作結束後仍然持續配合他，其中就有張沖，張沖最後祕密加入共產黨（譯註：這裡所提到的張沖為滇軍一八四師師長，和國民黨中參與談判代表的張沖同名但不是同一人）。

周恩來接觸的人士中還包括救國會的重要人士鄒韜奮。鄒韜奮是一九三〇年代最暢銷的週刊《生活》的發行人，《生活》創下的最高銷售量是十五萬五千冊，並擁有自己的書局，不論是週刊或是書局，都深受年輕人喜愛。他本身是一位不具共產黨籍的記者，也是一位愛國人士，曾於一九三六年因為批評蔣介石不抗日而被國民黨下獄。他和周恩來一見如故，之後他的書店就僱用中共黨員，並發行諸如馬克思著作的左傾書刊。

武漢吸引大量受到抗日熱情感召的愛國知識分子前來。周恩來設法接近按理應是蔣介石盟友但卻同情共產黨的軍閥馮玉祥，馮玉祥在漢口擁有印刷所，中共在那裡印了《列寧選集》和毛澤東的《論持久戰》，還幫中共在延安的圖書館製作了其他的書。幫馮玉祥將軍做事的還有老舍——知名的小說家，後來更成為中國重要劇作家之一（譯按：老舍曾經幫馮玉祥辦抗日文藝雜誌《抗到底》，甚受馮玉祥禮遇）。周恩來想要請老舍主持一個全國性的文化協會。老舍在一九三七年十一月濟南淪陷前夕留下妻兒離開濟南。他堅持自己不是國民黨，也不是共產黨，只要是誰真正抗日，他就跟著誰走。

馮玉祥同意讓老舍出來，並慷慨的為日後成立的「中華全國文藝界抗敵協會」提供支持，還出席參加成立大會。大會是由國民黨中央宣傳部長邵力子主持，並得到前北京大學校長蔡元培（譯註：蔡元培為十三位名譽主席團成員之一）以及許多文藝界名人的支持，而老舍在其中仍是關鍵人物。周恩來頗為自在地在這種政治上揉雜各種事物的環境中工作，但心裡仍然牽掛著要維持《新華日報》和《群眾》等中共刊物的出版事宜，畢竟在上面所刊載帶有馬克思－列寧主義的文章不適合在像是《大公報》等統一戰線刊物刊登。他並不是個心胸狹窄及固守教條的人，他鼓勵帶有廣泛的愛國及有進步思想的出版品發行，其中包括郭沫若在上海所辦具有影響力的《救亡日報》。他也和《大公報》的寫作者們維持著良好的關係，後來參加中國共產黨的范長江就是其中之一，然而他一貫的要求就是要具有堅決反對日本侵略的立場。

周恩來建立關係和交朋友的能力對於中共和其外在形象而言是一大資產。他希望所有人都知道中共在抗日上所扮演的角色，並且建立和外國人的關係，像是外交人員等，但最重要的對象是記者，他向這些記者提供《新華日報》的新聞和分析，讓他們能有除國民黨媒體上所出現的報導之外的另一種——在他說起來是更及時和精確的——選擇。他所見過的外國記者有斯諾、史沫特萊（Agnes Smedley）、反法西斯活動家鹿地亘（Wataru Kaji）及他的妻子、知名的加拿大醫生白求恩（Norman Bethune），還有一支印度訪華的醫療團。他曾幫助荷蘭電影拍攝者伊文思（Joris Jvens）繞過國民黨對他拍攝「四萬萬人民」的限制。「四萬萬人民」是一部有關中國奮力抵抗日本侵略的黑白電影，於一九三九年上映。伊文思為了答謝，將拍攝裝備送給周恩來，並送到延安作為成立新的電影部門基礎。所有這些都影響到中國共產黨在國際間人士眼中的形象。周恩來堅持要讓外國記者到在中共控制下的地區訪問，如此一來他們就會做出第一手的報導，而不是轉發不懷好意的國民黨媒體報導。

黨和地下組織

在公開活動之外，周恩來還汲汲於經營整個華南地區地下黨的工作，尤其是對於他擔任副書記的長江局。由於國民黨的鎮壓和中共領導人自己所犯的幾次嚴重錯誤，造成中共在南方的組織幾乎都被清除殆盡，因此長江局面臨大量的工作要做。中共抗日所倚仗的是四散各地的游擊隊和新四軍，在日本發動侵略後，中共黨員人數激增，但組織卻跟不上發展的腳步。

內鬥：張國燾和王明

一九三八年四月初，周恩來受命處理張國燾之事。張國燾不願意和中共的同僚們一起工作的傾向越來越明顯，並以「參加祭祀黃帝陵」為藉口悄悄離開延安，經過西安前往武漢。周恩來的人四月十一日在漢口車站截住他，在經過將近一個小時的爭執後，長江局對他提出最後通牒，他可以返回正常工作，或是請假休養，不然就宣布脫黨。張國燾逃離八路軍辦事處，留下一張字條，表示他選擇第三個選項，即脫黨。隔日中共中央就宣布開除他的黨籍。他轉而投向國民黨並自此退出不再參與政治。

王明在莫斯科共產國際擔任中國代表六年後返回延安，造成周恩來不少的麻煩。王明被任命為中共中央書記處書記，替代毛澤東的主要對手張聞天的位置。在一九三八年十二月舉行的政治局會議上提出一切都服從抗日的主張。即使他的同僚不喜歡他那種「欽差大臣」的態度，他仍然表示這個主張來自於共產國際的指示，重要性非凡。周恩來仍再三表示中共不應該失去社會革命的長期目標。

在延安的中共中央

一九三八年九月二十九日，周恩來和王明、博古離開武漢，參加在延安舉行的中共中央六屆六中全會。這次會議是場擴大的中央全會，王明在會議中被指為太過於靠向國民黨，遭到全面性的挫敗。這場會議由毛澤東和他所作的報告「新階段論」所主導，毛的主要領導人地位受到確認，讓主持會議開幕的張聞天黯然失色。這場六中全會的日程是在九月十四至二十六日召開的政治局會議中確定的，當時曾為二十八個布爾什維克之一的王稼祥剛從莫斯科回來，帶來共產國際對中共所持立場肯定的評價，這同時是保加利亞籍的共產國際總書記季米特洛夫（Georgi Dimitrov）所指示的意見，表明毛澤東是他們支持的領導人。

六中全會從一九三八年的九月二十九日開到十一月六日，有五十五人參加，是自一九二八年莫斯科所召開的全國代表大會以來最大型的會議。在毛澤東完成主要報告後，周恩來列舉出統一戰線的進展，強調和國民黨間工作的困難，但表示仍有可能推動國民黨更為進步。長江局撤消，改以南方局取代，由提議更名的周恩來負責。

這是一場特別重要的會議，然而周恩來在一作完報告後就離開了，沒看到最後宣告王明失勢決議。中共中央派周恩來經西安前往武漢，轉交一封毛澤東個人給蔣介石的信，內容有關在日本即將兵臨武漢時對兩黨合作的殷切期盼。他因而能避開麻煩的內部鬥爭和對他深受王明錯誤影響的指責。

周恩來寫了一篇文章給《新華日報》，闡明保衛武漢的重要意義，並且參加一場作家魯迅過世兩週年的紀念會。武漢遭到頻繁轟炸，日軍已經準備好要攻下這座城市。蔣介石於十月二十四日棄守武漢，翌日國民政府軍隊即撤離，日軍於十月二十六日完全取得控制權。周恩來一直留到最後，在十月二十四日晚間為武漢版的《新華日報》提供最後一篇社論，並承諾該報只是暫時離開，以後一定會回到武漢。他留在報社看著報紙通過印刷機，直到一通電話通知日軍已抵城邊。在屬下人員都安全後，他才和葉劍英一同離開武漢。許多人在逃離日軍進犯時都是取道水路離開武漢，八路軍辦事處早先就僱了一艘小船，混在長江數百艘船中毫不起眼。周恩來先到長沙，逃出的共產黨人都在駐長沙的辦事處聚集，接著他們經衡陽到桂林。十二月初，周恩來和葉劍英轉往重慶，周恩來在那裡接任中共中央南方局書記的位置。[4]

西安及七賢莊

在統一戰線期間，許多周恩來為共產黨所做的工作都是在武漢的八路軍辦事處進行的，不過在其他的地方也有類似的辦事處，例如西安。西安在中共所地延安和西安之間飛航往來非常方便，之後在延安和蔣介石所在的陪都重慶之間亦然。在西安的辦事處位在舊市中心東南邊北新街附近的七賢莊一、三、四及七號。這處院落是由數個於一九三六年建造的老式住宅組成的，現在已列為為了保存這個區域建築和歷史建文物的保存計畫保護對象。

依現在在這處舊址上的博物館所發布的資料，它自豪地指出，八路軍辦事處是一九三七至一九四六年由中國共產黨在國民黨控制區中設立並合法運作的組織。早於統一戰線建立前就存在的辦事處，主要任務就是宣傳中共在抗日中所扮演的角色、招攬同情共產黨的愛國青年並協助他們前往延安以及為陝甘寧邊區獲取並運送裝備和物資。在周恩來涉入西安事變——張學良囚禁蔣介石——之後，聯絡處設置在張學良住所就不再適宜。當地的共產黨員劉鼎說服了一位同情中共的德國籍牙科醫生馮海伯（Herbert Wunsch）在七賢莊開了一間診所。中共於一九三七年二月四日進駐，藉由牙科診所掩護運送包括藥品、器械和無線電設備到中共中央所在地保安。那裡就是當時中共幹部和軍官的一處安全屋。從西安事變到一九三七年八月二十五日統一戰線正式開始之間的那段時期，這裡被稱為「紅軍聯絡處」。在裡面工作的是中共幹部，而守衛則由張學良的東北軍抽調。周恩來在西安工作期間，他有一個小房間可以隨他意願用來開會或睡覺。大家都歡迎他能過來，只要他在，就能鼓舞這個辦事處。

一九三七年八月之前，周恩來花費了非常多時間往返於延安、杭州和廬山之間，而在西安辦事處停留約有二十次。八月二十五日後，中共在西安的活動變得完全合法，聯絡處也改稱為「八路軍辦事處」，周恩來就比較少去，從那時起到一九四六年九月之間，大概就只有十幾次。他最後一次到那裡，是在一九四六年一月，當時他正在往返延安和重慶的途中。那次由於天候惡劣，他所乘坐的飛機無法飛越秦嶺，於是只得降落在西安。

七賢莊被修復既是為了彰顯它是革命聖地，也是為了紀念總理周恩來。它在一九五九年新年期間對大眾正式開放，幾年後更成為後來「紅色旅遊」路線的標的。[5]

第十章

重慶與南京：戰爭、內戰及其後餘波

——一九三七～一九四三年

蔣的思想基本上是反共的，不承認統一戰線，實際政策也在那裡限共防共，破壞統一戰線，存在著妥協投降的危險。

——周恩來[1]

重慶位於中國偏遠的西南方，在一九四九年前英文世界對重慶的拼寫是Chungking。在日本攻擊南京後，一九三七年十一月二十日被定為中華民國臨時首都。蔣介石軍事上的指揮中心原在武漢，但在一九三八年十二月二十五日，該城市遭日本攻陷。委員長、其部隊和貼身顧問們都撤來重慶。

對於較傾向由國民黨觀點來報導這場中國戰爭的記者白修德（Theodore Harold White）和賈安娜（Annalee Jacoby）而言，一九三〇年代重慶是一個「位在從長江蒸騰水氣中伸向天際的一段懸崖上讓人昏然欲睡的城鎮」。它是這條大江下游的港埠，但比武漢要小。重慶自於一八九〇年代開放對外國貿易後，大家對這個城鎮的印象是炎熱、潮溼的氣候以及常有的霧氣，大家寄望於這些霧氣可以在日本空襲中保護這個城市，然而事實卻與願違。重慶的偏遠讓它具備獨立及自給自足的條件，也讓它在一九四五年八月前都一直是中國的臨時首都。

周恩來和葉劍英開始了一段前往西南方以建立聯絡處的曲折旅程。他們在十一月一日參加國民政府軍事委員會在長沙召開的會議並會見蔣介石。長沙就快要被日軍攻陷，周恩來正著手準備政治部的安全撤離事宜。他們留在長沙直至最後一分鐘，卻被驚恐長沙會陷入日本手中的國民黨官員所放的一場大火從床上驚醒，倉皇逃離。

十一月二十五至二十八日間，周恩來和葉劍英參加另一場軍事委員會在湖南南嶽舉行的會議，在會議間信奉伊斯蘭教並有著自己想法且為副參謀總長的白崇禧建議，他們研究過毛澤東的《論持久戰》，其中宣稱的游擊戰法較陣地戰為佳。這場會議肯定地方游擊隊的地位，而這些地方上的游擊隊早已獨立運作了好一段時日。

十二月三日，周恩來和葉劍英離開長沙前往桂林，八路軍在桂林有一個辦事處。十二月六日，蔣介石抵達桂林，再次和周恩來討論國民黨和共產黨之間的關係問題。那次討論和接下來數週的討論都沒什麼結果。

周恩來和葉劍英到重慶的時間是在十二月中旬，搬遷而來的政府正惶惶不安，「國民黨左派」

前領導人汪精衛於十二月八日離開重慶前往河內。十二月二十九日，汪精衛接受日本結束戰爭的條件，成立一個傀儡政權。

中國共產黨在重慶的活動

中國共產黨在重慶的活動集中於三個地點：曾家岩的「周公館」、八路軍在紅岩的辦事處，以及《新華日報》在嘉陵江和長江間化龍橋的虎頭岩辦公處。周恩來自己主動負責為《新華日報》社論和重要新聞報導作編輯修改，常常要忙到深夜。身為南方局負責人和政治局成員，周恩來是中共在重慶最高階的幹部。在和蔣介石徒勞無功的談判過程中，他時常和延安方面保持著聯繫。

由於要經常擔心空襲，在重慶的生活並不容易。當地經濟停滯，通膨嚴重，營養不良以及隨之而來的疾病十分普遍，對於貧窮的工人、女人和年輕人尤其是如此。中共對國民黨的無能和腐敗提出指責，而一些非共產黨分子的西方觀察家，像是身為蔣介石顧問的拉鐵摩爾（Owen Lattimore）和史迪威（Joseph Stilwell），都同樣對國民黨內的無能、貪腐和逢迎嚴詞批評。

共產黨人對國民政府的錯誤施政所進行的攻擊深入各個基層組織，這些攻擊提高周恩來在重慶的聲望，他的演講常能吸引到大批群眾。他所強調的內容在於共產黨和國民黨的不同，以及他們攜手對抗日本的努力，這些讓他被國民黨的警察和特務盯上。

在一九三九年一月重慶召開的國民黨五屆五中全會上，蔣介石面臨在需要花費長時間消滅共產黨這件事上新一波的壓力。周恩來在一份二月十日給中共中央的報告中提醒注意這件事。由於他曾獲得一份機密文件，他預計國民黨會加強操控、限制共產黨，包括很快就會攻擊共產黨的組織及個人，八路軍和新四軍也會成為目標，不准籌款及部署活動。數個月中雙方的摩擦導致一九四一年一月發生國民黨突然攻擊新四軍事件。

到浙江和江西工作

一九三九年三月十七日，周恩來受到了解他處境的浙江省主席黃紹竑邀請，前往浙江中部的金華。那裡是自杭州淪陷後國民黨主要活動的中心，周恩來和黃紹竑都有意願要解決兩軍之間的緊張情勢。三月二十八日，周恩來坐船來到紹興，他身著軍服，旁邊只有一名年輕的警衛員。由於當地接近與日軍交戰的前線，這麼做很危險，但紹興是他的故鄉，還有許多親戚仍住在這裡。三月二十九日，正值清明節前，他先去家族先人墳前掃墓，再瞻仰有名的大禹陵寢。在和人們談論完當地農村的糧荒問題後，晚上參加支持者所舉辦的晚宴。

周恩來呼籲人們要學習大禹治水和春秋時期越王勾踐（西元前四九六～前四六五年在位）臥薪嚐膽的精神支持抗戰。他還引用兩位當地的現代英雄人物——卒於一九三六年十月的左翼作家，以及在一場起義失敗後被清廷處決的革命俠女秋瑾——來鼓勵群眾。周恩來於三月三十一日離開紹興返回金華，並向當地中共黨員講話，提振鼓勵他們的精神。

四月初，他參加一場國民黨第三戰區在江西上饒召開的工作會議，從報告中知道位在溫州的新四軍通訊處遭關閉，並有黨員及支持者共八名人員因拒絕接受命令被捕並遭囚。在談判釋放問題未果後，他到福建省浦城縣的監獄去看望這些人，並向他們保證他會繼續爭取釋放。當他一九三九年五月一日再回到重慶時，距他離開已經有兩個半月了。

日軍繼續進逼，蔣介石放鬆了一些對新四軍的限制，然而一些在國民黨控制區內的左翼書店卻紛紛被查封。整個五月，周恩來和剛從湖南過來的葉劍英，都在說服蔣介石不要攻擊共產黨控制地區，然而蔣卻堅稱八路軍才是挑釁者。

周恩來於六月十八日出發前往延安，但中共南方局事前已開過會，同意將組織轉入地下，部分成員撤往延安。六月二十二日，在河北的八路軍部隊遭到日本人攻擊，損失四百多人。延安方面懷疑，國民黨有從中協助或是未能提前警示這場攻擊，一時間指責和駁斥的電文在延安、重慶和前線之間交相往返。七月底，在接受《新中華報》訪問時，周恩來指控這些事件都不是地方上的失誤所造成的，而是國民黨派系和軍方針對共產黨的陰謀。

周恩來重評統一戰線

周恩來一回到延安，政治局就能對中共在統一戰線中的角色進行重新評估。他於八月四日有一場很長的演講，金沖及在他所寫的傳記中參考中共檔案中的概略內容，顯示周恩來在這段困頓時刻仍維持著相當正面的看法。他認為中國已走向勝利，堅持容忍妥協，反對國民黨內某派系所提出的投降想法。他指責蔣介石一邊反對共產黨，一邊大談團結抗日。周恩來認為在汪精衛出走後，蔣介石就不會再選擇投降，再加上投降會讓他陷入日本人所提出不可能達到的苛刻條件之中。國民黨也因為會損害到國內和國際支持而不可能分裂。

他進一步認為蔣介石在對他有利的情況下就會承認現實，但不太會改變他的做法。蔣介石對於英、美的依賴和反共只會讓戰爭延長。經歷過和蔣介石冗長而毫無結果的談判後，周恩來看清楚了這位委員長的性格：他怯懦、傲慢，不肯承認中國存在的社會和政治衝突。中國共產黨要在他困難時幫助他，在他不講理時不理他，誠心批評，具體建議。影響他身邊的「進步人士」，形成反對落後成分的集團，幫助他們影響這位委員長的看法。

毛澤東對周恩來所講的內容表達支持，而政治局仍決定對黨組織進行整頓鞏固，暫停發展黨員。從此處開始，在一九四二年的整風過後，中共的組織更形嚴密。[2]

在莫斯科意外的休養

一九三九年七月周恩來安排了在中央黨校作談話，由於延河河水高漲，他騎馬取道較遠的路，馬匹受到驚嚇把他甩下馬背，他的右小腿撞上地上凸出的岩塊造成多處骨折（譯註：經查資料，均強調周恩來墜馬「右臂骨折」，然腿部亦有受傷）。他在身邊的警衛員協助下走到學校，由一名印度授華醫療隊醫生把他的腿包紮起來。周恩來受著極大的痛苦但仍不肯休息，同時右手和右臂也受傷。他在延安接受治療的兩個星期裡，仍繼續用左手處理文書及電文。八月十八日，幾位印度醫生認為他的腿傷癒合不佳，腿部無法伸直，延安又沒有適當的設備，需要送到莫斯科醫治。

周恩來和鄧穎超帶著他們的養女孫維世離開延安，搭乘由重慶派來的道格拉斯 DC-3 型飛機先到蘭州，一週後再改搭蘇聯飛機前往新疆首府烏魯木齊。他在當地會見了八路軍辦事處的官員和黨員，然而再經阿拉木圖飛往蘇聯。那時已是九月，莫斯科正下著大雪。

克里姆林宮醫院（Kremlin Hospital）的專家表示採用不開刀的治療方式比較快，但是往後的活動會有影響，開刀治療最徹底，但會在醫院待上較長的時間。周恩來急於回到中國，就選擇了前者。就算在該醫院有莫斯科最好的麻醉劑，治療過程仍然非常痛苦，但骨頭重新接上，肌肉也恢復力量。一直到一九四〇年初，他才能出院。

他第一次公開露面是在共產國際的新年晚會上。新年過後，他向共產國際執行委員會報告中國共產黨及統一戰線的情況。雖然共產國際有一位中國常任代表，但對於中國複雜多變的政治情況仍然只有模糊的認識。周恩來做了一份「中國問題備忘錄」，內容包括武漢的失陷、國共間合作與衝突、游擊作戰、蔣介石態度，以及投降和統一戰線分裂的危險性。周恩來最初的版本有一百一十六頁，後來為了給保加利亞出身的共產國際總書記季米特洛夫（Georgi Dimitrov）看，報告被翻譯為俄文，讓周恩來的中文傳記寫作者在日後都能參考到這份俄文版。這份報告還被濃縮成二十頁，準備給史達林過目，在經過周恩來修訂後，一九四〇年四月被刊登在《共產國際》期刊上。

周恩來一九四〇年一月以兩天的時間對共產國際執委會進行口頭報告，每天都花上四到五個小時，他說明不論曾發生過多少問題，仍應繼續推動統一戰線。執委會於二月分做出對中國問題的決議，接受周恩來的報告，但強調中國應該靠著自己的力量，不要對外援存有幻想。周恩來錯過參與延安內部政治的機會，卻為中共和自己爭取到共產國際的尊重。

一九四〇年二月底，另一架飛機將周恩來送回蘭州，由鄧穎超陪同，同行者還有來訪的日本和印尼共產黨人，以及當時仍擔任中共駐莫斯科代表的任弼時。他們在烏魯木齊受到新疆省主席盛世才的接待，之後再由飛機繼續送到蘭州，於蘭州住在八路軍辦事處。在與國民黨的甘肅省主席（譯註：當時甘肅省主席是朱紹良）晚宴後，他們乘坐一輛借來的轎車回到西安。途中停留並參觀大佛寺。周恩來表示要了解這些歷史建築，才能知曉中國文化。在看望完八路軍在西安的人員後，他們搭乘運送依統一戰線協議由國民黨所給的最後一筆物資和軍餉的車隊前往延安。一到陝甘寧邊區，周恩來就要和士兵一起打籃球，顯示他的傷復原狀況很好。他於三月二十六日抵達延安，在歡迎會上有人看到他已經恢復了之前的體重。他從莫斯科帶回來一部電影放映機，稍晚他就以一部從蘇聯帶回的新攝製影片娛樂包括毛澤東在內的眾人。這是一部關於一場戰役的影片，這場戰役日本人稱之為「諾門罕（Nomohan）事件」，蒙古人則稱為「哈拉欣河（Khalkhyn Gol）戰役」，在這場戰役中蘇聯和蒙古軍隊打敗了入侵的日軍。[3]

回到延安

周恩來很快地又動身上路。在接到國民黨部隊攻擊八路軍和新四軍的報告後，他前往重慶，以南方局負責人的身分前往解決問題。在一次可能是國民黨內部分「死硬派」人士製造的搶米事件（譯註：中日戰爭開始後，大部分產糧地區淪入日本人之手，糧食緊缺，一九四〇年又逢四川大旱，難民遽增，糧價暴漲，不易購得。一九四〇年某日，在成都重慶銀行米倉門口發生哄搶囤米事件，成都市調查後認為是共產黨在背後策劃該起事件）後，譴責是一些共產黨員策動的，並加以逮捕。

政治局決定共產黨工作要轉入地下。四月二十九日，周恩來告知中共中央書記處中共領導機關要進行隱蔽。但隱蔽做法對周恩來不適用，他離開延安趕赴西安，於五月十日和國民黨軍政人員見面，之後再往重慶參加五月三十一日國民黨的政治會議。他也會見了新四軍指揮官葉挺，調解他和東南局政委項英間的摩擦。

周恩來在重慶和蔣介石、何應欽和白崇禧（時任蔣介石的副參謀總長）見面，討論共產黨部隊的部署問題。即便周恩來在重慶各方關係交情極佳並具備卓越的談判技巧，也不免陷入僵局。整個六月和七月間，他和東南局一同協力作業，七月二十七日返回延安。

周恩來敏銳的政治嗅覺讓他感到中共人員已有危險，持續地將中共組織轉入地下，常常會遭到習於公開工作尚未察覺有新的危險逼近的同僚們的強烈反對，周恩來輕而易舉地處理了這個問題：他把廣東省委一分為二，以應付緊急狀況，以及讓公開及祕密活動都能順利因應。十月十六日，南方局電告在延安的中共中央有關周恩來對組織進行重新調整的詳細情況，所有幹部都積極投入肅清叛徒及敵特的工作。當一九四〇年緊張情勢升高之際，博古及其他的高階幹部被召回延安，只留下周恩來和葉劍英與國民黨商談。極密檔案都移往桂林或西安。周恩來接受美國記者安娜・路易斯・斯特朗（Anna Louise Strong）的訪問，當時她正從莫斯科回家而路經重慶。但因為安全的因素，周請她暫時不要刊出。

十二月二十五日，周恩來受邀去見蔣介石，當天正是西安事變四週年，周恩來在釋放蔣介石上提供協助。周恩來告訴毛澤東蔣介石態度友善並強調不會傷害八路軍和新四軍，畢竟他們都是蔣的部下。[4]

周恩來及新四軍事件

蔣介石正用心安撫周恩來之際，另一邊在一九四一年一月四日，新四軍因為不同意有爭議的調動命令而向北方移動，兩天後就被國民黨部隊包圍攻擊。經過一星期的鏖戰，中共在華南的主力部隊被殲，大部分的士兵被殺，指揮官葉挺遭俘。

周恩來於一月十一日和南方局研究要如何回應這個「暫時的黑暗」。周恩來寫信給蔣介石，要求國民黨相關的軍隊立刻撤退，並堅持要對這個錯誤進行糾正。周恩來和他的部屬日以繼夜工作，中共中央由於顧慮他們的安全，催促他們儘快離開重慶。周恩來說服延安讓他留到這個問題解決為止。

國民黨很慢才回覆。一月十七日，蔣介石將新四軍扣上叛變的罪名，並威脅著要將指揮官葉挺送交軍事法庭。

面對著這樣的背棄，周恩來只能打電話怒斥何應欽將軍。南方局在紅岩辦事處開會，決定要在《新華日報》上記念死難者，並刊登周恩來手寫的題辭。由於國民黨的審查制度禁止提及該次殺戮事件，因此他們準備了兩個版，一個送審通過，另一版才送往印刷。未經審查的版本在黎明前印就，偷運出紅岩辦事處，事後周恩來受到毛澤東對這次成功宣傳的致意。一如預期，《新華日報》受到比以往更嚴格的審查，發送也常受阻撓。二月六日，整批報紙被國民黨憲兵以「漢奸報紙」為名查扣，在周恩來出面後才放行。周恩來深為報社及八路軍辦事處的同仁安危擔憂，並開始著手疏散。

回到地下工作

周恩來重新隱蔽工作的計畫細緻周密地付諸實施，他每每親自檢查部署情形，探查潛在的漏洞。他大部分的部屬都平安離開重慶，許多人重新安排從事其他黨的工作。最後一批離開前往延安是在七月分，大部分是八路軍辦事處和已經被人知悉具備共產黨員身分的人員，同時也有支持共產黨立場的知識分子，有些還改用化名。兩百多人跟著有八路軍標誌的車隊行動——那時八路軍名義上還是國家軍隊正式的編制——周恩來則要求他們一旦抵達延安後立即改用非正式的形式。

周恩來留在紅岩辦事處，南方局於一月十七日準備將所有機密文件銷毀。人員被告知如果被國民黨逮捕，可以承認是共產黨員或是親人，或是承認中共總部在延安、主席是毛澤東、在重慶的組織是支部，還有負責人有周恩來、董必武和鄧穎超等，不要提其他的人，要審問者去問周恩來。這些對於姓名、階級等回答原則是戰犯的回答方式，清楚說明中共處理此事是以從事作戰態度面對。周恩來負起人員和黨組織安全的責任，事前設置祕密工作委員會以備應付突然襲擊之用，訂定執行文件處理和人員行動程序規定。重要機密檔案以密電發往延安，原稿銷毀；文件用手寫或是打字在薄紙上，利於快速焚毀，即便只有部分焚燒，留下能被追查的殘跡也較少；人員進出都要登記，還要兩人同行；為了在遭到突襲後還能維持和延安的通訊，周恩來給了位在成都的川東黨委一部電台，後來南方區成立的祕密電台總數達到六十個。

周恩來仍繼續試著和蔣介石協商重建新四軍（譯註：一月十七日蔣介石公開表示新四軍為叛軍，番號同時被取消）、釋放被囚中共人員和交還被扣武器裝備等事宜。蔣介石態度閃爍，周恩來必須借助一些中介手段。一九四一年二月，美國總統羅斯福（Franklin D. Roosevelt）派他的首席經濟顧問居里（Lauchlin Currie）以他個人代表身分，避開正式外交安排來到重慶。居里所奉的指令是和蔣協談，但他也堅持要和周恩來見面。安娜．路易斯．斯特朗已經回到美國，正想把訪問周恩來的內容發表在《美亞（*Ameriasia*）》雜誌上，這對周恩來而言正是時機，提升了中共的國際知名度。

一九四一年三月一日召開會期為期十天的「國民參政會」。由於會議拒絕討論毛澤東起草的諸項要求、新四軍問題和邊區合法性，中共代表們抵制不參加這場會議。周恩來對抵制行動稍有保留，並維持著他個人和蔣介石的聯繫，在會議期間（譯註：部分資料指於會議閉幕後的三月十四日蔣介石約見周恩來，二十五日宋美齡邀周恩來、鄧穎超晚宴，蔣介石在座），蔣介石還邀請他和鄧穎超吃晚餐。周恩來寫信給延安，提到表面上的氣氛「輕微緩和」。國民黨和共產黨關係有所改善，但蔣介石只容許中共有著表面上的影響力，以及在一些場合公開出現，像是參加國民參政會等，但卻加強他的反共語言，以安撫他手下的右翼分子。

在紅岩嘴的共產黨人

從一九四一年春和一九四三年夏，在兩次「反共高潮」間有一段緩和的時間，沒有重大軍事對峙，但國民黨特務仍在設法剷除中共地下組織。原來的中共八路軍辦事處在一九三九年五月日本空襲中被毀，人員被安置到鄰近農場的紅岩嘴。那裡山地多、人口稀少，適合進行祕密工作。中共人員在那裡建起一座三層樓的房子，一樓給八路軍辦事處，上面兩層樓就給南方局使用。八路軍辦事處是公開合法的，但南方區就是祕密的，即便其中有些人員擁有公開身分。有一百多人在那裡居住和工作，並且在延安推動生產運動的同時，也在那裡種菜和養豬。在那裡的人員發有制服及微薄的服裝費，以及少量的零用金。由於安全以及工作繁重的原因，他們很少貿然到重慶市中心。

雖然有時候因為在城裡待得太晚，周恩來會使用曾家岩五十號的「周公館」，但這個與世隔離和自給自足的社區還是他的主要住所。「周公館」是幢可以俯瞰嘉陵江的三層樓房，離重慶市中心較近，那裡適合開會，但周遭都是巷弄和小店鋪，有些被特務和監視告密者住用。也因為距離國民黨總部和有名的蔣介石特務頭子戴笠住所太近而讓人有點顧忌。周恩來的房間在一樓，上面的樓層則是南方局辦公室，奇特的是其中還有一陣子住著一位國民黨官員一家。

儘管遭受到嚴格審查和警察騷擾，《新華日報》仍然繼續公開發行，周恩來也為報紙提供不少文章。周恩來親自檢校報紙版面所在的編輯部位於虎頭岩，離紅岩不遠，而營業部則位於市中心，群眾可以到這裡來購買報紙和閱讀一些左翼書籍。

周恩來對這些當地的機構進行檢查和重新組織。他建立起公開的和地下平行機構，並彼此實施間接的單向聯繫、隔離和其他安全措施，減少領導幹部人數，住所經常變換。只有周恩來和其他兩個人知道必要時可替代南方局工作的川東特委所在地。工作人員不清楚他們領導人住所，領導人也以化名進行活動。周恩來盡可能地將重要人士轉移出重慶，有些人送往延安，有些到昆明、香港，甚至緬甸。利用香港關係，在重視國際支持的周恩來鼓勵下，最終促成一九四一年八月八日《華商報》的創刊（譯註：另有資料記載創刊日為四月八日）。周恩來還創造出小團體「據點」的工作方法，由支持共產黨的青年形成五人以下的團體進行活動。

公開的中共黨組織即便要注意國民黨特務的滲透，為了宣傳作用，仍維持在原地。領導幹部不能靠黨的經費生活，要有一個工作或是職業，周恩來強調這樣做是為了讓領導幹部更能近距離的接觸重慶社會。各種職業中教書被認為是最重要的，可以對中學生產生影響。

對於《新華日報》遭到審查不過、辦公處所被襲擊，以及報童被打和被捕等情況，要設法維護下來，周恩來下令縮小報紙版面及減少社論數目，精減人員，在遭到國民黨查扣報紙和監禁工作人員下，仍要持續抗爭。在一九四一年四月及五月的會議上，周恩來提議改變發行流程，另外發行祕密刊物規避審查和憲兵。他也要求報導故事要以訪問擦鞋童、碼頭工、船伕、公車售票員和茶館的客人們為基礎，這樣報紙才能代表刊出重慶勞工群眾關心的事。

對於國民黨發動突襲的擔心於一九四一年七月發生在江西省委上。周恩來要求他們遵照他之前規定的平行組織安排，警告反對以武裝回應。一九四二年夏天，中共南方工作委員會也遭到背叛，一名高階幹部變節並告發他之前的同僚。

到了一九四二年六月底，周恩來再度生病並住院。毛澤東對周的副手董必武表達他的關心，指示周恩來一定要有足夠的時間進行療養。周恩來於七月中出院，獲悉他父親已經逝世的消息，毛澤東致電向他表示慰問。

一九四一年十一月十六日周恩來籌備了一場為郭沫若慶祝五十歲生日的紀念會，郭沫若一直被蔣介石留在重慶，防範他出走延安。那個場合聚集許多重要的文化界人士，其中不乏支持國民黨的人。周恩來注重培植少數獨立民主黨派重要人士，在一九四一年三月成立「中國民主政團同盟」。

他細心觀察國民黨內部的派系和政治暗流，尋找支持中共的個別人士，所建立接觸的關係十分廣泛，而他的認真嚴謹不論是朋友或是對手都同感佩服。在他的接觸關係中，最成功的案例就是馮玉祥。在馮玉祥六十歲生日時，周恩來在《新華日報》上寫了一篇文章，表彰馮玉祥對抗日的堅持，而馮玉祥也寫了一首詩回應。周恩來在這方面成績優異，有些對那些沒什麼興趣的中共幹部不太搭理的人都被他爭取過去。

納粹德國於一九四一年六月二十二日入侵蘇聯，接著十二月八日日本攻擊珍珠港。周恩來在《新華日報》上撰寫多篇文章回應，證實了他在面對國民黨內部姑息氛圍下所作的判斷，以及馬克思主義對歷史背景的分析。他認為蘇聯會抵擋住德軍的進攻，並了解到在珍珠港事變後，國民黨將會更倚賴美國。

周恩來、毛澤東、林彪和蔣介石

在整風運動後，毛澤東在延安的中共領導人地位已無人能挑戰。一九四二年的七月二十一日及八月十四日，周恩來兩度去見蔣介石，討論蔣介石與毛澤東會面事宜。周恩來將蔣的邀請傳達給毛，這份邀請看不出有惡意，但也沒有明確的目的。周恩來提出一項應對策略是讓毛澤東佯稱生病，由林彪到位於延安和重慶中間的西安和蔣介石會面。周恩來的這份建議得到中共中央的同意。毛澤東則對與蔣介石見面興趣濃厚，但周恩來堅稱時機過早，獲得毛澤東同意。

林彪於九月十四日由延安出發，但行程受到大雨和山洪延誤，在他到達西安前蔣介石就已回重慶。最後會面於十月十三日舉行，三天後周恩來和林彪與蔣介石最信任的副手張治中將軍見面，以解決長期以來他們所受到不公對待。林彪過於魯莽和不夠委婉的態度讓張治中中斷這場談話，周恩來認為不可能談出解決的辦法，但談判仍要繼續以保顏面。一九四三年一月九日，周恩來和林彪再次與張治中見面，這次完全陷入僵局。

一九四三年五月二十二日，共產國際為了配合戰時蘇聯與西方的同盟，決議解散，並訓令此後所有各國共產黨都是獨立自主的。周恩來在重慶駐地中證實這件事，表示中共早已獨立運作。國際共產運動的解散對國民黨內部的反共頑固派而言正是一個難得的機會，他們再度提出解散共產黨和把軍隊交給國家。自新四軍事件後蔣介石首次同意親自接見周恩來，於是六月四日蔣介石和周恩來及林彪見面。這次見面後來證實也是他們最後一次在重慶見面，結果依然毫無所獲。

一九四三年六月二十八日，周恩來、鄧穎超、林彪和一百多位中共人員離開重慶，搭車返回延安，董必武留在重慶負責南方局。當他們在路上得知國民黨部隊入侵邊區時，周恩來、鄧穎超和林彪在西安稍作停留，最後於一九四三年七月十六日抵達延安。[5]

第十一章

為權力作準備：延安、重慶和南京

——一九四三～一九四六年

毛澤東同志的意見，是貫串著整個黨的歷史時期，發展成為一條馬列主義中國化，也就是中國共產主義的路線。毛澤東同志的方向，就是中國共產黨的方向！毛澤東同志的路線，就是中國的布爾什維克的路線。

——周恩來[1]

從周恩來於一九四三年七月回到延安以後，他的政治生涯，以及在他實際的生活中，最重要的工作關係就是毛澤東。毛澤東在延安推動的整風運動尚未結束，數個月以來已成為中共統治區內的重點。這場運動由毛澤東、陳雲和劉少奇以大量運用史達林所寫文字的文件所推動。他對於圍繞著毛澤東「統一領導」的整黨工作在理論上毫無貢獻。周恩來不是理論家，他所關心的是和國民黨談判以及維護地下黨組織工作。他一直和中共中央保持聯繫，也被概略告知有關這運動的消息，但實質上仍然是個局外人，而在回來後很快就得要熟悉這場運動的細節和新的政治文化。周恩來是中共在西南方實際的負責人，他所做建議經常被中共中央所接受。他必須要選擇：是當一個毛澤東「個人崇拜」式領導的忠誠追隨者，還是當一個對手以及一個潛在的威脅。

接受毛澤東的領導

周恩來就是周恩來，他對新環境很快就適應。八月二日，中共中央為了迎接他回來，舉辦一場歡迎會。他熱烈地承認毛澤東是中國革命的領導者，並且譴責那些不接受毛澤東「正確」路線並坦承錯誤的人，主要就是張國燾和王明。他認為「毛澤東同志的意見，是貫串著整個黨的歷史時期，發展成為一條馬列主義中國化，也就是中國共產主義的路線。毛澤東同志的方向，就是中國共產黨的方向！毛澤東同志的路線，就是中國的布爾什維克的路線」。這段被廣為散發的內容是周恩來整理一九四三年八月二日的演講紀錄而來，但是卻和他平常所寫的文體不大相同，即便在寫給中共中央的電文裡周恩來都會注意遣辭用字。他在延安的第一場演講處處可見政治上的斧鑿痕跡。

康生的「肅反」清洗

這段時候對周恩來而言不太好過，對許多感到壓迫和傷害日益增加的忠心共產黨員也不好過。

一九四二年二月從「整頓黨的作風」開始，主要幹部都要學習毛澤東所寫和所說過的內容。伴隨而來的還有康生操縱的大規模「審查」幹部運動。康生是政治局委員，又是中共情報部部長，金沖及對他在這次運動中的評論是說他起了「十分惡劣」的作用。康生指控中共地下黨員被國民黨特務吸收利用，進而展開一場獵巫（譯註：康生誇大內部特務眾多，誣指許多省分曾擔任中共地下黨員者為在國民黨「紅旗政策」下被吸收利用的假共產黨，稱為「紅旗黨」，假意推動「搶救失足者」運動，強逼「坦白」，再加以整肅，株連甚廣）。周恩來作為南方局領導人，要為地下黨員幹部負責，在離開重慶前，他安撫黨員們說中共中央的「審查」並不是清黨，不需要害怕。他對有一些前領導人背叛祕密工作的同僚投向國民黨有所察覺，但並不認為這個問題有擴大化的傾向。

由周恩來在這場運動中所寫下的記述可以看出他並不贊成康生使用的那種當面一套背後一套的手段，還有苛求一致、威逼坦白和製造恐怖氣氛的做法。然而他卻沒有權力去阻止康生的整肅手段。

康生是個讓人討厭的人物。他在莫斯科的四年中，吸取了史達林對托洛斯基的恐懼和「人民內務委員會」（NKVD。譯註：為史達林掌權時的政治警察機構，所轄國家安全總局即為爾後國家安全委員會KGB的前身）的文化。他以前曾和王明關係密切，但在毛澤東竄起後改變了立場。康生對毛的忠誠僅次於對毛的妻子江青，而這份忠誠一直持續到文化大革命。

周恩來和整黨

在決定支持毛澤東後，周恩來就要參加整黨運動，或至少要通過每項活動。八月十六日他寫下「論中國的法西斯主義——新專制主義」直接抨擊國民黨。由於當時國民黨已決定消滅共產黨，所以這個論調是支持中共中央要求團結一致立場的。一九四三年八月到十一月間，他參加了高級幹部的研習，閱讀材料、撰寫筆記，並且「在馬克思－列寧主義基礎上，總結歷史經驗教訓」。他雖然對毛澤東的對手王明和李立三提出「右傾」和「左傾」的批評，還是把檢討重點放在對共產國際和中共之間的關係方面，主要是一般性和沒有爭議的部分。

理論和爭論並不是周恩來的長處，他只有在投入行動、計畫行動和組織行動時才感到自在。延安整風運動並非他所熟悉，但他認為毛澤東總是正確的，而毛反對的人，尤其是王明，就是錯誤的無可救藥。更有甚者，他還要表示他這十五年來對中共中央——也就是對毛——的絕對忠誠，還要對自己以往的錯誤提出批評。由於相信他對一九二八年莫斯科舉行的中共六大有責任，他在一九四四年三月二日和三日，兩度對此發言。

金沖及認為「參加延安整風學習，對周恩來有著深刻的影響。」在周恩來一九四三年十一月十五日對政治局發言的手寫講稿中，周寫著「做了二十年以上的工作，就根本沒有這樣反省過」，而金沖及接著說「他表示：經過這幾年的實踐，對毛澤東的領導的確心悅誠服地信服」。

我們不清楚整風運動究竟影響周恩來有多深刻，但確實對他的公開講話有所改變。他表面上承認毛澤東領導者的角色，但並沒有順從毛的想法，也沒有盲目支持。毛之所以一直沒有成為一位完全的獨裁者，有絕大部分的原因是周恩來的想法和其他高層領導人在不敢公開情況下，對毛私下的對抗。

重拾統一戰線

國民黨於一九四三年九月召開中央全會（譯註：第五屆十一中全會），縱然將中共扣上「破壞對日抗戰」的罪名，但仍然將與中共的合作保留在討論議程中。一九四三年十月十五日毛澤東電告留在重慶的董必武，提出重拾與國民黨的雙邊會談，董必武即出席國民黨主持的國民參政會。國民黨曾討論要在對日抗戰勝利後一年內轉向實施憲政，而非一黨專政。周恩來在一九四四年三月五日的政治局會議上，發言支持中共參與憲政運動，並於三月十二日在延安召開的紀念孫中山逝世十九週年大會上再次提出這個看法。然而他仍然堅持要求要國民黨承諾要承認中共合法地位、接受邊區的獨立自主、結束軍事封鎖包圍和承認八路軍和新四軍。

四月二十九日，林伯渠率領代表團前往重慶重啟談判。周恩來指示要林伯渠把談判堅持住，而毛澤東就沒那麼熱衷，但仍然對此舉能得到國際支持和贏取國民黨中間派的支持表示接受。

一九四四年四月間，國民政府軍隊在面對日本的攻勢從湖南和廣西節節後撤，失去大部分鐵路交通的控制權。周恩來在一九四四年十月十日紀念辛亥革命的日子，把這些失利和同盟國在歐洲及太平洋所取得的勝利相對比。

在國民黨控制區內的經濟更飽受通貨膨脹和高額稅賦之苦，而中共和其他各方人士都感受到人民對於一個能夠統一整個國家的政府的呼聲日益高漲。第二次世界大戰中擔任中、緬、印戰區美軍最高指揮官的史迪威（Joseph Stilwell）於一九四四年曾寫道：

> 蔣介石面對著一個想法，這件事讓他深感挫敗。他所困擾的是共產主義的影響，但他沒看到廣大中國人民對紅軍歡迎是因為他們認為那是所能見到將他們從沉重稅賦、軍隊暴虐和對（戴笠）祕密警察的驚懼中解放出來的唯一希望。在蔣介石統治下，他們現在就能看到他們將會得到什麼：貪婪、腐敗、偏私、更重的稅賦、毫無希望的貨幣、沒有目標的生活、對所有人權的冷漠蔑視。

史迪威的結論是：只要蔣介石在位，中國就毫無希望。

美國調停

美國所希望的是加強中國對日本地面部隊的抵抗和維繫住國民黨政權。副總統華萊士（Henry Wallace）在一九四四年六月訪問中國，鼓勵國民黨領導當局增進與蘇聯及中共的關係，將他們視為是反法西斯陣營的一部分。

七月二十二日，一小團美國軍方和外交官員組成的代表團離開重慶前往延安，評估當國民黨似乎開始潰散之時，中共對這場戰爭能夠提供多少潛在助力。這個迪克西使團（Dixie Mission。譯註：一九四四年七月美國所派出的美軍觀察組，又稱迪克西使團。Dixie 原指美國南方各州，亦有民謠以此為名，南北戰爭時曾為南方各邦傳唱的代表歌曲，用以為觀察團命名，也有隱喻延安為當時中國具有反抗精神的地方）由包瑞德（David Barrett）上校率領。包瑞德曾在北京讀中文，他軍事生涯中的大部分時間都待在中國。跟他在一起的還有謝偉思（John S. Service）。謝偉思在四川一個傳教士家庭中出生長大，中文說得如同母語一般流利，於美國駐重慶使館擔任二等祕書，他曾經寫過一篇「中國情勢及有關美國政策的建議」報告，強調要認真看待中國共產黨。這篇報告在一九五〇年代麥卡錫主義（McCarthyite）獵巫風潮中讓他付出職業外交生涯作為代價。

十月時，董必武和林彪在周恩來指示下，和美國總統特使赫爾利（Patrick Hurley）在重慶見面。當時整個情況對國民黨相當不利，不僅是美國官員和中共在延安會面，而且蔣介石還要求美國召回派給他的軍事顧問史迪威（Stiwell）。赫爾利於十一月七日飛往延安和周恩來及包瑞德見面，他們商談共產黨和國民黨進一步的合作事宜，並安排毛澤東即刻前往重慶訪問，和蔣介石面對面談話。毛澤東好整以暇地和周恩來以及赫爾利、包瑞德等人為前往重慶作初步討論。赫爾利和毛澤東簽下一份同意合作的協定，留下一個讓蔣介石簽名的空白位置——但這個位置卻一直沒有被填上。

周恩來在討論告一段落後，就去參加各項文化活動和邀宴，並和繼任史迪威的魏德邁（Albert Wedemeyer）以及紐約時報與國家地理雜誌的哈里森．福爾曼（Harrison Forman）、合眾國際社（United Press International）的艾培（Israel Epstein）等記者見面。艾培在一九四九年後留在中國，並成為中國公民。蔣介石拒絕赫爾利所建議的協定文件，甚至連提都不願意提。周恩來認為赫爾利陷入左右為難的境地，也無法讓蔣介石同意原先的協定。周恩來隨即要求回延安，但仍同意和蔣的主要助手王世杰商談，但這次談話也是徒勞無益。由於專機駕駛突然生病，加上延安大雪，周恩來的行程因此延後而留在重慶。

一九四四年十一月四日，周恩來再次和赫爾利、魏德邁及蔣介石會面，仍沒有任何進展。他明白，不論同意何種協議，中共都只是像作客一樣，無法實際參與。赫爾利無論如何還是決定支持蔣介石，周恩來則對諸如科學界的工作人員等無黨派團體進行遊說，而重慶的氛圍也發生劇烈變化。蔣介石對合作的各項建議堅持而毫不妥協。

周恩來同意就具體事項和赫爾利進行討論，像是釋放政治犯、從國民黨軍隊中共控制地區撤出、結束鎮壓人民的法令，以及停止針對中共的國民黨特務活動等。一九四五年一月十一日，赫爾利致函給毛澤東和周恩來，建議在延安舉行一場聯合會議。毛澤東於十一月十一日回覆認為這個建議不可行，但他可以安排一個在重慶由中共、國民黨和民主黨派代表參加的三方會議，周（恩來）將軍將可以參加。縱使周恩來在工作上確實有著軍事和政治的職銜，但毛澤東——或是任何人——在信件中以軍銜提及周恩來是件不尋常的事，而赫爾利是個准將（一星），周恩來卻是個上將（四星）。

當周恩來於一月二十四日回到重慶時，赫爾利在機場和他會面，並陪著他到舊日住所曾家岩。當天晚上，蔣介石妻舅，同時也是行政院長的宋子文邀請周恩來參加歡迎晚宴。一月二十五日，赫爾利在他的住所向周恩來提出在行政院下成立一個有中共和美國代表參加的新機構，但周恩來認為這麼做仍然還是一個一黨政府而拒絕這項提議。毛澤東支持周恩來的決定，並堅稱中共軍隊不能交由美國外交人員和軍官負責。赫爾利提議發布一個聯合聲明，周恩來不同意，蔣介石也拒絕聯合政府，認為那會取代他的政府。在盛怒之下，周恩來決定到此為止。他於二月十四日和重慶支持及同情共產黨的人士晚宴，二月十六日飛回延安。

三月一日，蔣介石宣稱和中共的談判毫無意義。一週後，周恩來以他一貫筆調寫信給蔣的助手王世杰，告知他聯合政府無望，情勢已無轉圜餘地。[2]

第七次全國代表大會（一九四五年四月～五月）

自從一九二八年首度在莫斯科召開後，拖了許久的全國代表大會於一九四五年四月二十七日在延安開幕，由毛澤東主持，他並做了「論聯合政府」的報告，報告中對繼續推動統一戰線大力吹捧，但仍寄望能打敗日本並成立一個由中共領導的新政治同盟。中共現下所著重的是以一己之力奪取權力、將「毛澤東思想」列入黨章，以及推動個人崇拜。周恩來被選入中央委員會及政治局，並擔任書記處書記。書記處成員還有毛澤東、朱德、劉少奇和任弼時。周恩來從來未曾有過想要領導中共的野心，但他仍然位列五大最高領導人之一。[3]

抗戰後、內戰前，毛澤東終往重慶一行

日本於一九四五年八月十五日無條件投降。對日戰爭結束，但中國仍未得到和平。九月九日，何應欽將軍代表國民黨在南京正式接受在中國的一百萬日軍投降。於西南方作戰的國民黨部隊在美國以軍機空運及海軍船艦協助下才能東返受降。

八月十日朱德發出第一號命令，指示在解放區的中共部隊接受日軍投降。周恩來接著起草第二號到第六號命令，要求中共所屬部隊和幹部向東及東北方進發接受日軍投降。這些部隊都是曾經和日軍直接對抗的主力部隊，而這也是蔣介石所下命令禁止的。

八月二十一日，國民黨《中央日報》刊出蔣介石曾給毛澤東兩份電報中的第一份電文內容，邀請毛澤東赴重慶一談。中共對此抱有疑慮，由周恩來先行前往探察，惦一惦蔣介石「開的是什麼局」。中共想要和平，但不想冒失去政治優勢的險，毛澤東對是否親自前往重慶仍有躊躇。中共政治局選出毛澤東作為中央軍委主席，副主席則由朱德、劉少奇、周恩來、彭德懷擔任，中共著手準備作戰編組，周恩來則建議召開處理戰後措施的緊急會議。八月二十五日，王若飛從重慶返回，建議毛澤東親自參加會談。毛認為這是一個掌握主動的機會，決定由他、周恩來和王若飛前往重慶商

談「團結建國大計」。

華盛頓方面知道蔣介石政權存在的問題，另外莫斯科也因為意識型態和現實的原因，認為中共沒有單獨統治能力。蔣介石根本就反對分享權力，而中共則無法信任和蔣介石合作。然而，國際上卻有強大壓力要求要組成一個雙方合作的政府。

毛澤東決定前往重慶造成一時議論。他從未參加過先前的幾次談判，又一直隱身在延安。周恩來是個有經驗的談判者，而毛對於待在敵方陣營內則感到不是很自在，但是這個階段就需要毛澤東的地位和威望。美國大使赫爾利和蔣介石助手張治中將軍於八月二十七日飛到延安，陪著毛澤東及周恩來、王若飛前往重慶。他們從延安東門外機場起飛，隔日下午三點降落於重慶九龍坡機場。《大公報》報導，身著淺藍色外套的周恩來第一個走出來，他在重慶的朋友和認識的人對他鼓掌相迎。毛澤東、赫爾利和張治中一起出現時，政治人物則用更多的掌聲和笑聲迎接，記者們執意要和毛澤東握手。周恩來看到這樣的混亂場面，就揮著手中拿著的紙張，高聲要記者們看看他帶來的禮物——毛澤東演講的文字內容。晚上八點，蔣介石在他的林園官邸舉辦歡迎晚宴。

毛澤東和周恩來原本打算住在中共先前的紅岩辦事處，但張治中認為那裡地處偏遠，就騰出他自己在曾家岩的宅第「桂園」讓毛澤東使用。毛澤東每天早上八點從紅岩前往桂園接見賓客，不過基於安全考慮卻從不在那裡過夜，晚上六點就離開回到紅岩。毛澤東「繼續領導全黨和解放區的工作」，細部的談判事宜就由周恩來負責。

國民黨方面未料到毛澤東真的會應邀前來。正式談判於九月三日展開，但在抱怨國民黨媒體發表反共宣傳後，會議中斷三天。討論順著原本的議題由周恩來、王若飛和蔣介石的代表們繼續進行。九月十二日，毛澤東和蔣介石就軍隊組織進行討論，而九月十七日，於美國大使赫爾利在場情況下，討論解放區的問題。

大多數的會談都是為了美國大使及國際媒體所做的虛晃推托和政治表演。周恩來被塑造成一個冷靜、鎮定且沉著，在危機中表現良好的人，但他在受到挫折時常常會轉而發怒。九月二十一日時，周恩來就忿忿地表示，中共是以平等身分參加這些談判，但卻未受到國民黨人士相對的看待。赫爾利在最初時表現出是一個值得信任的中間人，但漸漸轉向支持蔣介石，還想說服毛澤東交出解放區控制權給國民政府，不然就正式分裂。毛澤東不同意，談判僵持到九月二十七日。

周恩來了解到談判還是有些進展，即在十月二日建議將前一個月的談判內容紀錄進行整理並做小結，列出同意及不同意之處。這份「政府與中共代表會談紀要」於一九四五年十月十日下午在曾家岩桂園客廳由雙方簽字，即為「雙十協定」。這份協定僅由周恩來和王若飛代表共產黨，張治中和另外兩人（譯註：王世杰及邵力子）代表國民黨在協定上簽字，蔣介石和毛澤東則否，毛澤東當時急於返回延安。毛於十月十一日飛返，而他對政治局提出的報告則是出乎意料的持肯定態度。

周恩來和毛澤東在重慶

周恩來花費很大心力在毛澤東的安全問題上，包括安排警衛、檢查食物來源和住處安排等。他更親自檢查毛在飛機上的座位和安全帶等設備，並在重慶搭車出行途中都經常要防範有無爆炸物。毛澤東隨時都有警衛保護，別人邀宴的食物和所敬的酒也都經過小心檢查，周恩來更一杯接著一杯幫毛喝下別人的敬酒。周恩來還在接下來的幾天日以繼夜幫毛澤東準備行程及所需文書工作。

就在毛澤東回延安的前三天，張治中在軍事委員會禮堂安排了一場歡送雞尾酒會，酒會後接著看一場傳統的戲劇表演。同一時間，中共一名參謀人員李少石（譯註：李少石當時職務是十八集團軍駐重慶辦事處祕書。第十八集團軍未變更番號前即為第八路軍）遭到國民黨武裝警察部隊槍擊重傷，送往市民醫院。周恩來聽到消息後，並未告知毛澤東，悄悄前往調查。這位遭槍擊的年輕人仍然不治身亡。他是廖仲愷的女婿，廖仲愷在第一次統一戰線時，曾代表國民黨參加談判，卻在一九二五年遇刺身亡。依《新華日報》記載描述，周恩來雖內心悲憤，但特意保持鎮定的回座把戲看完並將毛澤東送上警察局長座車返回紅岩住處，未向毛提及所發生的事。顯見周恩來對毛澤東的高度政治和個人忠誠。

這場槍擊事件讓周恩來高度警覺，但卻是一場讓人難過的意外。一位警察被這位年輕人所駕駛的車輛撞傷，由於車輛未停下，帶隊的班長就開了一槍。在葬禮結束後，周恩來到受傷警察治療的醫院探望並提出要支付醫療費用。

毛澤東在張治中的陪同下返回延安，而周恩來和王若飛依然留在重慶。在談判上雖然沒什麼收獲，但是周恩來在十一月二十五日回延安前，卻和一些實業家在資本積累和工業發展問題上進行了一些頗有幫助的討論。十二月一日，國民黨當局在一些武裝人士協助下，對要求結束內戰的昆明學生進行鎮壓。在攻擊行動中甚至投擲了手榴彈，四名學生死亡，至少十多人受傷。周恩來強調，中共和國民黨仍然要維持接觸，但對結果沒有任何理由可以樂觀看待。[4]

政治協商會議

一九四五年十二月底，中共中央同意周恩來參加國民黨在國際壓力下同意召開的政治協商會議。周恩來偕鄧穎超、吳玉章、葉劍英及陸定一等飛往重慶。美國總統杜魯門特使並曾任美國陸軍參謀長的馬歇爾將軍（George C. Marshall）擔任會議居間調停。首要之事就是停火，一九四六年一月十日得到雙方同意。一月三十一日，有關國民政府同意納入其他黨派以及將中共軍隊整編進國軍等問題達成協議。

四月八日，中共於山西的一場空難中失去了幾個重要領導人。其中包括博古、領導黨校及中共安全保衛工作的鄧發，還有新四軍司令葉挺，以及和周恩來一起在重慶工作的王若飛等。四月九日舉行追悼會，三千多人參加，周恩來神情激動，他當時的發言刊印在《新華日報》上。這次空難發生是由於惡劣天候所造成，沒有人懷疑會是敵對人士所造成的。

南京和梅園新村十七號

國民政府於一九四六年五月時遷回南京。周恩來和鄧穎超於五月三日抵達，接著董必武和其他人也在五月十六日前來。他們的新辦公處所設在梅園新村十七號，是一個在高牆後有著庭院的兩層樓房舍，工作人員總數約有一百多人。表面上他是中共代表團的住所，但也是中共中央南方局所在。周恩來和鄧穎超住在梅園新村三十號，就約莫是在代表團主要辦公處的對面，裡面有一幀照片，照片裡的周恩來穿著一件體面的西服，微笑著正穩步走出門口。在一幢有著灰色牆面和紅色屋瓦的房子裡右邊第一間房間是周恩來的接待室。在房間中央的一張桌子上放著一個裝著雨花石的碗，那些石頭是周恩來從雨花台蒐集來的。雨花台位於南京城中華門外，現在已經是烈士陵園所在，紀念被國民黨處決的共產黨人。屋子裡的房間都布置著簡單的家具，卻維持著潔淨。樓上較為狹窄——在夏天會有些燠熱——卻是機密區域，是這幢建物裡安全保衛最嚴格的地仿。

董必武和李維漢住在三十五號，其他人則住在十七號。梅園新村三十號是早先就由國民黨分配給他們的，而三十五號則是他們為了要有更多的空間而買下的，即便三十五號的大門和國民黨監視站太近而讓人不舒服。電訊室內配備著一台大功率的 BC610 型電台用以和在延安的中共中央通聯，是美國陸軍通訊兵團所使用的，由國民政府提供，但在裡面的壁櫥裡，共產黨設置了一個五瓦的電台，以備不時之需。隔壁是外事組，負責初期和美方人員聯繫工作。工作人員在南邊蓋了一間樓，樓上作為住宿用，樓下是餐室，並作為新聞發布時用。一九四六年十一月十六日，周恩來在這間房間裡留下一張照片，他指著地圖，憤怒地指責國民黨單方面召開國民大會。

這些建築從一九五四年起就為了永久紀念周恩來而保存下來。一九六〇年只對特定訪客開放，在文化大革命期間關閉，一九七七年又重新對大眾開放，展出周恩來及其同僚在一九四〇年代的相片，還有一些「革命文物」。

國民黨特務長期監視著這些房舍，「特務用的摩托車、吉普車等停在附近的街頭巷尾，隨時準備對代表團成員跟蹤盯梢。化裝成攤販、鞋匠、算卦先生、三輪車夫的特殊人物，日夜在周圍活動。」而周遭真正從事一般工作的人也被大名鼎鼎的戴笠所掌握的情報網收買幫著監視，一直到戴笠於一九四六年三月死於飛機失事為止。中共代表團還把梅園新村三十號的圍牆加高一層，並加蓋一個小樓，用以遮擋監視活動。

周恩來持續和馬歇爾將軍及國民黨人員談判，然而軍事發展卻出現意外的情勢。一九四六年五月一日中共改稱他們的軍隊為「中國人民解放軍」，意味著他們已經不再是國民政府軍的一部分，即便從理論意義上而言也不再是了。周恩來於六月七日飛回延安向中共中央報告。努力達成和平是他所宣示的目標，但和平已然無望實現。周於六月九日回到重慶向馬歇爾指責蔣介石使用拖延戰術，使內戰無可避免。六月十五日他致電延安，報告如果中共不加強軍事鬥爭，就會被消滅。

六月二十九日周恩來通知馬歇爾將軍國民黨在三天前攻擊李先念的部隊，將會引發軍事衝突。他建議中共中央，針對蔣介石利用談判掩護軍事突擊的做法，反擊是必要的。七月一日中共中央電令所有解放區宣告進行「自衛戰爭」，而周恩來在十一月十九日之前仍然留在重慶和國民黨談判，要求停火和達成真正的協議。當蔣介石不顧中共和其他獨立黨派的抵制而突然單方面宣布召開「國民大會」時，他前往開封及上海活動，都遭到特務的嚴密監視。

而想要在共產黨和國民黨之間創造「第三條路」的活動也遭到打擊。「民主同盟」的領導成員李公樸於七月十二日在昆明遭到暗殺，而知名的詩人，同時也是「民主同盟」重要成員的聞一多，也在李公樸的悼念會上被殺害，這些事被認為是為國民黨做事的幫會分子所為。周恩來的友人陶行知，也在經過數個月國民黨特務騷擾後離世。

十一月十六日周恩來在梅園新村七號舉行的臨別記者會上，不承認蔣介石的「國民大會」，並且譴責國民黨背棄民意、一黨統治，以及美國人以調停者姿態出現，但支持的卻仍是國民黨。統一戰線至此結束。接下來的幾天，他和鄧穎超、董必武宴請民主同盟的成員道別。當晚，他寫了一封信給郭沫若，請他代為向上海的朋友們致意。

十一月十九日，包括周恩來、鄧穎超和李維漢在內的大部分中共代表團人員搭乘美國專機離開南京返回延安。董必武留到一九四七年二月二十八日才離開，這也是國民黨給予中共代表團離開的最後期限。董必武和剩下的其他代表團人員從南京經上海，於三月七日才飛抵延安。歷經一年殫精竭慮、坎坷曲折和艱難險阻——但最終卻毫無所得——的談判，宣告結束。[5]

第十二章

從內戰到人民共和國

——一九四六～一九四九年

凡是黨中央研究、毛主席下了決心以後，具體的組織布置和如何執行等都是周副主席具體來抓的。無論前方或後方，無論是後勤供應或部隊調動，總離不開他具體的組織指揮。

——張清化，作戰參謀[1]

一九四六年十一月二十一日，毛澤東和劉少奇在延安的窰洞裡和剛從南京回來的周恩來開會。毛和劉對周恩來能揭露蔣介石的兩面手段和堅持一黨治國的做法表示讚許。十二月十六日，周恩來被任命負責協調城市工作，並於一九四七年二月二日向中共中央作「國民統治區人民運動」報告。他在延安的工作大部分是組織性的，起草中共中央對組織「白區」群眾運動下達的文件、電報和指令。不僅學生對內戰可能再度發生發動抗議，同時民眾對於食物短缺、高額稅賦和政府鎮壓等也有著諸多不滿。一九四七年春，在延安的中共領導層決定不再和蔣介石談判，董必武和相關人員於三月七日撤離南京。

美軍觀察團於三月十一日離開延安，國民黨隨後在三月十二日就對延安進行空襲。三月十五日，蔣介石告知國民黨中央執行委員會與中共關係已然破裂。三月十八日，中共撤離延安，胡宗南將軍指揮的國民黨部隊在幾天後占領延安。[2]

從延安到西柏坡

延安時期結束，而中共的「全國解放戰爭」開始。中共在王家坪重組領導人員，周恩來則設法安撫暫時受挫部隊。在國民黨持續空襲中，周恩來在各個村莊間來回穿梭，組織非作戰人員撤離、加強防衛和確保給養供應。他隨身帶著自己的鋪蓋、一條毯子、一件床單、換洗衣物和兩雙鞋子。他的警衛員所背背包中，放著周恩來的皮包，還有文件、地圖、放大鏡、紅藍鉛筆和削鉛筆刀等，外面綁著周恩來的牙刷及其他所需用品。

在一九四七年三月到一九四八年三月間，中共領導們輾轉待過三十七個不同的村莊，在山洞或是戶外過夜時也僅有一些簡單的設備。一九四八年四月，他們終於在石家莊西北方的西柏坡找到安置總部的地方。

一九四七年三月二十九日中共中央在棗林溝召開會議，成立前委，由毛澤東、周恩來和任弼時領導，負責有關軍事和政治方面的重要決定；劉少奇、朱德和董必武前往華北；葉劍英和楊尚昆前往晉西北，負責後方工作。鄧穎超雖然陪著周恩來，但周恩來卻經常騎著馬，只帶著輕型武裝和少數護衛來回在接近前線地區移動著。

當時的黨中央就是毛澤東、周恩來和任弼時三人。任弼時於一九五〇年十月因連續中風而病故，而毛澤東和周恩來則持續領導中國直到一九七六年，他們之間的關係就是在這段風雨飄搖、不知明日將如何的日子中親近密切起來的。一位曾經在王家灣周恩來手下擔任過作戰參謀的張清化曾經回憶：

> 周副主席在軍事上是黨中央、毛主席完全不能缺少的得力助手，是一個非常傑出的軍事組織者和指揮者。當時他運籌帷幄，出謀劃策，深得黨中央、毛主席的稱讚和全軍的擁戴。凡是黨中央研究、毛主席下了決心以後，具體的組織步置和如何執行等都是周副主席具體來抓的。無論前方或後方，無論是後勤供應或部隊調動，總離不開他具體的組織指揮。

一九四七年六月九日，在國民黨部隊已經相當接近的危急情勢下，毛澤東和周恩來乘著夜色和大雨向更崎嶇的山區轉移，只留下四個排在後。當他們離開時，周恩來仍一個窰洞一個窰洞檢查，也把領導人所睡過的每個炕都看過，確保沒有文件和中共中央曾經停留的痕跡留下。

六月三十日，劉伯承和鄧小平率領的晉冀魯豫野戰軍主力約十三萬人，分為四個縱隊，突破國民政府防線，渡過黃河，展開大規模攻擊。從一九四七年七月二十一至二十三日，前委將司令部設在小河村，作為臨時根據地。周恩來做了詳細的準備工作，致電各野戰軍司令，要求提出最新及最準確資料，並親自檢查各項文件及圖表。毛澤東則希望他們能在四年內打敗國民政府。

八月一日，當胡宗南的國民政府部隊逼近時，毛澤東、周恩來和任弼時將司令部從小河村轉移，並提醒村民離開以免有遭到報復的危險。曾在周恩來麾下工作的士兵回憶當時周恩來對於毛澤東如何極盡保護之事。除了有緊急電報，周恩來都盡量讓毛澤東能夠完整休息，而他自己則只睡兩三個小時，經常工作，了解最新的情況。這種做法影響到他的健康，而警衛員還發現他的鞋襪都磨破了，腳也在流血。他不肯騎馬，即便毛澤東要求，他也不肯坐上擔架。

八月三十日，周恩來被任命為代理總參謀長，以代替無法參加軍委會的西北野戰軍司令彭德懷。作為中共中央主要的戰略規劃者，周恩來在人民解放軍占領控制地區越來越多的情況下，協調著人民解放軍各部的位置和行動。一九四七年的中秋，把戰況放在一邊，毛澤東、周恩來和任弼時一起賞著月，配著辣椒下酒。

中共中央決定留在陝北過冬，十一月二十二日進入偏僻山區裡的楊家溝。那裡的窰洞適合駐紮和開會。周恩來有兩間，較暗那間放床，而外面較亮那間用來開會。毛澤東在同個院內住在有三個房間的窰洞。他們在楊家溝停留了八個月。

周恩來再度著手準備十二月要召開的中共中央會議。他先為軍事情勢和越來越重要的土地改革問題召集前置會議。正式會議由十二月二十五日開到二十八日，參加者有各邊區負責人、中央委員和中央候補委員。毛澤東作「目前的形勢和我們的任務」報告，認為中共部隊已占有優勢地位；之後周恩來再詳述軍事形勢。

周恩來對於土地改革事宜十分關注，一九四八年一月並派出一位參謀針對有關報告提及過激幹部沒收工商業者產業，攻擊、甚至殺害地主及富農等情形進行調查。這份土地法大綱，讓原本支持的群眾不再支持，也對經濟造成傷害。二月二十二日及二十三日，他起草有關在老解放區執行土地改革以及整頓地方黨部的指示，還起草了有關在城市和各民主黨派關係以及其他問題的政治工作政策文件。

一九四八年春，人民解放軍對在山東和河南的國民政府軍隊發起大規模攻勢行動。三月二十三日，中共中央離開楊家溝，幾週後進駐西柏坡。西柏坡是一個位在北平（當時人們較為常用的稱法還是北京）西北方的小鎮，距離石家莊約有五十五公里。毛澤東、周恩來和任弼時就住在那裡的兩個窰洞內，那裡也成為指揮對國民政府內戰最後階段的指揮部所在。[3]

西柏坡——前進北平

西柏坡成為中共臨時的首府和軍事指揮部，而在三交鎮還有一個由葉劍英負責具有重要作用的後方委員會。中共領導人分批抵達西柏坡。鄧穎超早在四月初就到那裡去開會。那時她參與土地改革工作隊，而且有一年多沒有見到過周恩來。周恩來、任弼時和其他重要的中委會成員於四月二十三日抵達，和由劉少奇主持，在當地已有一年的中央工作委員會會合。毛澤東原本計畫要前往蘇聯尋求意見，但因為形勢變化太快，決定延期。四月二十五日，毛澤東致電劉少奇、周恩來、朱德和任弼時，要在西柏坡召開會議，毛澤東於五月二十六日到達。一九四八年五月底，中共分成三塊的領導班子——分別由毛澤東和周恩來、劉少奇，以及葉劍英所率領——自一九四七年三月分開後，終於聚攏在一起。周恩來前往西柏坡周邊巡視，了解土地改革、整黨和經濟重建的情形。

雖然土地改革和爭取農民是優先政策，但中共現在更急的是要對所取得的村鎮和城市進行治理。在一場對前往哈爾濱參加工會會議代表團的講話中，周恩來強調中共領導正在積極策劃戰後政府，將盡早成立全國總工會，並對城市經濟狀況恢復進程相當樂觀。五月一日，中共中央發布五一勞動節宣傳口號，毛澤東並致電各民主黨派提議召開政治協商會議，籌組戰後聯合政府。毛當時仍預計在一九五一年後才能擊敗國民政府，而在一九四八年九月八日至十三日召開的政治局擴大會議上，周恩來在他的長篇發言中即針對如何重建和處理工商資產階級企業提出說明。

當勝利逐漸在望時，毛澤東和周恩來的關係有所改變。毛澤東在三大戰役（遼西會戰、徐蚌會戰和平澤會戰。譯註：中共稱之為遼瀋戰役、淮海戰役及平津戰役）中作為所有決策的總指揮，兩人在西柏坡的住處很近，經常碰面討論戰況和策略，很難說當時的決策究竟是由誰下的。許多電文是毛澤東起草，經由周恩來簽發。

周恩來在遊說國民政府北平要塞傅作義將軍歸附上為毛澤東提供意見。傅作義於一九四八年十一月就與中共有所接觸。一九四九年一月二十二日，在天津陷於人民解放軍之手後，傅作義同意交出北平，周恩來邀請他以「民主黨派」身分參加仍在籌辦的政治協商會議。北平即於一月三十一日「和平解放」並成為人民共和國的首都北京。

一月十九日，毛澤東和周恩來共同起草外交工作指示，大致描繪出中華人民共和國成立後所要施行的外交政策。雖然中共在內戰中基於現實原因而幾乎沒有接受來自蘇聯的指示，但仍然維持著和莫斯科的聯繫。一九四九年，史達林派遣政治局委員米高揚（Anastas Mikoyan）代表共產黨和工人黨情報局（Cominform，為共產國際工作的接續者。譯註：共產國際於一九四三年解散，史達林在冷戰開始後的一九四七年，號召各國的共產黨和工人黨，成立類似共產國際的組織，以於各共產黨間交換情報用）前來中國。米高揚於一月二十六日離開莫斯科，一月三十一日抵達西柏坡和毛澤東及周恩來見面，並認為周恩來是一位可以擔任總理的極佳人選。

三月五日至十三日，中共中央召開在西柏坡的最後一次中央全國，主要機關人員於三月二十三日遷至北平。中共在一個月前已經取得這座城市，中央機關一部分人員也已進駐西郊的香山。周恩來對毛澤東提到，趕路太累還是多休息一會兒比較好時，毛澤東回他說，這好比進京「趕考」，不睡覺也可以。周恩來則希望考試能夠及格，不要再來一次。

三月二十五日，葉劍英在清華公園火車站迎接他們所乘坐的專列，並且用車載他們前往頤和園。周恩來馬上前往西苑機場準備入城儀式。當天下午，毛澤東、周恩來、朱德、劉少奇和任弼時等，坐在一輛敞篷吉普車上，在葉劍英和聶榮臻將軍陪同下，檢閱三萬人的中共部隊。他們也接見了地方重要人士，以及將來有可能成為籌辦中新政協夥伴的民主黨派代表。[4]

最後的和平談判

取得北京不代表戰爭結束。國民政府仍然據有舊都南京，並依舊宣稱他們擁有合法性。一九四九年三月二十六日，中共中央同意於四月一日開始談判。周恩來帶領人員向蔣介石提出由毛澤東所列讓蔣介石難以讓步的條件。國民政府方面人員則是由張治中將軍率領，住在天安門東邊東交民巷的一間飯店內。通常十分注重禮貌並對節儀一絲不苟的周恩來並未到機場接送代表團的任何一位人員。他對張治中仍然要前往退到浙江老家的蔣介石處請求諮詢這件事相當不悅。當時蔣介石已經在一月二十一日下野，並將總統職務交給李宗仁。然而當天晚上，周恩來和林伯渠還是邀請張治中和他的同僚邵力子一同晚宴，並進行不正式的會談討論。張治中對周恩來解釋，蔣介石表面上雖然下野，但仍然掌握著權威，沒有得到蔣的同意，任何協議都不可行。周恩來懷疑代表團受到蔣介石控制，但是張治中表示他們對談判沒有預設任何前提。周恩來對於國民政府只是為了拖延時間，而並不是真的想要達成協議而感到惱火，但仍然同意只要李宗仁留在南京，解放軍就暫緩推進。國民政府強硬派人士同時仍考慮將中國一分為二，成立一個獨立的南方政府。

經過兩個禮拜無法達成結論的會談後，周恩來於四月十四日起草擬一份「國民和平協定草案」。正式談判於當天晚上九點在中南海勤政殿舉行。勤政殿位於前清皇宮西苑，後來成為中華人民共和國領導人經常使用的地點。會談氣氛正式而嚴肅。周恩來先介紹他所草擬的文件，並言明雙方並不是以平等的地位進行會談。他表明，協定一經簽署，中共將領導聯合政府，而國民政府各機構組織將轉而為新政體服務。張治中承認國民黨的錯誤及強調所承受的嚴重軍事失敗，並且要求需要時間以了解周恩來所提出的建議。這場會議在午夜前十分鐘散會。四月十五日晚上七點，周恩來交給張治中一份不容再談判的最終文件。周恩來在九點要求代表團將文件帶回南京交由李宗仁總統及何應欽將軍於四月二十日以前簽字。一旦無法完成，解放軍就會渡過長江。[5]

當南京收到這些條件時，國民黨人士十分氣憤。當時理論上擔任總統的李宗仁將協議帶去請教蔣介石，蔣介石大罵張治中無能、喪權辱國。李宗仁和何應欽令張治中拒絕接受協議，並要求要無條件停火。

四月二十一日，解放軍接到向前推進的命令，兩天後，第三野戰軍即拿下南京。四月二十五日，即便和位於前政府首都的各國使館、領館沒有外交關係，周恩來仍下令保護及善待這些外交人員。

就在南京對張治中所執行的談判拒斥後，周恩來指出國民黨祕密警察有可能會對付張治中，用以破壞離間中共。周恩來更告知張治中之前讓張學良在西安事件後遭到囚禁一事，使他覺得甚為虧欠，他不想同樣的事發生在張治中身上。張治中和同行人員於是留在北平。白崇禧送了一架專機到北平要接回人員，卻在接到周恩來命令的上海中共地下黨員協助下，竟將張治中的太太和家人送到了北平。

勝利前夕：和非共黨人士協商

國民政府部隊意圖將重慶作為最後一個據點，卻仍被解放軍逐出，蔣介石於一九四九年十二月二日撤往臺灣。國民黨政府的崩解甚至比共產黨預期還快，而要成立一個取得更廣大基礎群眾支持合作的新政府的具體準備工作已然上路。

一九四八年，中共中央提出成立政治協商會議，要納入「民主黨派」、「人民團體」和「社會賢達」，協助建構「民主聯合政府」。取得勝利的共產黨人可以主掌政府，但他們想要取得更廣泛的支持。八月一日毛澤東就曾致電給各政治及社團代表，周恩來也指示在香港的中共領導人徵詢在上海人士和東南亞海外華人的意見，並邀請他們前來解放區會談，即便這個時候戰事仍未結束。一九四八年九月前，周恩來即為政協會議擬好一個適於參加人士和團體的名單。他和毛澤東一起合作，毛澤東是公認的領導人，而周恩來有著毛澤東所沒有的海外經驗，更適合擔任和外界聯繫接觸的工作。一九四八年秋天，各地代表陸續抵達，有的取道香港，周恩來忙著為這些中共的友好支持者布置安全事宜，超過三百五十多人要通過還不是共產黨所控制的區域前來。相關人員由香港搭乘輪船到大連，最後在哈爾濱或是李家莊（河北平山）集合，行程中還時常會遭遇到暴風雨。周恩來的準備工作做得非常細緻，不僅僅是安排好的住宿旅館和歡迎宴會，更為那些來自溫暖地區不習慣北方冬季的人士備好保暖的帽子、大衣及鞋子。

一九四八年十一月三日，周恩來通知負責東北地區的中共領導人高崗、李富春，表示臨時中央人民政府可能開始時不需要由全國臨時人民代表會議，而由政治協商會議產生即可。會議可邀請與前政權有聯繫但現在願意和中共合作的人參加。一九四九年一月十九日，毛澤東和周恩來聯名寫信給孫逸仙的遺孀，同時也是蔣介石妻子姐姐的宋慶齡，信中藉由提及孫逸仙遺願，邀請她北上參加政治協商會議。內戰期間宋慶齡一直待在她上海堅固的洋房裡，接到信後稱身體不適而無法前去北京。她確實成為中共所承認「民主黨派」之一的「中國國民黨革命委員會」榮譽主席，也是中華人民共和國重要的政治代表人物之一。

政治協商會議

在中共領導人當中，周恩來和非共黨的知識分子聯繫交往範圍之廣，讓他顯得非常獨特。一九四九年三月，即便中共中央的工作占據他大部分的時間，他仍然設法讓那些支持代表人士發揮應有的作用，其中還包括在位於長安街的北京飯店舉辦紀念五四運動週年的座談會。

從六月開始，他轉而投入政治協商會議的準備工作。政治協商會議籌備會的預備會議議程為六月十五至十九日，地點在名稱恰好配合的中南海勤政殿舉行，參加代表有一百三十四人。周恩來擔任臨時主席並主持開幕，毛澤東則是八位副主席之一，還成立一個以毛澤東為首的籌備會常務委員會，周恩來則是五位副主任之一。這種安排微妙地平衡了他們的個人權威。委員會下設的工作小組討論了參加政協成員名單、共同綱領、宣言、政府組織大綱、國旗、國徽和國歌。周恩來負責「共同綱領」的主筆。有些農民和工人出身的積極分子表示除了共產黨和解放軍之外，不同意其他任何團體進入政策決定事宜，而後另外成立了一個黨組幹事會以緩和他們的不信任。籌備會常務委員會於八月二十四及二十七日開會，同意新組織的名稱為「中國人民政治協商會議」。雖然有些人認為新政府應該排除非共產黨團體進入政府，但這個組織就是形成政府的統一戰線延伸。

一九四九年八月二十八日，宋慶齡終於同意離開五月二十七日就被解放軍取得的上海，由鄧穎超陪同參加九月二十一日在中南海懷仁堂召開的會議。參加會議的代表共六百三十四人，來賓三百人。主席台上併掛著孫逸仙和毛澤東的巨幅照片，照片上方懸著政治協商會議會徽，兩旁放著解放軍軍旗。毛作開幕致辭，讓政協會議得以召開的周恩來強調現在正進入的新民主主義時期的重要性。

九月二十七至二十九日，會議通過「共同綱領」和有關政府組織的各項文件、首都所在地及名稱、紀念日、國歌以及國旗。九月三十日，周恩來正式當選為中央人民政府委員，該委員會在一九四九年十月一日下午兩點在勤政殿召開會議。中華人民共和國中央人民政府以政治協商會議所通過的「共同綱領」作為施政方針而正式成立。五十一歲的周恩來成為政務院總理——政務院於一九五四年被國務院所取代——同時兼任外交部部長。6

第十三章

總理兼外交部長

——一九四九～一九五五年

稱周恩來同志為新中國外交的創始人、奠基者，他是當之無愧的。

——錢其琛，外交部長（一九八八～一九九八年）1

眾所周知蒙古人曾在十三世紀入侵中國，他們雖在馬上得了天下，但馬上卻治不了天下。一九四九年十月之前，中共在政治和武裝革命抗爭上花費二十八年，他們或許曾經統治過位於偏遠地域的解放區，但現在卻要轉型成為全國性的政府。要把以往的政治辭藻變成為行動方案以及實施具體治理工作，周恩來扮演著重要的角色。

政府機關的設立

由國民黨成立的治理組織機構已然崩解，周恩來必須從零開始成立新的機構。政務院負責行政工作，以中共在內戰期間曾設立的華北人民政府為模式。在軍事管制下，包括警政和鐵路等各方面工作都要在政務院之下進行重新整理。國防事務是由人民革命軍事委員會負責，該委員會由毛澤東擔任主席，周恩來為其副手。

雖然周恩來也具有軍事方面的經驗和長才，他在內政中仍將重心放在民政事務上，由於意識到黨內缺乏具有行政技術和經驗人才，也為了想落實「新民主主義」的包容精神，他刻意從共產黨外部延聘人才擔任領導職務。由延聘的非共產黨員主持的有輕工業部、郵電部、司法部、海關（譯註：中共第一任海關總署署長為孔原，共產黨員。按金沖及所提領導職務，應指副署長丁貴堂）、教育和文化——文化部長還是受人尊崇的小說家茅盾。

許多人並不熱衷於為新政府工作，但是周恩來充分發揮他耐心說服的長才。十月十一日晚，他登門拜訪實業家及中國民主同盟發起人中溫和派的黃炎培，邀請他擔任輕工業部部長。黃炎培以年逾七十並已退休為由拒辭。周恩來花了兩個小時遊說，表示黃的出任可以造成實質上的重要影響，而黃炎培的友人們也向黃表示周恩來是可以一起做事的人。周恩來再次前來時，黃炎培即同意接受這項任命。

十月十九日，中共任命了政務院機關及各部門高階官員及負責人一百七十五人。周恩來分別和他們談話，讓他們感覺到他的客氣和周到。他們認為周恩來的「周」貼切地反應了他行事上的「周到」。周恩來對事的用心和坦率說服許多非共產黨人都願意和中共一起共事。政務院一切就緒，周恩來於十月二十一日主持第一場會議，處理政府面對的當務之急。各部門官員於十一月一日開始工作，他們有的是長期在共產黨內工作的幹部，有的是前國民政府官員，還有第一次投入工作的年輕知識分子。因為知道各類人員可能會有的問題，周恩來希望這些人能彼此合作互補以發揮最好的作用，避免舊有的官僚習氣。他鼓勵各部門能放寬視野，並在約束住「自由主義」情況下又能發揮積極性和創造性。從一九四九年十月二十一日到一九五〇年間，每週都召開一次政務會議，以協助和監督政務院的工作。連不喜參加會議的自由派知識分子羅隆基都會樂意參加政務會議，因為似乎從周恩來的談話中都可以學到東西。周恩來主持的討論都深入、有效。他不管是否同意那些觀點，都參與每一個討論。他還堅持那些非共產黨的政務院官員都要收到該有的文件資料，他的說法是他們所做的貢獻與其說會阻礙共產黨政策，還不如說可以改善這些政策。由於「老解放區」、「新解放區」和有些軍事行動仍在進行的地區情況有著非常大的不同，地方政府機構建立問題更為複雜，但政務院仍然建立了一個地方各界人民代表會議的機制架構，有些地方還施行部分的民主制度。

最大的問題還是要重建在數十年戰爭、貪腐和輕忽摧殘下滿目瘡痍的經濟。周恩來建議中央人民政府任命陳雲（正式的職務是政務院副總理兼財經委員會負責人）作為總綰經濟的首長。周恩來十分信任陳雲，並完全放手授權。在面對黨內和蘇聯顧問的反對意見下，陳雲仍然完成相當出色的成績。所以當鄧小平請他出馬重建在文化大革命後的中國經濟時，也就不那麼令人意外了。

中共土地改革作業的成功與否，最重要的就在於處理天然災害和確保農民的食物供應。周恩來透過政務院主導因應一九四九年十一月中農村饑荒賑濟和水利措施，以及一九五〇年三月的灌溉工作。六月淮河再次決堤，政務院立即制定針對重大水患治理工作的計畫方案。

失業也是一個普遍問題，尤其是在上海、南京、武漢和重慶等城市。一九五〇年五月十三日，周恩來指示上海政府運用「以工代賑」的方法，利用各項公共計畫緩解城市失業情況。他還要求地方積極推動生產自救、說服民眾返鄉、發放救濟和提供轉職訓練等措施。到一九五〇年九月時，大部分的失業工人和知識分子都得到了救助。

周恩來對於經濟的長期性策略是將經濟恢復和調整以及規範結合起來。當共產黨的意識型態還在辯論應該如何對待資產階級時，周恩來所採取的方式是溫和及實務的。他鼓吹在新民主主義精神要求下，要和私營企業主更緊密合作，並且相信長期而言，私營經濟會對國家經濟更為有利。

另一個難處理的問題是軍隊的復員。現存部隊的軍餉支出對於一個將和平建設視為優先的社會是難以負擔的。於是周恩來和總參謀長聶榮臻構思了一套方案，復員一百二十萬軍人。周恩來曾在一九五〇年四月二十日召開的全國統一戰線工作會議上解釋，復員既是一個後勤上的問題也是一項政治上的問題。百分之八十的軍人是來自於新解放地區，原本是被國民黨抓兵抓來的，許多人和家鄉失去了聯繫，在土地改革仍在進行時將他們遣返回鄉會造成嚴重問題。在六月二十四日的政務院會議中，周恩來強調要緩和推進軍人復員工作（中間又因為韓戰而暫時停頓），還規定要給返鄉軍人鞋子、厚襪、肥皂和幾尺棉布，讓他們帶回家給老婆。2

國際承認

許多時候周恩來都會以身為外交部長之責把向來視為是內政延伸的外交工作放在首要的位置，第一個開始的就是對國民黨政府接受任命的各國外交官進行承認。透過黃華在南京組建的外事處（譯註：全名應為「南京軍管會外事處」，主要工作是接收國民政府外交部及向各國駐華使節宣布中共中央的建交原則）將各國外交人員個別召到北京，並請他們的政府和中華人民共和國建立外交關係。但由於冷戰情勢升高的原因，使這件事變得複雜，但是周恩來的外交手段和個人特質卻贏得國外政治人物的普遍尊敬。這些外交官們都認為中共外交部就是單純地和這些既存的使館恢復關係就好，但周恩來偏偏就堅持要重新談判所有的代表性。而這個過程更因為毛澤東和周恩來因為先後前往蘇聯討論中蘇條約不在國內而變得更為複雜。周恩來在一九五二年一月十一日指出，和志同道合的國家建立一個國際集團是他的戰略核心。美國由於一直支持國民政府，所以被排除在建立外交的考慮之外，蘇聯和親蘇的盟友遂成為可行的選擇。

外交部於一九四九年十一月八日開始運作。國外政治人物早已對周恩來的個人接觸有著深刻印象，但中共除了和莫斯科聯繫以外，卻沒有任何處理國際關係的經驗。他們決定另闢蹊徑，不接受任何殖民屈從，堅持建立平等的外交關係。

周恩來所寫的第一份外交照會附上毛澤東在十月一日所做的中華人民共和國公告，在公告中毛澤東表達他希望和所有政府建立正常外交關係的期待。蘇聯是第一個回應的國家，在一份十月二日莫斯科發給周恩來的電報中表示：莫斯科同時和在廣州的殘餘國民黨政府斷絕外交關係，並召回大使。到當月月底，所有親蘇聯的歐洲盟友和鄰近中國的蒙古都承認了中華人民共和國。阿爾巴尼亞、南斯拉夫和北越也在稍後承認。而冷戰和韓戰造成的政治情勢遏止了許多西方國家跟進。

和莫斯科的友誼及同盟

一九四九年十二月六日，毛澤東搭乘專列前往莫斯科，一是祝賀史達林七十歲壽辰，一是簽訂新約以取代國民黨於一九四五年依雅爾達會議所簽訂的條約（譯註：即「中蘇友好同盟條約」。雅爾達會議間，英美為求蘇聯參戰，以恢復帝俄在華舊有權益等中國權益作為交換，並於會後向蔣介石施壓與蘇聯簽約），最後同樣重要的就是借款。他於十二月十六日抵達，但會談並不順利。毛澤東急切希望能檢討依據雅爾達會議簽署的條約，但史達林大致同意修改，卻表示要兩年後才能進行。兩人直到十二月二十四日才再次會面。一九五〇年一月二日，毛澤東致電中共中央，表示史達林已同意周恩來參與談判。毛要求周恩來乘坐火車，周於一月九日離開北京，由董必武代理主持政務院，出發時並未通知任何人，直到抵達莫斯科後才對外發布。周恩來的代表團成員實際上於一月十九日動身，一月二十日抵達莫斯科。一月二十二日晚間，毛澤東偕周恩來和史達林、莫洛托夫（Molotov）、米高揚（Mikoyan）、維辛斯基（Vyshinsky）以及其他人會面。接下來幾天針對有關細節的討論由周恩來執行而非毛澤東。二月八日，周恩來在一封如以往的長電報中向劉少奇報告談判進度。他詳述有爭議的問題，主要涉及金錢及領土，以及刻意強調所有談判都是「在毛主席領導下」進行。毛澤東只是在一旁觀望，中蘇之間得以在一九五〇年於克里姆林宮簽下友好同盟互助條約全靠周恩來的耐心和細心斟酌。簽約時由周恩來和維辛斯基以外交部長身分進行，而毛澤東和史達林出席觀禮。毛澤東和周恩來於二月十七日搭乘火車離開莫斯科，三月四日抵達北京，留下五位代表團成員處理後續未竟事宜。這份條約對中華人民共和國而言是一份成就，尤其是相當於美金三億元的借款，正是中國戰後的經濟重建所急需。

歐洲及第三世界的承認

在與莫斯科談判期間，有其他的十三個國家對中華人民共和國提出外交承認，其中還包括丹麥、瑞典、瑞士和英國。印尼和與中國相鄰的印度是重要的亞洲簽署承認國家。周恩來和印度總理兼外交部長尼赫魯（Jawaharlal Nehru）在電文往返後，一九五〇年五月周恩來返回北京，印度重新任命新的駐中華人民共和國大使潘尼迦（K. M. Panikkar），周恩來在外交部接待室接受他的到任國書。

他是一個身材勻稱好看的男子，外表年輕，有著濃密的黑髮和五官分布適宜且望之令人愉悅的容貌。他身著一件一般樣式的黑色外套和長褲，口袋露出一枝他一定會帶著的鋼筆。他帶著沉靜優雅的氣質走進這個房間，親切地招呼我。

就像印度總理尼赫魯一九四〇年代喜歡穿印度傳統長外套（achkan）或是印度式西服（band gale ka coat）一樣，周恩來也喜歡穿著中山裝。周恩來真的很喜歡拿中國和印度作對比。潘尼迦對周恩來的評論是：「他不是只知坐而論道的人，而是一個著重實際的政治家，一個讓別人願意和他一起討論和共事的人。」他或許是「一個忠實堅定的共產主義者」，但也是一個「把腳深深踩進大地裡」的人。潘尼迦回憶起一次由周恩來和他的夫人鄧穎超所主持的「友好晚宴」。那天鄧穎超和其他出席的夫人們一樣，穿著一件絲質旗袍。接著晚宴後就是彼此的一些社交往來，潘尼迦不會說中文，但有一位會說中文的印度外交人員在旁協助。他傾向於正面看待這個在北京的新政權，畢竟它和剛獨立的印度一樣要處理所面對的一些問題。一九八八年到一九九八年擔任外交部長的錢其琛則認為「稱周恩來同志為新中國外交的創始人、奠基者，他是當之無愧的」。[3]

韓戰

一九五〇年夏，在中華人民共和國建國不到一年的時間裡，中國最不想碰上的就是另一場戰爭。南韓和北韓都聲稱他們有權力統治整個前日本殖民地，一直存在的邊界緊張關係更因為雙方彼此多次的軍事侵犯而更加惡化。戰爭因金日成的北韓軍隊南侵而於一九五〇年六月二十五日爆發。

周恩來是中央軍委副主席，同時也是總理兼外交部長，以他曾有的軍事資歷，他被賦與在這場朝鮮衝突上的關鍵角色。一九五〇年六月二十八日，他譴責美國干涉朝鮮半島事務，以及美國把這次干涉行動連結到第七艦隊的行動和對臺灣、越南及菲律賓政策。當美國於七月七日任命麥克阿瑟（Douglas MacArthur）為聯合國部隊總司令時，周恩來召開一場中央委員會會議，會上軍事領導們都同意周恩來擔憂美國會成為中華人民共和國嚴重威脅的看法，尤其是對東北各省。

到八月二十二日，朝鮮半島軍事情況迅速惡化。周恩來的軍事祕書雷英夫在總參謀部作戰室中和周恩來及高階領導軍官們開會，向他報告美軍即將在仁川登陸，會讓北韓軍隊補給線遭到切斷，威脅極大。周恩來派雷英夫向毛澤東報告，毛認為想要這場戰爭早些結束是不可能的。八月二十六日，周恩來召開工作會議，對東北邊防軍進行「檢查和討論」。朝鮮已經成為國際間鬥爭焦點，「至少是東方鬥爭的焦點」，不再是中國支援朝鮮和防衛自己領土的問題。九月三日，他寫信給毛澤東和中央人民政府副主席劉少奇，詳述中國邊防軍的加強擴充計畫。

九月十五日仁川登陸發生，周恩來九月二十日異常焦急地致電給中華人民共和國駐北韓大使倪志亮，並有一項訊息要倪立刻轉知金日成。在訊息中周恩來同意金日成長期作戰策略是對的，並宣稱北京也正在討論如何援助他們這位「朋友和同志」的方法。十月一日，是中華人民共和國建國第一次國慶，《人民日報》刊登了周恩來強硬的談話，周恩來強調中國決不會容忍任何外國的侵略。十月三日，中國政府獲悉南韓和美國已經越過北緯三十八度線。凌晨一點，周恩來召見印度大使潘尼迦到他住處，要他轉報新德里政府，強調北京的強硬立場，希望尼赫魯能出面影響美國政府。按潘尼迦描述，周恩來當時：

> 一如往常的有禮和親切，即便實際情況確實急迫，但他並不會讓人感受到焦急和緊張。他如常的奉茶，在開頭仍然花了兩分鐘在寒暄上，說是在不尋常的時間裡叨擾我表示歉意云云。接著他就提到主題。他對尼赫魯為了和平所作的努力表示感謝，並且表示沒有國家比中國更需要和平，但有些時候和平只有堅決抵抗侵略才能維護。

周恩來希望衝突能「地方化」，而潘尼迦則問是否意味著應該將其限制在三十八度線以南——三十八度線是二次世界大戰結束時實質形成的兩韓邊界——或是立即停火。周恩來想要的是停火和外國軍隊撤退，而強調美國部隊入侵北韓「將會遭到中國的抵抗」。這個情況被送到了印度駐華盛頓大使維賈雅．拉克希米．潘迪特（Vijaya Lakshmi Pandit）那裡，她也是尼赫魯的妹妹。當她的話無法讓美國政府認真對待周恩來的表示時，只剩下採取軍事行動才能讓他們當一回事。

十月一日及三日，金日成兩度要求中華人民共和國出兵支援，中共政治局在經過一番猶豫後，於十月八日同意。毛澤東以中國人民革命軍事委員會主席名義下令將東北邊防軍改名為中國人民志願軍，並任命彭德懷為司令及政委。周恩來被派往莫斯科請求提供武器裝備及空中支援。在美國空軍擁有空中優勢之下，蘇聯的空中支援正是他們所急需。周恩來於十月十日抵達莫斯科，再由時任部長會議副主席的布加寧（Nikolai Bulganin）陪同飛往黑海海邊的克里米亞（Crimea）療養村去見史達林。史達林同意提供空中支援，但不能飛到敵後，因為他擔心被擊落後會造成的國際影響。史達林之前在這件事上有所斟酌，因為蘇聯已經同意自朝鮮撤軍，而且不希望造成國際性衝突，只能提供武器和裝備而不能答應讓蘇聯軍隊參戰。

周恩來電告毛澤東相關情形，毛澤東即電召在東北的彭德懷回京。隔天周恩來從克里米亞回到莫斯科，從毛澤東處得知政治局支持積極介入韓戰。十月十四日，毛澤東告知周恩來他已授權部隊於十月十九日進發。周恩來繼續要求史達林讓中國可以購買飛機、坦克、火炮和其他裝備。史達林同意，然而有但書，只能中國境內使用。

周恩來十月十八日回到北京，中共中央開會同意隔天中國人民志願軍進入朝鮮。他把顯已耗盡而所剩不多的精力轉而投入爭取民主黨派的支持上。他在十月二十四日的政治協商會議上用毛澤東常用的「脣亡齒寒」的道理解釋中韓之間緊密和相互依賴的關係。十一月四日，中共和各民主黨派發表聯合宣言，誓言支持援助北韓的「神聖任務」，並要「保家衛國」。展開動員全國民眾參與「抗美援朝」運動，同時由周恩來進行對聯合國和其他國家的遊說活動。他指派伍修權和喬光華到紐約控訴他們所謂的美國入侵臺灣——美國的用詞是「將臺灣置於第七艦隊的保護之下」——伍和喬以電報和北京保持聯繫，直到他們於十二月九日返回為止。

周恩來亦為軍委會副主席的事當時並不太為人所知，即便在中國亦然。他經常在總參謀部作戰室和代理總參謀長聶榮臻討論戰略問題。每天晚上他都要研究當天作戰的戰況報告和地圖，對軍事部隊部署態勢變化瞭如指掌。他成為中國人民志願軍和中共中央之間的承轉連結，當要做政治決策時都要詢問他的意見。

一九五〇年十一月二十五日，周恩來在一次對各民主黨派代表報告時，指出美軍的主要缺點為：一、不做防禦工事；二、怕打夜戰；三、怕拼刺刀，打近戰——「步兵不能拼刺刀，叫什麼軍隊呢？」；四、怕被切斷後路。他承認美國人的長處是步兵的機動化，還有坦克和火炮，都是中國部隊所缺乏的。周恩來很早就明白這是一場持久戰，就算美軍部隊被驅趕到三十八度線以南，也不會離開朝鮮半島。他擔心中國人民志願軍進入朝鮮後，補給線會被拉長，而且還缺乏空中優勢。他以電報和彭德懷討論戰法，並派作戰及後勤參謀前往前線提供可能的改善建議。

後勤保障

直到彭德懷於一九五二年七月回到北京接下中央軍委的日常工作前，周恩來都幾乎沒有時間好好執行總理和外交部長的職務。周恩來將後勤保障及補給與作戰部署視為同等重要的工作。他要確保士兵有足夠口糧和保暖衣物以應付朝鮮半島嚴寒的冬季。他打電話給後勤部門並親自前往視察，還派他的參謀赴前線視訪。一月二十二日及二十三日，周恩來和聶榮臻前往瀋陽參與對士兵所穿軍服和所戴軍帽調整至最適當型式的討論，並且聽取各戰場司令員報告，特別重視改善與朝鮮邊境的鐵路交通運輸問題。

一九五一年一月十七日，周恩來要求聯合國舉行七國會議，討論如何加速解決朝鮮半島危機以及亞洲政治問題。彭德懷和金日成在一九五一年七月一日發表要求停火的聯合聲明，周恩來派負責情報工作的李克農和自重慶時期就跟著他的喬冠華前往參與七月十日開始在板門店召開的和平談判。中國談判人員以電話和周恩來直接聯繫，並將談判所遇問題和困難定期向他報告。

十一月二十二日，周恩來在共產主義青年團中央全會上的報告中表示：

> 美國在朝鮮問題上不能不談判停戰。由於內政外交原因，他不能不拖一下，但不敢破裂，而只能破壞。破壞多了，得承認錯誤。拖得久了，得轉彎讓步。目前談成的可能性增長，但拖的可能性還存在，全面破裂的可能性不大。

這是對談判全然實際的看法，沒有絲毫任何意識型態參雜其中。六個月之內，雙方同意軍事分界線並結束戰鬥，然而卻沒能簽下和平協議。

韓戰造成的衝擊

韓戰將中國孤立起來。聯合國拒絕承認中華人民共和國，仍然支持在戰敗後前往臺灣的蔣介石。在大陸內部一場透過沒收和重新分配的全國性土地改革改變了在中國占有人口大多數的農民生活。在這場韓戰重新軍事動員中觸發了清除國民黨殘餘分子的要求，成為爾後數場政治運動中的第一個政治運動。中共中央於一九五一年十月十日發出「鎮壓反革命活動」的指示，對內部——真實也好，想像也罷——不計其數的敵人展開行動。一九五一年十一月，周恩來趁著簽發政務院加強司法工作指示時，明確表示司法工作的角色是「鎮壓反革命，保護人民」，強調要把主要力量放在最反動的首惡分子上，不要波及到次要的和已經悔改的人。他在一九五一年十月二十三日政協會議上的政治報告中亦曾提及此事，宣稱一九五一年春季已經達到鎮壓反革命運動的「高潮」，接著他們要做的是鞏固已有成果和避免錯誤，這是「根據毛主席的指示」。他認可對那些欠下「血債」以及其他犯行嚴重的首惡分子可以處以死刑，但對於那些罪行較輕者則不必。他想把這場在執行上常常過於極端的運動在一九五一年十月前就結束掉，但運動仍然拖到一九五三年。根據中共黨史，「二百四十萬武裝土匪遭到清除」，以及「留在大陸的殘餘反革命勢力基本被消滅」。周恩來並不是自由主義者，他可以接受為了維護權力而使用武力，但卻希望能將不必要的傷害降到最輕。

周恩來在一九五一年夏天生了一場病，由於大家都知道他的工作艱鉅，對於他生病竟沒有人會感到意外。他接受毛澤東和政治局所要求，要他到遼東濱海的大連休養一個月。七月初，他又為板門店和平談判回到北京。[4]

戰後恢復和重建

朝鮮停戰談判於八月三日展開，而周恩來在對政務院的講話中強調：

既保證國防急需，又照顧財政狀況及市場的繼續穩定，同時也著手準備經濟建設的準備工作——三年準備，十年建設。

十一月三日，他再次對政務院人員表示「戰爭勝利、物價穩定和進行建設，就是我們今後一年工作的三項要求」。在經過數十年戰爭和日本占領後，恢復經濟成為非常重要的事。所有產業，從農業到工業，以及採礦等，都需要重建，但韓戰的爆發讓政府毫無喘息空間，也抽占了政府大部分的財政儲備。

周恩來剛開始時把重點放在兩大工作上：一、恢復水利及戰時遭受洪災土地的灌溉系統；二、擴大鐵路系統，驅動城鄉和國內外的經濟鏈結。淮河洪害嚴重，毛澤東曾經喊出「淮河一定要修好」的口號，周恩來則把這句口號化為具體政策。一九五一年一月，他終於在政務會議中報告，淮河可以航行、灌溉和發電。一九五二年，同樣的努力也投入治理長江。同一年，原有的一萬公里鐵路修復完成，還新建成一千二百六十二公里的新路段。

在這個國家中有六億人靠務農生活，占所有人口的百分之八十，所以農業政策是重中之重。在土改期間，由於害怕遭到批評，農民不敢積存收成。周恩來在一九五一年七月二十七日政務院會議中，鼓勵農民增加產量，並且多為自家致富，他認為只有他們的生活改善了，才能鼓動增產，也才對整個國家有利。他強調「愛國主義和發家致富並不矛盾」。減輕食物缺乏問題是基礎，之後才能解決其他問題。他贊同並引用陳雲所說的話：「東西多了總比東西少了好」。

周恩來對經濟發展的態度很明確。在一篇他發表於一九五一年二月十五日《人民日報》的文章中，以及在他接下來三月和八月的政務院會議談話裡，再三說明他支持在農業重新恢復的基礎上逐步發展輕重工業。他強調要多多教育和訓練人才，在開發灌溉和鐵路建設時才發現經過訓練的工程師和其他專門人才都不夠，這是「舊社會遺留下來的」。

到一九五一年底，財政有所改善，而預算赤字也不多。機關支出遠高於收入，所以陳雲謹慎小心的做法仍要持續。這種做法不但在領導人中獲得支持，也仿效了蘇聯的經濟規劃方式。在顧慮到美國長期軍事威脅下加強軍事建設，以及基礎民生建設等都需要大量財政投資，但能增加收入的方法卻有限。由於西方國家的冷漠，還有蘇聯在戰後重建有著自己的問題要解決，外援不是解決之道。從中共原有的政治基礎——農民——身上榨取則風險更大。

精簡節約和三反運動

唯一的方法是精簡節約和增加生產。這個政策在一九五一年十月召開的政治局擴大會議中獲得通過，並經十月二十三日的政協會議支持。毛澤東和周恩來在一些事情上是彼此契合的，許多由毛澤東發想或贊同的中共中央指令，都是由周恩來負責起草。一九五一年十二月一日下的反「貪、浪費和官僚主義」指示，就是這樣的一個指令。《人民日報》一九五二年一月三日宣布開展三反運動，接著周恩來也在一月九日召開的黨政軍和群眾團體幹部大會上，特別表明這是一場「嚴重而又緊張的革命鬥爭」——這種用語常常和毛澤東有關。當周恩來在政務院會議專注於重建工作上時，他在用詞上就多所斟酌。這場三反運動變得越來越政治性，而且轉向攻擊被指為和不法企業和國家敵人勾結的政府和黨的工作人員。一月五日在政協會議上周恩來的談話就反映出這種政治化傾向，只是他用較謹慎的說法。他警告，雖然「民族資產階級」有著重要的貢獻，但伴隨利益而生的貪腐敗仍有讓舊日資本主義捲土重來的危險。

一九五二年二月，毛澤東決定三反運動應該擴大到城市以及鄉村。周恩來擬出一份以電報傳遞徵詢對「懲治貪汙條例」意見。各地實施標準不一，地方對運動的反應也各有不同。周恩來在「條例」中建議，被指控貪者之中，只有百分之五到十需要被判刑，這種做法可以抑制過激行為和防止有人因為錯誤指控而遭殺害。在北京中山公園的一場審判大會上，就有一位農業部官員被不實的證據指控，有人要求要判死刑，周恩來花了二十四小時重新審查案情，讓他免於死刑。他並堅持那些轉投中共的前國民黨部隊軍官，他們或許有不好的過去，應該盡可能給予改造而不是法辦。到六月初，三反運動到收尾階段，周恩來要求重大案件要根據證據完成確定，錯誤必須糾正。他無法介入所有案件，也不能改變毛澤東和中共中央政策，但他仍然把一定程度的秩序和公正帶進一場用來清算舊帳的運動。

五反運動

很快地，反對行賄、偷漏稅、盜騙國家財產、偷工減料和盜竊國家經濟情報的五反運動接踵而至。它的目標更為明確，就是那些在主要大城市中最有錢的工商企業家。在中國金融和商業中心的上海，運動開始的比預期還早，而且嚴厲執行。周恩來收到報告，指出有些受不了折磨的資本家自殺以對，他派薄一波前往上海調查，並派羅瑞卿到廣州。薄一波為財政部長，更在經濟上主張要漸進改變。羅瑞卿將軍則是公安部長，也是中央軍委會委員。四月二十四日，周恩來去電武漢，指責他們沒有經過確實調查就打擊富有的工商業者。在諮詢過毛澤東後，他擬了一份指示，把一批上海工商大戶定為「守法戶」，並指出在所有工商業者之中約有百分之二十是守法戶，「基本守法戶」占百分之三十，「半守法戶」超過百分之二十五。像這樣隨意使用的百分比說法常會被嗤之以鼻，但這卻是周恩來拿來限制損害擴大的手段，把失控的運動框限住，不要傷害運動的主要用意。

周恩來在五月三十日的政務院會議談話中，強調五反運動要不偏頗和求公正，而且運動影響到較大城市，他希望能在六月結束。周恩來同意犯行嚴重者不予寬容，但絕大多數的都可以適用從寬處置。「犯錯誤的一面，應該嚴肅指出；好的地方，也應該表揚。（有關犯行）無論在政治上、經濟上，對他們都應有正確的估計。」他也特別指出要注意所有關押和審訊做法對經濟所造成的影響，會讓城市裡貨物囤積，資金也無法流通。

六月十三日，周恩來透過政務院簽署一項要結束五反運動的指示。他提醒要注意追究過度的問題，還要求要實事求是，最終要所有案件都根據明確相關的事實以確定。最後雖然更多企業被判定為「基本守法」，被判定違法企業的數目接近周恩來預估。罰款收了，政治權威有了，城市的經濟也穩定了。周恩來的介入管束讓損害不致擴大。

五年計畫

一九五二年七月，周恩來把中央軍委日常工作的責任交給因病離開朝鮮半島回來休養現在完全康復的彭德懷。七月七日，毛澤東在稍有保留後，同意周恩來可以因此專心投入第一個五年計畫和外交工作，並由鄧小平擔任副總理。

周恩來具有長遠的眼光，並在七月二十五日的政務院會議上提出著手實施他對包括工商業在內的經濟發展想法。他認為土改後的農村剩餘勞動力應該暫時留在農村從事副業，以免無法控制地流向城鎮。周恩來在「三年來中國國內主要情況的報告」透露了規劃架構，而在「中國經濟狀況和五年建設的任務」則有著具體的計畫和目標。到八月，「五年建設的中心環節是重工業」成為常用的說法。周恩來了解重工業在歷史發展上有所欠缺，加上國防工業製造需要鋼鐵，而史達林的政策也放在重工業上。不過他同樣也支持輕工業，因為輕工業能夠供應民眾日常需要，並且可以積累資金。

取經莫斯科

要了解莫斯科反應的時候到了。鄧小平擔任副總理於八月十四日發布，周恩來就向他介紹相關情況，並由他暫時接替政府首長工作。八月十七日，周恩來由陳雲、李富春、張聞天和粟裕將軍及代表團人員陪同抵達莫斯科，會見史達林、蘇共中央及政府各部長，其中包括莫洛托夫、米高揚和布加寧。他們自然談到韓戰和國際現勢，然而中國代表團想要的卻是蘇聯在地質勘察、設計、工業設備、專家援助和技術材料上給予支援。他們的請求大致上都沒問題，其中很有可能是因為毛澤東不在場，蘇聯同意支持，史達林也對中國五年計畫的設想表示贊同。九月十五日，有關鐵路運運、橡膠技術和蘇聯軍隊從旅順口撤退等合約完成簽署。周恩來、陳雲和粟裕於九月二十二日回北京，留下李富春完成相關的細節。

陳雲是財政專家，而周恩來則是負責全面性的計畫並能深入所有面向，甚至到最細的統計百分比。這個計畫最終能夠成功，甚至連中國批評家都承認，靠的是周恩來孜孜不倦的努力和遠見。[5]

一九五三年一月一日，《人民日報》在新年社論宣告中國產業轉型的新世紀到來。周恩來並沒有避談一個有著大量人口和工業基礎低落的農業社會所遭遇到的困難，更何況這個低度工業基礎還存在著在外國控制下各地區所使用的工業規格混亂不統一的情形。一九五二年十二月，他曾對政府視為重要產業的工人團體——國防、工業化、農業集體化等——講話，表示依照蘇聯經濟所經歷過的問題，在製造上品質和數量一樣重要，他也小心翼翼地批評那種依靠中國有著大量人口就能事事有所保證的想法。在一九五三年一月二十六日的政務會議中他承認，由於韓戰仍在持續進行，國防仍然必須放在首要，但就長期來看，國防必須要以建設作為依靠，而建設則要靠穩定的市場。無論如何，儘管國防花費占用一九五三年整體預算的百分之二十七到二十九，仍有將近四分之三放在恢復建設方面。

財政管理

在計畫初期，過度的中央權以及忽視地方意見造成了嚴重的財務問題。一九五三年六月全國財政經濟工作會議，會前由周恩來、鄧小平和薄一波準備的一份文件交由會議作為思考研究方向，而陳雲在從蘇聯回來後就生病，以致於沒有參加這次文件準備。周恩來在會上對這份文件介紹時強調中央和地方的財政管理以及中央計畫和對地方反應間扞格之處進行自我批評的需要。他們所創造的體系和所身處的社會都在過渡，而社會主義的成分正在逐漸增加。他認為前三年的努力是成功的：

目前擺在我們面前要解決的問題是能不能在政治上鞏固我們已取得的勝利，能不能建設新中國，並逐步過渡到社會主義。要從政治上使我們的新中國鞏固起來，就要靠軍事來保衛，而軍事的基礎又是經濟建設。

具體事項上出現異議，特別是出在新稅制的施行上，氛圍變得有些針鋒相對。薄一波和其他一些主張要在經濟政策上採取溫和及謹慎做法的人被批評是錯誤路線。對這些錯誤路線的批評預告了一九五〇和一九六〇年代將會出現的「路線鬥爭」。

八月十一日周恩來完成一份經過毛澤東多次修改過的講稿：這份講稿語調緩和但內容堅定，並且定下未來財政政策的方向範圍、強調輕重緩急、集中統一和黨的統一領導。這次談話在毛澤東堅持下，加強了黨高於政府的地位並結束延續兩個月的爭論。

毛澤東看待過渡到社會主義這件事所持的態度強硬。薄一波回想起在一九五二年十二月二十四日的中央祕書處會議時的情形。當周恩來報告和蘇聯討論的結果時，毛澤東插話提到要在十到十五年之內完成社會主義過渡，當時沒有任何一位領導人提出其他意見。毛澤東接著在一九五三年財政會議和政治局會議中再度提到這一點。他更清楚表示，在十到十五年的時間內，不只是要完成中國的工業化，農業、手工業和資本主義工商業都要完成社會主義改造。毛澤東傾心於儘快過渡到社會主義社會。周恩來、鄧小平、劉少奇和其他人都認為不太可能，但也了解要留在領導人的位置上就不要違逆毛澤東。

一九五三年九月十八日，周恩來在政協常委會對最有影響力的民主黨派人士解釋政府政策時表示：

這個問題本來不是一個新的問題。從中華人民共和國成立時起，我們就認定新民主主義要過渡到社會主義。「共同綱領」中雖然沒有寫社會主義的前途，但這是因為考慮到當時寫上去還不成熟。所謂不成熟，不是說在領導分子中間還不了解，而是說還要經過對廣大群眾的宣傳教育，現在提出這個問題，是為了把它更加明確起來，使它具體化。

為什麼現在把這個問題明確化？因為過去幾年忙於抗美援朝、土地改革、鎮壓反革命、三反、五反、思想改造等各種社會改革運動。現在，朝鮮戰爭已經停止，各種社會改革已基本完成，國家已經轉入建設，並且經過將近四年的摸索，已經可以肯定，經過國家資本主義這樣一個形式去完成對於私營工商業的社會主義改造是一比較健全的方針和辦法。

由新民主主義到社會主義雖然是一場革命，但可以採取逐步的和平轉變的辦法，而不是在一天早晨突然宣布實行社會主義。在過渡時期中，要使社會主義成分的比重一天一天地增加。

周恩來提到的逐步增加指的是公有和國營企業部分，但他也承認要有更多的公營部分好讓中國能朝社會主義發展。他預期「到社會主義改造完成時，除生產資料公有以外，消費財產仍是個人的，每個人都有工作做」，並引用了毛澤東各盡所能就能按勞取酬的說法。

在九月二十九日的全國組織工作會議上，他說明這些問題：

不僅在黨外有些人不明白，就是我們黨內很多同志，有時在思想上也是模糊的。大概有兩種模糊的想法：一種想法，就是認為新民主主義革命勝利了，大概要停頓一個時期，到另外一個時候，有那麼一天，宣布社會主義革命，宣布資本主義生產工具國有化、土地國有化，這才叫社會主義革命。這樣，中間就造成一種停止狀態、不變狀態。這是不可能的，也是不應該的。這種想法是錯誤的。另一種想法，就是認為像東歐兄弟國家一樣，人民民主革命勝利了不久，就宣布實行社會主義化，就把多少人以上的工廠沒收，國有化。

他認為這種馬上放棄資本主義的想法是不對的，「這會給我們國家經濟生活造成很大的混亂，使工人、店員失業，我們沒有法子擔負」，那是「急躁、冒進和盲動」的做法，要考慮中國的狀況和馬克思主義，逐步過渡到社會主義。他說這是「毛主席在二中全會（譯註：這裡所指的是第七屆中央委員會第二次全體會議，於一九四九年三月在西柏坡召開，當時內戰尚未結束，但中共已然勝券在握，會議間論及勝利後如何轉變工作重心到國家建設和團結各階級的問題）決議上已經指示了的方向，現在更把它明確化起來。」在共產黨內部，對如何完成「過渡到社會主義」的過程確實充滿困惑。周恩來盡力規劃出一個中間路線並讓所有群眾都能接受參與。毛澤東立場是對整體的推動發展，但他卻越來越堅持要加快這個過程。

整肅高崗和饒漱石

這些問題更因為在全國財經會議間發生的個人和派系鬥爭而變得更為複雜和模糊，這個鬥爭牽涉到兩個關鍵人物：高崗和饒漱石。高崗原本擔任中共東北局書記和東北人民政府主席，一九五三年初被調往北京擔任國家計畫委員會主席後就開始在幹部中拉幫結派。饒漱石原擔任中共華東局書記及在上海的華東軍政委員會主席，也同樣被調往北京任中央組織部部長。

據說是陳雲和鄧小平發現了高、饒密謀反對毛澤東和周恩來。他們向毛澤東報告，毛即直接在一九五三年十二月二十四日的政治局會議上揭發他們的陰謀。而一九五四年二月六日到十日召開的中央委員會全體會議上，它成為一項「增強黨的團結」的提案，在毛澤東嚴詞批評下，周恩來對這個危害到黨的「資產階級個人主義」提出譴責。在面臨針對毛澤東領導權威的嚴重挑戰時，周恩來堅定支持著毛澤東。周恩來指高崗「急於奪取黨和國家的領導權力」、企圖分裂黨和軍隊、沉迷於派系陰謀、把東北當作個人王國並用以謀取私人利益、私生活腐化，以及利用與蘇聯的不當交往企圖奪權。由周恩來講出這些嚴厲的批評是極不尋常的事，要是由毛澤東說出口的話就沒人會覺得意外了。高崗和饒漱石於一九五五年三月二十一至三十一日召開的全國代表會議中以「反黨聯盟」為名被開除黨籍，毛澤東仍維持著無人能挑戰的領導地位。

打造憲法架構

中共的「共同綱領」承諾要建立全國人民代表大會和地方人民代表大會以監督中央和地方政府，並且透過全國人民代表大會對憲法進行認可。

這件事由周恩來負責，在中央人民政府委員會第二十次會議時決定由他主持起草選舉立法工作的委員會。這個委員會於一九五五年一月二十一到二十三日開會，並在二月十一日通過最終版本的選舉法。規定年滿十八歲的公民都能擁有普遍性的選舉權，不論性別、種族，可以在基層政權進行直接選舉，但在縣以上層級則為間接選舉。雖然文字上寫著這個制度是自由和開放的，但中共卻讓自己獨占候選人的提名權。[6]

第十四章

從鄉村走向國際

——一九五四～一九五五年

（周恩來）在萬隆表現非常地出色。在會議開始前幾天他耐心、和善，或許可以說是扮演守勢。當有針對共產黨的批評出現時，他都會忍住自己的脾氣，盡量不用中共的樣板宣傳用語來反擊。

——鮑大可（A. Doak Barnett）[1]

在一九五〇年代和一九六〇年代，周恩來既身為總理，也是政府的負責人，但他許多時間都花在處理外交事務上。他是中共對外的臉面，他所從事的活動和所講的話都廣為國際媒體報導。雖然同盟國在第二次世界大戰結束後把關切重心都放在歐洲情勢，但也漸漸了解亞洲的重要性，尤其是一九五三年停火後的韓國，以及中南半島爭取獨立所引發的戰爭。一九五四年一月的柏林會議後，中國被邀請參加四月在日內瓦舉行的五強會議（譯註：所謂五強指的是美、蘇、英、法、中）。由於中華人民共和國當時並未被美國承認——美國直到一九七九年才承認——對北京的邀請還要透過蘇聯送達。

一九五四年日內瓦會議

北京於三月三日接受邀請。即便周恩來有著豐富的談判經驗，但按他的說法，以前的談判像是在野台上唱戲，但在國際場合較勁，就像是第一次在正規舞台上開唱，需要適切的練習準備。他準備十分認真，廣泛閱讀資料並向國際外交人士諮詢，尤其是接任潘尼迦的印度駐中國大使賴嘉文（Nedyam Rhagavan）。因為周恩來知道中國欠缺國際事務專業知識，於是起草一份「初步意見」。他明白他所屬的領導幹部並不是很熟悉國際情勢和會議重點，不過他仍然決定中國應該要積極參與。由於蘇聯的運作才得到這次會議邀請，而美國和其盟友將是會議中的對手，周恩來認為美、英、法之間的重要分歧可以善加利用。

會議主要關切的是朝鮮半島和中南半島問題，周恩來堅稱中國參與是為了確保在這兩個區域內的和平及民主。周恩來自然是代表團首席的不二人選，陪同的還有張聞天、王稼祥和李克農，以及一組顧問與喬冠華、黃華兩位幹練的外交長才。在喬冠華的回憶中，周恩來不只是認真對待這次的「鬥爭」，還把中國代表團第一次參加國際會議視為一個「練兵」的機會。

就在代表團預定啟程的前一天，四月十九日，周恩來會見賴嘉文，討論亞洲國家對美國在第二次世界大戰結束後侵入亞洲的反應。周恩來在一九五〇及一九六〇年代就和印度建立聯繫，並和第三世界或是不結盟國家發展關係。他和代表團於四月二十日出發，四月二十六日會議於萬國宮舉行。萬國宮建於一九三〇年代，當時由命運乖舛的國際聯盟作為總部，後來在一九四六年成為聯合國在日內瓦的基地。

議程中第一個要討論的就是朝鮮半島問題。周恩來出手代表北韓和他們的首席代表南日，發表數項講話，其中包括在最長達四十個小時的馬拉松式討論而無法達成協議的議程中，周恩來兩度發言支持北韓立場。對周恩來而言有利的結果是讓大家認為：中國、蘇聯和北韓欲尋求和平解決辦法，而美國卻從中作梗。美國和西方及中立國家卻譴責這三個國家阻撓推動在監督下進行自由選舉的進程。

在中南半島方面，效忠胡志明的越盟及法國殖民軍隊間的戰鬥仍在持續著。越盟於一九四五年即已宣稱成立一個獨立的共和國（譯註：「越盟」全名為「越南獨立同盟會」，於一九四一年由越南共產黨建立，原為抵抗侵越日軍，並接受美國支持，於日軍戰敗後乘機宣布成立「越南民主共和國」，和也想乘日軍戰敗恢復殖民的法國展開交戰）。周恩來想取得和類似像朝鮮當時正進行的停火，但次月越盟部隊卻圍攻甚具戰略價值的奠邊府要塞。五月七日，日內瓦會議決議討論重點聚焦於越南，但寮國、柬埔寨和泰國代表同樣參與討論。越南和中國之間有著數道邊界，因而這場衝突也和北京政府直接相關。這場辯論在自由選舉問題上也毫無建樹，僅有的結果是把越南一分為二，一邊是在中國和蘇聯支持下胡志明的北越，一邊是法國不再殖民後由美國支持的南越。法國自奠邊府戰敗後，不再殖民即成定局。

當日內瓦會議於六月二十日休會時，許多代表紛紛返國，周恩來留在瑞士，並安排在伯尼（Berne）和法國總理皮埃爾．孟戴斯．弗朗斯（Pierre Mendès-France）進行私人會面。周於六月二十四日離開瑞士並在印度和緬甸兩地停留。他和這兩個國家都簽下強調和平共處五原則的聯合聲明。和平共處五原則成為周恩來外交政策的重要標誌。他於六月三十日抵達廣州，七月三日到五日前往廣西，這個省分都和越南交界。周恩來並在柳州和胡志明及他從河內帶來的領導幹部們舉行八場會議。周恩來報告日內瓦會議討論情形，武元甲將軍則簡短介紹軍事情勢。雙方討論了國際現勢，包括孟戴斯．弗朗斯在巴黎政界糟糕的地位以及美國即將舉行的選舉。周恩來強調停火的重要性，胡志明的認知是「可能和，也可能戰」，但胡志明仍傾向於和。

周恩來七月七日回到北京參加政治局擴大會議，報告日內瓦及柳州的會議經過。毛澤東支持周恩來的外交做法，並對他大力讚揚。周恩來經莫斯科再前往日內瓦。在莫斯科時，他於七月十二日下午，會見了蘇聯各領導人。當天晚上在日內瓦他會見蘇聯外交部長莫洛托夫（Molotov）及越南代表團團長范文同。北越、中國和蘇聯除了確切劃分南北越分界位置外，在會議上立場均一致。三個共產國家均同意以北緯十六度劃界，但法國則要求為十八度。最後一樣在十七度達成妥協。七月二十一日一早，同意停火的日內瓦協議（Geneva Accords）完成簽署。

周恩來曾經在五月十二日的一場公開談話中對范文同表達過支持。范文同原本要求要讓越南民主共和國（北越）控制整個越南領土，但到會議預定結束的七月二十日，周恩來說服他接受南北分治。最後完成的日內瓦協議讓北越取得部分勝利。胡志明和周恩來在柳州會議時就取得一致立場，但河內認為周恩來的代表團總是把中國利益置於越南之前的感覺持續很長一段時間。相較於周恩來將停止敵對和區域穩定置於對領土的要求之前，這點也成為日後河內和北京間關係緊張的緣由之一。

英國外相艾登（Anthony Eden）在會議期間曾會晤周恩來，兩人討論過程非常熱絡，但艾登的反共成見影響著他的判斷，讓他不相信中國人。欠缺信任感也許是相互之間早就存在的，但他們在晚宴上對有關法國議題的不正式談論，讓艾登不得不承認周恩來「談判上非常堅定且作足準備，他工作細緻，即便以他自己國家的標準來看也是如此。但我感到耐心會有所回報的」。

在北京的領導層都將這次中華人民共和國在國際舞台上的表現視為是一項絕大的成功。周恩來協助談判，取得各方可接受的妥協方案，並在國外及國內都提升了他成為一名政治家的聲望。十二月二十一日政治協商會議於北京召開時，周恩來建議雖然政協原先功能已經被全國人民代表大會所取代，但仍應維持存在，成為協商顧問組織。周恩來除了在一九五四年召開的全國人民代表大會上被選為總理和外交部長外，他還榮膺政協主席之職。[2]

亞洲及非洲

一場由二十九個第三世界國家參與的亞非會議於一九五五年四月十八至二十四日於印尼的萬隆舉行。有些公開支持西方國家，有些則靠向蘇聯集團，但許多是真正的不結盟國家。一些國家和中華人民共和國沒有外交關係，其中還有一些維持著和前國民黨政權的關係。雖然會議並不是由中國發起，周恩來和北京代表團仍然在其中扮演著重要角色。中國堅定的和蘇聯結盟，然而就算反西方的殖民主義是萬隆會議討論中心議題，蘇聯集團的擴張仍引起越來越多的關切。

毛澤東在外交上精簡深刻的一項指示是要「打掃乾淨屋子再請客」，意思是中國要先孤立自己一陣子然後再進入國際社會。周恩來從日內瓦會議回來後，在一九五四年七月七日的政治局擴大會議上報告時提出不同看法，他認為中國不應該再「關門」，不僅因為中國國際聲望高漲，而且莫斯科也希望北京能參與國際事務。毛澤東勉予同意中國應該「走出去」並表示現在是時候「訓練一些同志去做外交工作」。這個策略上的轉變讓中國能跳出自韓戰以來所加諸的種種外交束縛。

和尼赫魯在印度

周恩來打算建立和亞、非發展中國家之間的「和睦關係」。他清楚了解這些國家之間在政治上的歧見和發生衝突的可能，特別是中國與印度在共同邊界和西藏問題上。印度外交官梅農（V. K. Krishna Menon。譯註：當時為印度駐聯合國代表，而後更接任國防部長。有人認為在印度他是權力僅次於尼赫魯的人）帶著印度總理尼赫魯的邀請，希望周恩來往訪印度。

周恩來於一九五四年六月二十五至二十八日在印度停留三天，這兩位總理舉行六次單獨會談，討論重點放在維持東南亞和平議題上。尼赫魯在第三世界國家中以成功領導民族運動對抗殖民主義而擁有很高的聲望，他相信只要各國政府都能維持中立，而且沒有外國軍事基地或是外國干涉發生，這個區域就能有和平。他注意到東南亞有些衝突是由於對中國、海外華人社群以及國際共產主義運動的恐懼所引起的。周恩來同意這個看法，尤其是在印尼的華人問題，這個問題已經和雅加達政府在討論之中。

周恩來提出雙方以先前曾討論過的五項原則為基礎發表聯合聲明，由尼赫魯起草，雙方於六月二十八日認可同意。這五項原則——相互尊重領土主權、互不侵犯、互不干涉內政、平等互利以及和平共處——開始成為中、印關係的指導綱領。這項「和平共處五原則」更擴大適用於與其他國家關係。在中國，這些原則就等於是周恩來溫和、懷柔外交政策的同義詞。

萬隆會議提議

在回程中，周恩來在仰光停留，和獨立的緬甸第一任總理吳努簽署有關和平共處的類似聲明。尼赫魯於一九五四年十月十八至三十日回訪中國，並告知周恩來南亞五國——緬甸、錫蘭（Ceylon，後稱斯里蘭卡，Sri Lanka）、印度、印尼和巴基斯坦——的總理正計畫要聯合召開一個亞歐會議，周恩來當下的反應是中國必須參加。當吳努於十一月三十日至十二月十六日訪問中國時，親自向周恩來提出邀請。

一九五五年三月十二日周恩來正在細心準備之際，突發急性盲腸炎住院開刀，到三月二十八日才出院。四月四日，周恩來身體還沒有完全恢復，就向政治局會議送交和印度與緬甸關係的草案文件，以及對有關中國參加萬隆會議的建議，這些文件即由政治局和國務院通過。周恩來前往參加萬隆會議期間，總理職務由陳雲代理，外交部長職務由張聞天代理。有了周恩來，政府就擁有一個在國際舞台上具有各項超卓能力和遠見的人物在手上，當他一旦不能視事，沒有一個和他具有同樣能力的人可以取代他。

克什米爾公主號炸彈事件

吳努在萬隆會議前邀請周恩來前往緬甸訪問討論有關中緬關係上尚未解決的問題。周恩來的代表團於四月七日離開北京飛往雲南昆明。由於中國當時還沒有可以長途飛行的民用飛機，於是向印度航空公司租用一架洛克布德 L-749 A 星座型（Lockheed L-749 A Constellation）、註冊編號為 VT-DEP 的「克什米爾公主號（Kashmir Princess）」民用飛機載送他們前往印尼。這架飛並未獲准進入中國，在香港的啟德機場等候代表團人員。當代表團人員在昆明時，接獲國民黨特務將計畫破壞飛機的情報。外交部聯繫負責中國事務的英方官員，要求香港當局採取適當措施，最後並找到另一架替代飛機載送周恩來和同行人員。

四月十一日晚間，搭乘十六名乘客以及幾位機組人員的克什米爾公主號正在一萬八千英呎高空時——這是一般的飛行高度，遠低於它的最高飛行高度（譯註：據了解，該型機的最高飛行高度約為二萬四千一百英呎）——一個定時裝置在機輪處爆炸，把油箱炸了一個洞。機上的導航員、飛航工程師及副機長生還，但機長和其他機組員及十一名乘客——中國和越南參加會議代表及中國及外國記者——均罹難。

四月十日鄧穎超曾寫過一封信給周恩來：

> 這次蔣賊是蓄意決下毒手施行暗害的，他並從各方面的可能著手。因此往返途中停留時，飛機著陸後嚴加封鎖，起飛前的嚴密檢查，是必須而不可疏忽的。在逗留地區對所用交通工具，亦應請看守與檢查。你出外活動，必須嚴密警惕，仔細機警。為了人民的利益，為了人類進步崇高的事業，為了你能做更多的工作，你必須善於保衛你自己，在這方面，亦必須取得對敵鬥爭的勝利。我衷心地祝福你勝利平安地歸來。

鄧穎超可能早已得到飛機會遭到威脅的警告，亦或者她只是指出一個很可能會發生的凶險。在事件發生後，十二日一早周恩來回覆鄧穎超他將會更為謹慎。香港啟德機場鬆散的安全工作讓為臺灣國防部情報局（譯註：當時稱為「國防部保密局」，後來改組為「國防部軍事情報局」）第五號聯絡組工作的周駒有可乘之機計畫安置炸彈並逃往臺灣。

四月十四日周恩來和他的代表團人員搭乘包機前往仰光。一出中國領空，緬甸就派出兩架戰鬥機護航。他們在仰光不只見到吳努，還見到尼赫魯、越南副總理兼外交部長范文同、埃及總理納賽爾（Abdel Nasser，之後擔任埃及總統），以及阿富汗副總理納伊姆汗（Sadar Muhammad Naim Khan）。所有人都改變行程在仰光停留和吳努先行預作非正式討論。五月十三日他回來後在全國人大常委員報告時曾表示，他作為一名共產黨代表並未遇到任何困難。

萬隆會議

周恩來前往萬隆的旅程中並不是全然順遂的。他們的印度籍機長由於擔心這架替代飛機的速度和飛行高度，以及應付不良氣候的能力等問題，想要提前出發。他們於四月十六日晚間飛抵雅加達，次日即抵達萬隆。

在萬隆，到處傳言有人想要阻撓這場會議，尼赫魯和吳努前來安撫周恩來，周恩來建議對一些本來就無心合作的代表團勸其離開，但對那些確實有點疑慮的則要盡力爭取。中共駐雅加達大使館收到一份詳細報告，警告有一個由在印尼前國民黨軍官組成的自殺小隊要進行暗殺計畫。陳毅並表示要代表團成員們都成為保護周恩來的警衛，而周恩來在這種情況下卻仍泰然以對。

冷戰的分裂讓會議呈現極端化的現象，氣氛尖銳對立，中國代表團獨自承受反共陣營的攻擊。周恩來修改原本的發言稿，口授給他的翻譯。當周恩來走上講台時，底下座無虛席。他平靜表示，他前來參加萬隆會議主要是團結而非爭吵，在具有爭議的問題上陳述北京立場，並且邀請所有國家的代表團前往中國訪問。他告訴在座的人沒有所謂「竹幕」（譯註：指共產主義國家與其他國家間存在的隔離障礙，一般據信是由「鐵幕」衍生而來，歧義甚多，現今多使用「鐵幕」而少用「竹幕」）的存在，反而是有些人要在中國和世界其他國家之間施放煙幕。他在聽眾持續且熱烈的掌聲中坐下，這段發言沒有預期的意識型態謾罵且廣受好評。菲律賓代表、前聯合國大會主席羅慕洛（Carlos P. Romulo）認為這段談話「卓越、懷柔，而且展現出民主精神」。周恩來以十八分鐘，在未用政治辭彙下扭轉整個氛圍。

然而接下來，錫蘭總理約翰．科特拉瓦拉爵士（Sir John Cotelawala）在未知會任何人情況下，提出中國威脅的說法。科特拉瓦拉「有著強勢卻愛胡鬧的脾氣」，「他自豪於能把事情完成……但他在做這的時候卻常常不夠圓融，給他自己製造了不少敵人。」在會議室中周恩來僅簡單地要求隔日再進行討論。他私下把科特拉瓦拉帶到一邊，避免可能會發生的公開爭吵，並在隔日簡短地聲明他們已經對彼此間看待殖民主義不同的方式進行過討論，而且找到了雙方都可以接受的觀點。他強調這個會議不是公開宣洩雙邊問題的地方。

印尼及臺灣

在會議之外，周恩來處理了中國和主辦國間一件敏感的問題。印尼國內有約二百七十萬的華人，這些人中有三分之二是在印尼出生的，印尼的顧慮是這些人對北京比對雅加達還要忠誠。中國的國籍以「血統」為準，但印尼則是以出生地為準。從一九五四年十一月起，有關印尼籍華人雙重國籍的外交談判就已經在進行，四月二十二日周恩來則和印尼外交部長薩斯托瓦多約・蘇納約（Sastrowardoyo Sunario）簽署一項協議，規定有印尼國籍的華人要在兩年內選擇要保留中國國籍或是印尼國籍，並且不得從事反對印尼的政治活動。

臺灣問題就沒那麼容易解決，因為中華人民共和國認為這個問題是內部事務。一九五四年和一九五五年在大陸沿海的金門和馬祖就發生過零星軍事衝突，而且撤退到臺灣的國民黨政府和美國間還簽有相互防衛協定。四月二十三日，印尼總理阿里・沙斯特羅阿米佐約（Dr Ali Satroamidjojo）在他的住處邀宴八位代表團團長。晚宴中錫蘭總理科特拉瓦拉向周恩來提到臺灣問題，周恩來同意中國準備要和美國討論臺灣問題，並表示這個意願可以對外公開。《人民日報》於四月二十四日報導，表示許多第三世界國家領導人證實此事。周恩來盡可能把握所有建立關係的機會，參加各個小國舉辦的晚宴和聚會，在政治之外利用他的機智和魅力讓各國代表們留下深刻印象。他的態度不卑不亢，並和許多個別政治領導人建立起良好的個人關係。

萬隆會議遺緒

可以理解有些萬隆會議的參加者和觀察家會認為周恩來代表的是整個中國共產黨的態度，即便他在會中或會外的所作所為及所說的話都出乎意料之外。他為中國爭取到不少朋友，而且在一封一九五五年五月四日給毛澤東和中共中央的電文中確切表示「按照中央的方案」他已經求同存異、耐心說理，盡一切努力求得一致協議，更重要的是他讓「反共反蘇最烈的一些國家也多少改變了他們對新中國的一些成見」。即便這主要是周恩來而不是中共中央所籌劃的，但卻是不可否認的事實。在當年會後到年底前，周恩來所招待來訪北京的各國代表團超過三十餘個。這都是由於周恩來在萬隆會議上的努力，亞非國家紛紛和中國建立外交關係，而「萬隆精神」也成為亞非外交的共同資產。

沒那麼偏向中共的觀察家所做出的評論也和周恩來同僚盛讚他的表現相同。鮑大可（A. Doak Barnett）是美國記者和政治學家，曾在哥倫比亞大學和約翰霍普金斯大學任教，並出版了有關中國政治的重要書籍。一九五五年，他在香港與美國大學的外勤人員一起對中國進行研究，並前往萬隆參加會議。他指出：

> 亞非會議提供了（周恩來）一個前所未有的機會，讓他能在企圖贏得友誼和影響群眾上施展出所具備的所有外交長才和個人魅力。（周恩來）在萬隆表現非常地出色。在會議開始前幾天他耐心、和善，或許可以說是扮演守勢。當有針對共產黨的批評出現時，他都

會忍住自己的脾氣，盡量不用中共的樣板宣傳用語來反擊。他不堅持自己的主張，大部分時間他都隱身於幕後。然而在會議最後三天，他像主角般出場，在一連串相常戲劇性的外交行動中，他表現出一個理性、溫和、主張和平者的角色，像是一個可以為了和諧和善意而妥協、退讓的致力追求和解者。

在會議廳裡，（周恩來）並未參雜進中立主義者和反共主義者的唇槍舌戰中，反而像是個調解人般講話。在會議之外，他在兩件重要問題上適時表現出和平的姿態：對許多東南亞國家而言很重要的海外華人雙重國籍，以及所有人都認為是威脅的福爾摩沙（臺灣）問題。私底下，（周恩來）對所有和中國交界的國家都做出了安撫和承諾。

鮑大可對周恩來的評價與他對另一位會議上重要的亞洲國家領袖的評論有著明顯的對比，這位領袖就是尼赫魯。

整體而言尼赫魯在會上的表現並不好。他太過於要擺出一個領導人的架子，對於反對他的人任意批評，只要事情不如意，就明白表現出不悅，讓許多代表團反感，更激怒大部分人，其中有些還是他的朋友。如果他想讓亞非會議創造出一個廣大的政治基礎，在他領導下朝向中立的非、亞世界發展，而且成為未來的潮流，那他要失望了。[3]

第十五章

知識分子和內部權力鬥爭

——一九五五~一九五七年

對群眾的積極性不能潑冷水，但領導者的頭腦發熱了的，就要用冷水洗洗。

——周恩來[1]

周恩來要考慮的還有國內事務。一九五五年十二月五日，他在中共中央座談會上對各省代表說他關心三件事情：政府組織、薪資及知識分子問題。最後一個尤其要緊，因為第一個五年計畫就極缺專家和技術人才。周恩來在國外所得到的各項觀察讓他更加明白人才不足的問題。

在中華人民共和國建國初期，「知識分子」這個詞意的範圍相當廣泛，包括大學畢業生，甚至只有中學學歷但是從事教育、法律、科學、醫療或是一些其他專業的人都是。由於他們接受過教育和專業工作，使得他們不見得會完全接受政府或是政黨的指示，擁有獨立思考能力。在新民主主義時期，中共就盡量去接受忠誠反對者的概念，但是他們和知識分子的關係依然出現問題。

早在一九五一年八月，周恩來就表示過擁有知識技術能力的幹部對國家發展非常重要，但他也承認，由於傳統思想的方式，會有扞格的可能。一批北京大學教師成立學習團體，並由北京大學校長馬寅初邀請周恩來前去對他們講話。他非常高興的接受，不過卻請求讓他的母校南開大學和天津其他學校的人員也可以參加。一九五一年九月二十九日，他用一場熱情和動人的演講讓來聽講的一千七百多名大學教師感受深刻。演講中他闡明了中國共產黨的政策，但也表達了他們的關切。他說明了他自己思想轉換的過程，並敦請知識分子要把自己的思想向工人階級更加貼近。要做到這樣的思想改造，可以到工廠或是農村裡去。周恩來的演講讓許多人相信他們在新的國家裡也能找到一席之地，而他親切的語氣、自我批評的做法，以及坦承自己也曾犯錯的態度都讓他們心理上安定不少。然而，他們也知道巨大的改變仍然無可避免。

周恩來經常在北京飯店會見北京的知識分子。其中一人是哲學家且對羅素（Bertrand Russell。

譯註：羅素具有英國哲學家、數學家、邏輯學家、歷史學家、作者、社會批評家，甚至政治活動者多種身分，著作甚豐，並於一九五〇年獲得諾貝爾文學獎）素有研究的金岳霖，他期望中共幹部都可以是「乾乾淨淨、整整齊齊，而談吐又斯斯文文」，這個印象適用在周恩來的身上，但卻不是整個中共幹部。許多幹部出身不是行伍就是農村，也不一定和周恩來一樣受過教育。工人對於重建工作顯然十分重要，技術支援也可以從蘇聯顧問處取得，而中共始終都認為中國的知識分子根深柢固就會唱反調而且就具

有潛在的反骨。

招撫知識分子的支持

于剛是一位在統戰部負責聯繫民主黨派的書記，他也為周恩來工作。一九五五年後半年，統戰部部長李維漢告知他一項有關處理專業人員不足的雙管齊下做法。有些傑出的專家在戰爭年代離開中國，應該要勸說這些人回來對新中國有所貢獻。而中國民主同盟內擁有許多卓越的學者和作家，其中包括歷史學者及劇作家吳晗，還有人類學家費孝通，都和一些具有影響力的知識分子有聯繫。民盟的文化教育委員會於開始招募有潛力的候選人，這些人之中有許多還受到周恩來本人的親自邀請。

毛澤東較傾向於在中共內部討論知識分子問題，而不太願意將問題放到統一戰線相關機制中去討論，但周恩來卻仍邀請了純科學、應用科學、藝術及各大學的高級知識分子參與非正式的討論。他強調為了中國未來的利益，黨要尊重知識分子並從知識分子身上學習，並為中共和其他團體聯繫協調。重要的問題是用什麼標準去衡量專家人才。周恩來在一九五五年十一月二十五日召開的國務院常委會上清楚表明了他的態度：「（在政治思想上）對於知識分子衡量的標準，首先應該是愛國主義，其次才是屬於世界觀範疇的馬克思主義。」他起草一份說明立場的文件，交由一個八人（另有資料表示為十人）的領導小組進行討論，並要求要和蘇聯、美國、英國、法國、日本以及其他國家知識分子對科技發展情況的關係進行比較。十二月十六日，由周恩來起草的「中共中央關係知識分子問題的指示」做出折衷，承認以往錯誤，並提出將高級知識分子視為是勞動人民的一部分。這種使用馬克思主義詞彙來給予知識分子更大自由的做法卻讓人感到有點彆扭。

一九五六年一月十四日中共在中南海的懷仁堂召開了對知識分子問題十分重要的一場中央委員會。參加人數共有一千二百七十九人，包括中央委員會委員和候補委員，以各省省委書記、各省組織部、宣傳部、統戰部負責人，還有高等教育機構、科研單位、設計部門、工業單位及文藝團體代表等。由劉少奇主持，周恩來代表中央委員會提出報告，強調如果中國要發展，就要接納知識分子，尤其是科學技術人才。他要傳遞的訊息是「知識分子是工人階級的一部分」，並且科技對國防、經濟和文化非常重要。聽眾報以久久不散及雷鳴般掌聲：這就是知識分子想要聽到的，包括那些具備黨員身分者。

毛澤東於一月二十日做出總結，雖然他對這些討論讚許有佳，但他的說法和周恩來懇切求取團結和發展的語句有著相當的不同。毛堅稱要繼續進行「技術革命」、「文化革命」——不過所指的並不是一九六〇年代的那種——以及「革技術落後的命」，以為「迅速趕上世界科學先進水平而奮鬥」。毛的說法為面對處在於長遠路程起點的周恩來所要推動的做法投下陰影。周恩來於二月二十四日政治局中再次透過一份冗長具詳盡的指示明確表達看法。這份指令和其他相關文件於一九五六年春季和夏季在所有黨及政府機構之間廣泛傳閱。周恩來的領導小組安排和高級學者及科學家單位團體會談，討論實際問題。

周恩來於一九五六年五月二十六日布置了一場非正式會面，仍然在懷仁堂舉辦，邀請了超過三百名科學家，討論利用十二年間致力科學技術發展的打算。他想要鼓勵科學研究，並且「學習蘇聯和其他一切先進國家的科學技術」，讓中國在十二年內趕上他們的水準。毛澤東、周恩來和其他領導人於六月十四日在有關全國科學規劃工作會議上更正式地接見了參與工作的科學家。[2]

中共八大開會前的分歧

金沖及曾寫道「對知識分子問題的認識，在中國共產黨內實際上仍存在較大分歧，並沒有真正取得一致，不久後又出現重大反覆。」在一九五六年九月十五至二十七日召開的中共第八次全國代表大會上，許多知識分子發現他們被稱為是「資產階級的知識分子」，更有甚者，在一九五七年三月中共中央召開的宣傳工作會議上，毛澤東還進一步表示「知識分子的世界觀基本上是資產階級的，他們還是屬於資產階級的知識分子。」這麼一來，對周恩來所做對知識分子的一切工作造成損害，而他也立即進行損害管制行動。為高級學者專家增派助理人員，並普遍提高薪酬和級別。為了提供政治上的保護，他還讓一些全國知名的科學家、學者、醫務和文藝工作者加入共產黨。

這場第八次黨的最高決策會議是十一年以來首度召開，也是在文化大革命前最後一次召開的大會。在一份中共重要官方重大事件紀錄中，對八大有著推諉且含糊其辭的評價：

八大的路線是正確的。但是，由於當時黨對於全面建設社會主義思想準備不足，八大提出的路線和許多正確意見沒有能夠在實踐中堅持下去。（譯註：這段話原文出自鄧小平一九八二年九月一日於中共十二大的開幕詞中的一段。此後即成為中共黨史研究對八大的定調。）

毛澤東和黨內的分裂

八大揭露中共黨內深層分裂。一九五五年七月三十一日，毛澤東批評農業集體化進度緩慢，並呼籲在農村地區要出現「社會主義的高潮」，還要求手工業和工商業要儘快進行「社會主義改造」。雖然大家都同意這些改造工作有其必要，但在推動速度上則莫衷一是，他們的看法是要依據實際情況來完成。經濟正在恢復，農業豐收，國際衝突的威脅減緩，毛澤東和他的支持者認為這正是進行「社會主義改造」最好時機。

劉少奇和周恩來都沒有公開反對毛澤東，雖然周恩來在十二月八日共青團會議上的講話透露出他傾向於謹慎，並且承認改變受到經濟現實和中共經濟不足的限制。周恩來和同樣也負責經濟的陳雲了解到，按照毛澤東所提設想去做，將會造成嚴重短缺，尤其是在鋼鐵方面，他們並在一九五六年一月十三日的國家計畫委員會上警告這將是一種「盲目冒進」。周恩來在一月二十日的中央委員會上表示他要的是「使我們的計畫成為切實可行的、實事求是的，不是盲目冒進的計畫」。周恩來支持這些由國務院中計畫和公共財政專家所提出來的意見，並且以後來鄧小平在一九八〇年推動改革時也使用的話語「實事求是」來表述。他在一月三十日舉行的政協全國委員會全體會議上贊成毛澤東「社會主義革命高潮」觀點，但仍注意提醒：

> 我們應該努力去做那些客觀上經過努力可以做到的事情，不這樣做，就要犯右傾保守的錯誤；我們也應該注意避免超越現實條件所許可的範圍，不勉強去做那些客觀上做不到的事情，否則就要犯盲目冒進的錯誤。

在《新華半月刊》的一篇文章，以及在一九五六年二月八日召開的國務院會議上，周恩來都直截了當再次提到「對群眾的積極性不能潑冷水，但領導者的頭腦發熱了的，就要用冷水洗洗。」他在二月六日召見李富春和李先念要求他們縮減財政撥款，這個做法並在二月十日國務院常務會議中獲得同意，並於三月二十五日出現在國民經濟計畫草案中。周恩來承認這些想法和毛澤東想要以政治意志加快經濟向前發展的決定有所扞格，但在陳雲和薄一波於國務院會議上的支持下，他確信以合理的經濟資料作為依據是很重要的。在政府和毛澤東釋放出相互矛盾訊號出現時，經濟情勢出現嚴重失衡。

毛澤東開會喜歡選在中南海的頤年堂，一九五六年四月下旬在那裡召開的政治局會議上，毛澤東提出要對基礎建設追加大量投資，大部分出席者都反對，周恩來也盡其所能阻止這件事。日後成為中國社科院院長並對改革政策質疑的胡喬木，回憶這件事時表示周恩來發言最多，但毛澤東仍堅持他的想法，最後宣布散會。周隨後私下向毛表示，他身為總理，從良心上不能同意主席的決定。毛澤東非常生氣並離開北京，留下周恩來去收拾殘局。

周恩來在五月十一日國務院全體會議上表達不滿：「反保守、右傾從去年八月開始，已經反了八九個月，不能一直反下去了。」他、李富春和李先念針對一九五六年的計畫起草一份文件，並在文件中宣示「在反對保守主義的時候，必須同時反對急躁冒進傾向。」在六月一日的國務院會議中，周恩來指出，一年內財政投資已經增加了百分之六十八，如果再繼續下去，經濟會搞到一團糟。在毛澤東不在期間，國務院和政治局致力避免有可能會發生的嚴重經濟後果。周恩來及國務院於七月三日至五日對第二個五年計畫進行討論。陳雲、李先念和薄一波都支持周的意見，並在八月三日至十六日北戴河會議上再次表達支持。八月三十日到九月十二日，中共中央正為即將召開的全國代表大會進行準備，周恩來對中共中央報告蘇聯要從一九六一年才能供應計畫所需設備。

毛澤東現在也參與有關計畫的具體文件討論，並建議修改生產指標。他九月八日寫信給劉少奇，指示把這些修改整理起來，送印並翻譯。周恩來負責文件工作，毛在九月十三日寫了兩封信給他，在九點三十分寫的那封信中，毛表示：「看了一遍，很好，作了一些小的修改」，但在他十一點寫的第二封信上毛則要求要寫得更清楚些，如果可能，則可以請其他人寫。他並在當天晚上的中共中央會議上又再重複了一遍。

八大開幕

九月十五日中共八大於北京開幕。政治報告樂觀地開場，判斷「無產階級與資產階級間的矛盾」已經解決，開啟討論如何發展經濟的道路。這也是周恩來十六日對第二個五年計畫準備工作所做報告的基調。他說明計畫具體事項，並提醒「在我們這樣一個地區廣闊、情況複雜並且經濟上正在劇烈變革的國家裡，任何疏忽大意，都可能發生重大的錯誤，造成重大的損失。」他的報告在大會最後一天的九月二十七日通過，反映出要全面防止「右傾保守」和「盲目冒進」意圖。

周恩來獲選為中共中央副主席，並由他和陳雲負責準備一九五七年的經濟計畫。當他們提出要削減投資以平衡預算時，受到各部門及各地區的強烈反對。對周恩來而言，這就更加「盲目冒進」，他要引用相關的一段話來解決這個問題，就要他的學習祕書范若愚查找馬克思經典。范若愚找出那段話出自馬克思《政治經濟學批判》的序言：

> 人類始終只提出自己能夠解決的任務，因為只要仔細考察就可以發現，任務本身，只有在解決它的物質條件已經存在或者至少在形成過程中的時候，才會產生。

周恩來和陳雲同意削減投資規模，甚至要低於一九五六年，這樣才能避免產生嚴重赤字。自十月二十日到十一月九日，國務院召開了十次會議討論具體經濟問題並試圖解開這個兩難局面。周恩來邀請政府各部門負責人參加十一月九日的最後一場會議。他總結國務院常委會的想法，並提出蘇聯經驗作為參考。蘇聯的那些問題是赫魯雪夫（Khruschev）在蘇聯共產黨第二十次代表大會中揭露出來的。他指出，過分重視重工業而忽視人民生活就會造成像東德、波蘭和匈牙利一樣，人民群起抗議。有鑑於中國地大、落後和複雜的情況，工業化和人民生活兩者都重要，但是現在的發展速度將無以為繼。周恩來對準備事項的具體說明和耐心解釋說服大部分人。

第八屆中央委員會第二次全體會議於十一月十日至十五日召開。周恩來做了有關一九五七年經濟計畫的報告，這份報告想要在重工業和廣大群眾的利益間尋求平衡。他借用毛澤東曾經說過兩者都需要的話，但是卻放上自己比較看重人民生活的觀點。劉少奇報告他在莫斯科對最近波蘭和匈牙利人民示威抗議事件的討論，並表示經濟發展需要平衡和適當的發展速度。毛澤東顯然不滿意，他自己在十一月十五日發表談話，強調「要保護幹部同人民的積極性，不要在他們頭上潑冷水」很重要，他不滿地提出在農業集體化時就曾經發生過一次這樣的情形，但是卻沒有直接批評周恩來和劉少奇。

在赫魯雪夫發表「祕密演說」（譯註：即前面所提到赫魯雪夫在蘇共二十大上揭露蘇聯問題的那次演說。赫魯雪夫為了打破前領導人的權威和政治影響，刻意在蘇共二十大時做「關於個人崇拜及其後果」的報告，抨擊史達林任內所犯的錯誤。由於該報告是在祕密會議中所做，內容並未公開，故稱為「祕密演說」）和東歐發生人民示威抗議事件之後，國際情勢複雜，周恩來提出要以外交部長身分訪問亞洲十一個國家。在他長時間不在期間，由陳雲主持有關一九五七年經濟計畫的工作。陳雲於十二月二十七日將經濟計畫提到國務院常委會討論，直陳削減投資和壓縮基建的需要。

周恩來於一九五七年一月三日中斷訪問行程，短暫回到中國。他在北京停留四天，並由陳雲於一月七日再次送他離開。陳雲打電話給薄一波，告訴薄周恩來持續關切投資規模，並堅持要隨時了解事情發展。周恩來於四月回國，參加更多有關一九五七年經濟計畫的會議，而他認為足以達到平衡的版本在七月十五日於（第一屆）全國人民代表大會第四次會議上獲得通過。[3]

第十六章

亞洲外交任務

——一九五六～一九五七年

在印度的每個人都認識周恩來總理，他幾乎就像是我們之中的一分子。

——馬瓦蘭卡爾（G. V. Mavalankar），人民院議長

一九五六年是變動極大的一年。中東因為英、法介入蘇伊士運河失敗而動盪（譯註：一九五六年埃及政府宣布關閉蘇伊士運河，以色列及英、法三國祕密協議由以色列先行對埃及出兵，英、法兩國再介入，以奪取運河控制權，從而引發戰爭，後在美國及蘇聯干預下停火撤軍。稱為「蘇伊士運河危機」或「第二次以阿戰爭」、「西奈戰爭」）、在東歐對親蘇聯政府的示威抗議在波蘭及匈牙利遭到鎮壓，蘇聯軍隊甚至大量進駐匈牙利執行鎮壓行動（譯註：一九五六年受到赫魯雪夫祕密演說影響，波蘭及匈牙利發生對蘇聯及親蘇聯政權不滿的示威抗議活動，匈牙利因為對示威學生開槍造成死傷，使示威擴大至全國，造成原政權倒台，蘇聯出動

大量軍隊進行鎮壓）。雖然萬隆會議的舉辦相當成功，但是緬甸及一些周邊國家對再度恢復統一且強大的中國感到威脅。

周恩來首先於一九五六年六月二十八日全國人大公開表示要化解和亞洲鄰國可能發生的衝突。第一優先就是北越。當時北越盟游擊隊仍和南越政府與美國的聯盟持續發生衝突。周恩來和國務院副總理賀龍及外交部副部長喬冠華於十一月十八日飛抵河內。總理范文同前來迎接，並乘車前往會見他一九二〇年代就在巴黎認識的老朋友胡志明主席。胡志明成為共產黨員比周恩來早，周恩來稱胡志明為「老大哥」。在胡志明致上歡迎辭後，周恩來在回應中向越南人民保證北京堅決反對「大國沙文主義」。由於在波蘭和匈牙利發生的鎮壓事件，加上歷史上中國曾經干涉過越南，這些表示有其必要。周恩來強調「今天的中國和過去的中國大大不同了。」他並和范文同討論越南在經濟規劃上所遭遇問題。接著周恩來前往金邊會見擔任柬埔寨國王至一九五五年的西哈努克親王（Norodom Sihanouk），那時北京和金邊還沒有正式外交關係。

印度、西藏和達賴喇嘛

十一月二十八日周恩來抵達印度，在他有過的亞洲行程中曾經有四次經過這裡。他訪問了新德里（New Delhi）和加爾各答（Calcutta），以及其他一些重要城市和工業中心，比較中國和印度的工業化情形。《人民日報》十二月一日報導，印度國會下議院人民院議長馬瓦蘭卡爾在介紹周恩來時說：「在印度的每個人都認識周恩來總理，他幾乎就像是我們之中的一分子。」周恩來的演說內容相當官式且一如預期地放在和平及友好關係上，但還是受到國會議員們以慣例敲桌表示歡迎。他和尼赫魯談論蘇伊士運河和匈牙利事件，並表示支持蘇聯介入，否則「匈牙利將會恢復舊的反動統治」。尼赫魯理解周恩來所關心的問題，但仍不能接受莫斯科出兵一事。他們討論得很熱切，而周恩來面對記者問題的機智和冷靜回答也讓他們印象深刻。

十一月間，第十四世達賴喇嘛從亞東來到新德里，當時他正滯留於印度（譯註：第十四世達賴喇嘛因受印度邀請參加釋迦牟尼涅槃二千五百年紀念活動，但抵印後有意尋求政治庇護因而滯留），因否認一九五一年曾因北京脅迫而簽下的十七條協議（譯註：即為一九五〇年中共打敗西藏政府軍隊後，由西藏代表團於一九五一年到北京所簽下的「中央人民政府和西藏地方政府關於和平解放西藏辦法的協議」，由於簽訂的代表團並未獲得西藏政府授權，達賴喇嘛於正式流亡後亦稱中共並未遵守協議而拒不承認該協議）後和印度商討庇護事宜。而背後則牽涉到馬克思－列寧主義及中共的民族主義、複雜的西藏政教合一體制，以及美國政府與中央情報局隱身在後的策動。梅爾文・戈爾茨坦（Melvyn Goldstein）就曾寫下：

達賴喇嘛第一次聽聞協議簽署問題是他住在亞東的時候。亞東是個位於印度和錫金王國（Sikkim）交界處的小鎮，達賴和他的高階官員一九五九年時遷到這裡，以備一旦中國入侵拉薩，他可以快速逃往印度。

尼赫魯勉強同意一旦有必要就可能會提供庇護，但並不那麼積極，一方面是因為怕會和中國關係變得更複雜，另方面是他個人對西藏政教合一的統治有所保留。

周恩來十一月二日致電達賴喇嘛，這位西藏的精神領袖於十一月二十五日抵達新里。周恩來和尼赫魯討論西藏問題，並和達賴會過三次面，試著想要說服他回到拉薩。達賴喇嘛和班禪喇嘛都回到了西藏，但在一九五九年西藏動亂後達賴喇嘛就開始一直在外流亡。

梅爾文・戈爾茨坦在他所寫對一九五〇年代最全面的西藏歷史描述中就曾表示「周恩來的首要任務就是澄清中國對西藏的意圖和打消達賴喇嘛心裡對回到拉薩的疑慮，再來是讓尼赫魯理相信北京的西藏政策是理性的。」達賴曾經於一九五四至一九五五年在北京及成都見過周恩來，並說他是個「老朋友」，但他後來的說法卻是指責他「全都是魅惑、微笑和欺騙」。他聲稱周恩來「看似親切，並說一定是中國地方官員犯下錯誤」才造成西藏人民遭致嚴重毆打，他答應要向毛澤東報告，卻沒給予任何具體承諾。戈爾茨坦認為周恩來緩解了達賴喇嘛的擔憂並建議中共在西藏延期推動全國性的改革工作。

達賴喇嘛對周恩來的個性描述不太尋常。周恩來的親和和吸引人的舉止是那些大多數強硬的中國領導人所沒有的。這種差異可以被理解為是中共有意為之的技倆，讓謙和有禮的門面人物掩飾冷硬的政策。有些領導人可能發現這樣很有用，但這卻不是周恩來要扮演的角色。他對黨忠誠，但卻有著比其他領導人更自由和開放的思想，他的目的是調和並降低頑固僵化和死守教條的幹部所造成影響。

緬甸

一九五六年十二月十日，周恩來抵達緬甸。他曾經在萬隆和總理吳努見過面，之前也曾經造訪過緬甸，因此他在仰光受到相當好的接待。他並訪問克欽州（Kachin）首府密支那（Myitkyina），那裡和中國相鄰的邊界有些爭議，也和中國雲南省的景頗族有著相當密切的關係。十二月十五日，周恩來帶著新任總理吳巴瑞（Ba Swe）前往雲南傣族和景頗族自治州行政中心芒市。這是周恩來第一次來到這個地區，他對這麼多人前來見他留下深刻印象。他們在十二月十七日晚上回到仰光，並對邊界問題和在緬甸華人問題的討論做準備。

周恩來十二月十九日在仰光還接受哥倫比亞廣播公司（CBS）記者兼廣播員的艾德華・默羅（Edward R. Murrow）訪問。默羅對周恩來前來緬甸做什麼沒什麼興趣，但卻問他有關匈牙利問題及中蘇關係，還表示對周恩來的回答感到失望，覺得他的回答「生硬、過於官式，基本只回答預先準備的問題，並再經過翻譯過濾一遍。」默羅抱怨周恩來「推拒我想要和他進行私下談話，即使……他英文的聽跟說都非常好。」周恩來顯然對這些敏感問題相當謹慎，但他英文的口語表達倒是很少被人說非常好。

還有一個沒被解決的複雜問題就是邊界爭議，這個問題早在中華人民共和國成立前幾十年就已經存在了。它因為分布區域橫跨兩國的少數民族及退敗至緬甸境內的國民黨軍隊殘部而變得複雜。經過曠日廢時的談判，邊界爭議隨著一九六〇年一月緬甸總理尼溫將軍訪問北京，以及周恩來隨後於一九六一年一月的回訪緬甸而終告落幕。

巴基斯坦

周恩來於十二月二十日轉往巴基斯坦（Pakistan），訪問這個國家東邊及西邊的主要城市，當時這個國家尚未分裂（譯註：巴基斯坦原本分為東西兩部，中間被印度分隔。由於地理相隔，文化、語言及宗教差異，一九七一年東巴基斯坦宣布成立孟加拉人民共和國，People's Republic of Bangladesh）。周恩來引用一段中國法顯和玄奘兩位智者曾分別於第四和第七世紀跋涉取經途經巴基斯坦的典故。雖然他們所取的智慧經典不是伊斯蘭教或是馬克思主義，而是佛教，但這個比喻只是要加強兩國人民間情誼，並反映周恩來開放的胸襟和深遠的眼光，和毛澤東的保守狹隘完全不同。雖然巴基斯坦和美國結盟，並且是為了要抑制共產主義勢力擴張的巴格達公約（Baghdad Pact，後來發展為中部公約組織，Central Treaty Organization，簡稱CENTO）簽約國，但中國和巴基斯坦的盟誼仍然繼續維持著。當一九六〇年代中蘇間發生齟齬而印度傾向支持蘇聯時，中國與巴基斯坦間具有戰略意義的關係更形強化。巴基斯坦沒有正式接受受印度啟發而得的和平共處五原則，但是卻有意遵守萬隆會議精神，並且表示不會加入美國針對中國發起的挑釁行動。對於周恩來而言，有這樣的共同立場已經可以了。他技巧的回答巴基斯坦人和記者提出有關敏感的喀什米爾——造成印度和巴基斯坦間關係緊張的主要原因——和臺灣問題。

急赴莫斯科及華沙

周恩來原本計畫要訪問阿富汗，但在印度時接到中共中央兩封電報。第一封於十一月三十日收到，是蘇聯共產黨第一書記赫魯雪夫透過駐北京大使傳達的訊息，請他前往莫斯科，而中共政治局認為這個訪問行程很重要。第二封電報於十二月四日收到，是通知他波蘭大使為預定在一九五七年一月二十日舉行的國會選舉向中國請求協助之事。蘇聯掌控的波蘭共產主義政黨——波蘭統一工人黨——在選舉中失敗將不符合北京利益。十二月八日，周恩來推遲前往阿富汗訪問行程。

一九五七年一月三日他回到北京，開始計畫訪問莫斯科和華沙事宜。他會見鄧小平、張聞天和王稼祥討論東歐情況並向外國使節簡報他在東南亞訪問會見情形，晚上大部分的時間都要參加中共中央會議。一月七日，他和賀龍、王稼祥及一九五五至一九六二年擔任中國駐蘇聯大使的劉曉搭乘一輛由莫斯派出的圖波列夫設計局設計的全新 Tu-104 客機，這款飛機是蘇聯民用航空機隊最得意的機種。他們在大雪中抵達莫斯科西南邊的伏努科夫機場（Vnukhovo Airport），受到幾位蘇聯共黨領導人和由東德部長會議主席奧托．格羅提沃（Otto Grotewohl）率領的東德訪問團迎接。

國際共產運動在赫魯雪夫於蘇共二十大所做演說及波蘭和匈牙利發生大規模示威抗議後已岌岌

可危，周恩來受邀協助解決蘇聯和依附於其周邊的東歐國家間的緊張關係。中共中央並不樂見武力干預，周恩來於一月七日至十日以及一月十七日至十九日，兩度前往莫斯科會見赫魯雪夫、布加寧（Bulganin）、米高揚和其他人。他受命說明毛澤東在理論上有關國家與世界的分析，但赫魯雪夫更想知道的是具體的解決方案。周恩來得以解釋亞洲和非洲國家擔憂的是大國勢力干預。

在這兩次到莫斯科訪問空檔，他前往波蘭和匈牙利。一月十一日抵華沙，他再次重申中國對已準備實施改革受人愛戴且要抵抗蘇聯的領導人哥穆爾卡（Gomulka）的支持。周恩來想要在波蘭和蘇聯政府間進行調解，他同意哥穆爾卡認為蘇聯在這件事上不對的看法，但也認定蘇聯開創了十月革命的地位。哥穆爾卡政權受人民擁護，毛澤東也致電表示個人支持。在以紡織聞名的城市羅滋（Lodz）及鋼鐵生產中心諾瓦胡塔，周恩來受到大批工人歡迎，讓他更清楚北京的支持是對的。

一月十六日早晨周恩來飛往布達佩斯（Budapest），雖然他原本就不願意陷入複雜的匈牙利政治危機中。赫魯雪夫請他出面調解，匈牙利總理亞諾什．卡達爾（Janos Kadar）也先祕密飛到莫斯科和他會面。當周恩來抵達匈牙利時，情況仍相當混亂，狙擊手當街横行、通訊已被破壞，中國大使館只能透過匈牙利外交部和他聯繫。由於擔心周恩來安危，還有一輛蘇聯坦克被派駐在他所下榻的旅館外面。

周恩來在匈牙利停留的二十四小時既緊張又辛苦。他於一月十七日回到莫斯科，然後再於一月二十四日返回北京。周恩來向中央委員會報告蘇聯及其他共產黨之間關係，以及蘇聯造成過去種種問題的領導方式，他認為同樣的錯誤還會再發生。赫魯雪夫承認他對史達林的批評是在怨憤輿論的壓力下所為，但是蘇聯共產黨並不願意深入爭論史達林問題。其他共產「兄弟」黨更因為事前不知道他的演講內容而感到憤慨。

周恩來報告波蘭共產黨對蘇聯的領導並不具好感，雖然哥穆爾卡仍然想要修復這個關係。莫斯科方面卻不願意接受被批評是「大國主義」，而要和蘇聯領導深入討論國際戰略問題是幾乎不可能的，他們無法決定出正確的政策。然而他對增進中蘇關係方面倒很樂觀。蘇聯人民對中國普遍友好，但舊有的驕傲自大仍然存在。北京可以和莫斯科平起平坐，小國共產黨也在有關自身事務的討論上變得越來越敢於發言。

周恩來終於在一月十九日抵達阿富汗。他疲憊的身心原本希望是一趟輕鬆的行程，但仍然訪問首都喀布爾（Kabul）、南部大城坎達哈（Kandahar），以及一座由義大利協助建造的水力發電站。他會見阿富汗最後一任國王穆罕默德・查希爾沙（Mohammed Zahir Shah。譯註：阿富汗王國於一九七三年由蘇聯支持的穆罕默德・達烏德汗，Mohammed Daoud Khan，政變所推翻，這位達烏德汗就是後面提到那位時任首相，而後成立阿富汗共和國）及首相穆罕默德・達烏德汗（Mohammed Daoud Khan），討論貿易及邊界糾紛，並於一月二十四日離開阿富汗，接下來還要前往尼泊爾（Nepal）和錫蘭（Ceylon）。他的外交之旅到一九五七年二月十三日結束，那時他已經在八十天內環繞——雖然不是全世界——亞洲和歐洲大部分的國家。他是目前為止北京有關國際事務上最知名的政治領導人，但也是最累的人之一。[1]

第十七章
「整風」和「右派分子」
——一九五七年

當毛澤東提出「正確處理人民內部矛盾」問題後，周恩來等中共中央領導人所做的種種努力，創造了一種團結和諧的氣氛。

——金沖及[1]

周恩來在國外的三個月之中，躲開了中共黨內領導人之中所發生的暗潮和中傷，毛澤東和務實主義者之間的嫌隙越來越大，也造成在政治效忠和領導權力上的緊張情勢。基層也同樣出現矛盾。在周恩來尚未出訪前，工廠工人和學生就發生罷工、罷課，還有群眾因為不滿而前往北京請願。某次周恩來陪同外賓在北京參訪時，不滿的北京大學學生前來請願，遭到官員阻擋，而周恩來堅持要和他們對話。抗議事件越演越烈，有上千名工人和學生上街。

毛澤東有所警覺，並且在一九五七年二月二十二日的國務院擴大會議上試著說明（但直到六月十九日《人民日報》才報導相關內容）為什麼在中國經濟狀況不錯情況下，示威抗議還會發生。他歸咎於官僚主義造成的錯誤，是「人民內部矛盾」，但也責備是缺乏思想政治教育所致。毛承認如果要求是合理的就應該滿足，但到了三月十二日的全國宣傳工作會議時，他的態度丕變，提出要對付黨內「主觀主義、宗派主義和官僚主義」。

周恩來回國後，因為對國內可能發生像匈牙利一樣的騷亂感到警惕，他附和毛澤東常提到的社會主義社會存在矛盾的說法，並支持毛在中共黨內發起延安整風運動的呼籲。然而，想要用運動來解決實際問題的周恩來，較多提到的是「調整」而不是「整風」。他的回答方式是往後二十年他用來應付毛澤東模式：巧言附和黨內決定，貌似支持民主集中，但以實際措施做好損害管制。

三個爭議問題

周恩來提到尤其需要「調整」的三個方面：少數民族、文藝界和工商界。一九四九年提出的「共同綱領」（譯註：即政協共同綱領，見前十二、十三章所提）就指出要在少數民族地區實施自治的想法。內蒙古自治區和新疆自治區已經實施，周恩來想為中國最大的少數民族——廣西的壯族——建立類似的行政區。一九五八年，在面對廣西占多數的漢族強烈反對下，廣西壯族自治區成立。

關於中國的發展方向，有著最多看法的是文藝人士。在一九五七年四月十四日接見六十多個電影界人士時，周恩來得以坦誠相對。他們的討論集中在一九五一年發行的「武訓傳」上，那是一部有關十九世紀平民教育提倡者的傳記電影。這部電影引起尖銳批評，包括先後於五月二十日及七月二十三日由毛澤東署名在《人民日報》上發表的文章。這篇文章雖由毛署名，不過卻是由他的妻子江青所提出，而江青對表演藝術一直有著想要專擅的興趣。這部電影被批評是歌頌落伍的封建個人，欠缺清晰的意識型態基礎，接著電影製作的數量就大量下降。周恩來承認在這件事上他個人也有一些責任，他在和導演討論時，並沒有想太多就做出反應：他坦承在共產黨內有太多人不懂文化。

第三個有問題的是工商界。周恩來於一九五七年四月六日在國務院會議上表示，在主流是社會主義經濟中，仍然有私營經濟空間。鐵路不能私營，但拉黃包車的車夫和街上的攤販如果不想加入合作社，就讓他們「自負盈虧」，在各方面都有個百分之幾的私營企業是好的。

香港

中共曾明確表示「暫不收回」香港。周恩來負責監管與這塊英國殖民地的關係，他認為那是支持中國建設的重要資源。一九五七年四月二十八日，周恩來在上海接見工商界人士：許多香港商業菁英都來自上海，且自一九四九年後和上海維持著聯繫。在一場輕鬆的會面中，周恩來請這些非黨派的「工商界的朋友」幫他了解商業界。他聽取對三反運動會造成負面衝擊的憂慮，並表示會將這些想法傳達給中共中央。周恩來說明他對香港的一些基本想法、北京對這塊殖民地的主張，以及在近期內不會社會主義化。香港是自由港，特別是能廣泛地對外接觸，是中國對外聯繫的基地，能帶來資金和外匯。

對準「右派分子」

一九五六年中共全國代表大會引領出持續二十年的內部鬥爭終於在一九七六年九月毛澤東死亡後畫下句點。在一九五七年，毛澤東發動鎮壓「右派」的運動，認為「右派」造成「人民內部矛盾」。這次運動指向知識分子，並將沒有絕對支持毛澤東的社會團體整個消滅。運動造成了同僚和朋友間的衝突，結果形成事事都要以政治詞彙表達的破壞與背叛，以及數以千計的科學家、學者、教師、記者和作家的職業生涯或是斲傷或是終結。這場運動直接或間接地造成許多人的死亡。

一九五七年四月三十日，毛澤東在天安門主席台上向前來北京參加五一勞動節慶祝活動民主黨派代表和無黨派人士講話時，宣布：

> 幾年來都想整風，但找不到機會，現在找到了。凡是涉及許多人的事情，不搞運動，搞不起來。需要造成空氣，沒有一種空氣是不行的。現在已造成批評的空氣，這種空氣應繼續下去，以處理人民內部矛盾為主題，分析各方面的矛盾。

這個模糊且易懂的宣布並沒有讓聽的人理解，以做好接下來要面對各種檢查和磨難的準備。《人民日報》在次日即以頭條醒目的刊出「全黨進行一次反官僚主義、反宗派主義、反主觀主義的整風運動」。根據金沖及說：

毛澤東提出正確處理人民內部矛盾問題後，周恩來等中共中央領導人所做的種種努力，創造了一種團結和諧的氣氛。

金沖及還表示，整風運動初期「是健康地向前發展的……出現了一些不正常的現象」。媒體都在批評這個運動，而具有知識分子屬性的報紙《光明日報》批評尤烈。一些具有影響力的人士對經濟計畫制訂過程中缺乏徵詢公眾意見以及每個組織都要派一個黨員來領導的黨天下現象提出指責。

在毛澤東聽到有人拿賭場來類比的說法，要共產黨和其他人「輪流做莊」時，他感到非常憤怒，但仍然讓批評文章在《人民日報》上刊登。他向來訪的匈牙利代表團說明領導們的策略是只聽而不回應，「我們也不告訴他們和下級幹部如何辦，要他們自己用腦筋去想，要他們在這兩個星期中不睡覺……很多人流了淚。」六月十二日，毛澤東在一份黨內文件「事情正在起變化」中繼續表示：

現在右派的進攻還沒有達到頂點，他們正在興高采烈。黨內黨外的右派都不懂辯證法：物極必反。我們還要讓他們猖狂一個時期，讓他們走到頂點。

周恩來未反對整風運動，整風運動是共產黨對內部控制的標準做法，但他對「不正常現象」有所警覺。在一九五七年六月初，中國工農民主黨主席章伯鈞在歡迎法國前總理艾德佳．富爾（Edgar Faure）的宴會上請周恩來支持武漢交通大學來北京請願的學生，周恩來只笑了笑沒有回答。在六月七日的無黨派人士座談會上，周恩來指責章伯鈞「腦袋膨脹得很，熱得很，他覺得共產黨不能維持了。」章伯鈞稍後被整肅，並被指為是「中國頭號右派分子」。

但批評擴展之勢凶猛到出乎周恩來意料之外。他在六月二十五日國務院會議上說：

我們用整風鳴放、和風細雨、團結批評團結的方法，是為了發展我們的國家，建設我們的國家……有些朋友竟然看成漆黑一團，覺得波匈事件以後，中國也差不多了……有的人認為船要沉了，天要黑了，另有打算，那就出了軌了。我們料到會發生一些錯覺，但沒有料到這樣多，這樣激烈，原則性問題都出來了。

毛澤東進行反擊。由一封有關國務院祕書長助理盧郁文的匿名信所引發。盧郁文同時也是民主黨派中國民黨革命委員會成員。他在五月二十五日對民革領導人指出有些人鼓吹要甩開中共的領導。他建議在共產黨和非共產黨之間的「牆」要由兩邊來拆，並且批評章伯鈞要成立獨立於中共之外「政治設計院」的主張。

接著盧郁文收到匿名信。他被罵是「為虎作倀」——為邪惡推波助瀾——並要他不再主張，但他不願退縮。毛澤東找來兩位戰友，他的祕書胡喬木和《人民日報》總編輯吳冷西。吳冷西後來回憶，毛澤東對於有報紙報導匿名信事件提供了《人民日報》用社論攻擊友派的最好機會而感到十分興奮。

周恩來在一場十一月十一日對中央黨校的演講中解釋要讓「右派分子」在「報紙上、大字報、大辯論中大講特講」的原因：

> 因為右派分子來勢很凶，本來我們講的「鳴放」只限於學術上的百家爭鳴和文化上的百花齊放，而右派分子要把整黨都搞成鳴放。這樣一來，問題就擴大了，什麼反動話都打算說出來。既然來勢很凶，我們索性就讓他們都說出來。否則，如果馬上反駁，群眾必定跟著起來反駁，正義的人也要跟著起來反駁。結果少數人的話說了，右派中的多數人的話還沒有說出來就又回去了，回去了又懸起來了，將來還有一天又要露出來，所以不如讓他們都說出來。於是在一個短時期內，拿北京來說，包括黨校在內的各學校、機關好像是烏

雲遮天，了不起。這一點，應該說我們是有意識的「放」便於把形形色色的反動觀點都暴露出來，使群眾更容易認識它的反動性，認識事件的嚴重性，就更可以激起群眾的正義。

在這段連周恩來都不見得會相信的迂迴講話後，中共中央接著在六月八日發出「關於組織力量準備反擊右派分子進攻的指示」，《人民日報》也發表一篇支持文章，更由於中共領導怕會產生不好的影響而決定將原本要召開的全國人大四次會議計畫延後。

周恩來在全國人大確定再次召開日期的前一天，六月二十五日，在國務院作政府對有關運動的報告和介紹：

八年來，在國務院會議上我們是開誠相見的。這次我的報告也是開誠相見。當然，我的報告也可以設想只一般地談談工作成績和缺點，在平常情況下可以，整風運動面前，政府的報告避開問題不談，那不像話，是脫離人民群眾的。由於情況的發展，我的報告與兩月前所設想的不同，只是在這兩個星期寫的。

首先，我需要向大家說明，這個報告，得到黨的批准，今天提到國務院會議上來，徵求大家的意見通過。在正確處理人民內部矛盾的方針下，報告是否可以說得和緩一些？毛主席的報告已經發表了，作為總理的身分，為了使運動向健康的方向發展，如果不拿主席報告的方針檢查工作，答覆問題，那就軟弱無力了。

他解釋，在整風運動中的批評已經遠遠不再是「錯誤觀點」問題，已經是極少數反對社會主義者對體制的攻擊，這比預料更為嚴重。如果國務院通過這份報告，這份報告將會經過全國人大，就可以教育人民並反駁他們的批評，不然就是放棄領導，讓大多數人誤入歧途。

把毛澤東所說的和自己的做法調成一致，對周恩來不是一件容易的事，這從他所用的「和緩」、「健康」等字眼就可以反映出來。毛澤東及與他想法相同的領導人認為強硬的回應才能讓他們確保權力並守住這個制度。

反右和全國人大

延後召開的全國人大在一九五七年六月二十六日舉行，然而周恩來的政府工作報告卻因為反右鬥爭的提出而籠罩上陰影。在他的談話中，反映出毛澤東有關「右派分子」假幫助整風之名暗地攻擊共產黨，這段話於六月二十七日被《人民日報》再次刊登強調。七月一日《人民日報》以社論攻擊在上海發行且常直言批評的《文滙報》以及「中國民主同盟」及「中國農工民主黨」兩個民主黨派，譴責他們是反共的反動派。七月一日社論讓刺激性言語逐漸升溫，當七月七日至二十一日各省市黨委書記在港市青島開會時，情勢更形激烈。反右鬥爭像野火般從青島蔓延開來，積極參與的人員列出被指為是右派分子的名單，遭點名的有數千人。

金沖及認為「周恩來一面動員大家積極參加批判右派的鬥爭，一面仍強調要實事求是。」周恩來仍然保持著試圖破壞中共者仍是少數及人民有不同觀點不是壞事的想法。他沒有直接反對毛澤東但卻著手去做他一直未忘的初衷，幫助那些被冤枉的人。有時候他會指責那些犯嚴重錯誤的人「為的是救他們」，說服他們悔悟，改過自新，「社會主義的大門是敞開著的」。他不強調婦人之仁——他曾經自評過於無情——但堅持要做有理的批評而不應流於粗暴。

周恩來還注意保護一些作家，像是因為曾經在倫敦教書時的言行引起別人質疑的蕭乾。當《人民日報》在七月十二日刊文批評蕭乾文章時，蕭乾陷入絕望，然而他的夫人回想起有一天蕭乾回到家時非常興奮，「像是被確診為患了癌症、束手等死的人，忽然得到通知說，那是誤診，他的病是可以治好的。」周恩來安撫他及他的作家朋友巴金，說他們不是「右派」。周恩來還支持電影導演吳祖光以及身為經濟學家、人口學家，同時也是北京大學校長的馬寅初。人們因為恐懼而不敢隨便說話，但他仍然鼓勵他的辦公室同仁講出心裡的話。當他辦公室同仁的親戚被指為是「右派」時，他並沒有講什麼話，只是確保這些同仁仍然能照常進行工作。並不是周恩來表示支持的所有人都能在這場運動中全身而退。馬寅初於一九五八年四月因為他主張的人口論而遭到批判。一九五九年末，在延安整風時負責安全保衛的康生，宣稱這不只是學術上的爭論而已，馬寅初是站在右派立場攻擊黨。馬寅初於一九六〇年四月辭去北京大學校長職。

周恩來召集關注意識型態的各部門負責人開會，做出一些規定。他訂定兩項基本原則：一、除非國務院批准，全國人大代表、政協委員不得被劃為「右派」；二、海外人士，包括一九四九年後從海外回國的知識分子等，要劃為右派的文件必須送給周恩來親自看過。他堅持那些劃分右派的決定要個別看待而非一視同仁的用群體去劃分，他也盡可能的修改那些指這些知識分子為右派的文件，並且和鄧小平一起保護科學家和技術專業人士。

他還曾對從事學術工作並擔任地質部部長的地質學家李四光表達過支持。一九五七年六月二十八日，中共中央通過一份吸收高級知識分子入黨的通知，這是周恩來所做的一個政治性作為。李四光當時在醫院，周恩來去看他，並建議他申請加入中國共產黨。李四光當場並未答應，但仍然在一九五八年底成為中共黨員。他還邀請知名的京劇表演者程硯秋入黨，並在他的入黨申請書上寫了一段讚譽有加的話。許多比較沒有名氣的知識分子也受益於他的支持和鼓勵。

毛澤東在九月二十日到十月九日舉行的中央全會（譯註：中共八屆三中全會）上的總結報告，針對社會主義道路和資本主義道路矛盾做出理論表達，但卻鼓動運動朝向擴大化的方向，遠超過讓那些積極反對中共者的料想。周恩來的立場是「態度好的從寬，惡劣的從嚴，悔改好的從寬，不好的從嚴」。他和中共中央一起著手想要減輕毛澤東政策所造成的衝擊，但仍無力阻止這場運動的擴大。

第十八章

高爐煉鋼：大躍進

——一九五八年

當時確沒有這樣認識，等到右派教育了我，主席提醒了我，群眾實踐更啟發了我，才逐漸認識這是在社會主義建設問題上方針性的錯誤。

——周恩來[1]

毛澤東同志頭腦發熱，我們不發熱？劉少奇同志、周恩來同志和我都沒有反對，陳雲同志沒有說話。

——鄧小平[2]

二十世紀有兩場重大的災難在中國降下。一個是為了快速工業化所造成一九五八年的「大躍進」，以及為了應對大躍進的失敗，毛澤東勢在必行地在一九六六年發起的「文化大革命」。在大躍進中，毛澤東的經濟觀點受到考驗，當大躍進失敗，所帶來的混亂造成幾百萬無辜者死亡。歷史學者對於是政治決定讓天然災害雪上加霜的說法仍有異議，而對那些和毛澤東一起工作卻不贊同他做法的人，那是一場痛苦的試煉。

反「冒進」

一九五七年一月，毛澤東的關心轉移到經濟上。他利用對想要討好他的地方領導發言的回答，提出「不斷革命」以求快速取得成果。相反的，周恩來、劉少奇和一些其他的領導人則主張要謹慎計畫，毛澤東認為這種做法會助長「右派」的氣勢。

毛澤東批評周恩來一直提「反冒進」，周恩來於一九五八年五月二十六日寫信給毛澤東，陳述他提出的反對並不是主要的政策錯誤。稍後他承認他對放棄自己的反對時有些遲疑，但他一直沒有公開承認是在毛澤東的壓力下所為。周恩來一直讓自己忙於薪資改革、工作條件、社會福利和人口控制等具體工作，但這些實際問題並不是毛澤東主要關切的焦點，毛澤東即便沒有指名道姓，但他抨擊的對象就是在一九五七年十月九日八屆三中全會上反對「冒進」的那些人。毛突如其來的指責講得很清楚，但意指為何則沒明說，毛澤東的決議在沒有反對的情況下就通過了。

精簡、體制改革和改變工作方式影響到國務院及附屬機構，年輕幹部下放。為了作為表率，周恩來把辦公室工作人員從二十五人減少到十二人，並說明下放是為了協助領導了解基層問題。他要下放的官員做好工作並和中央保持聯繫，但對於自己在國務院的力量因此而削弱仍表示不甚在意。

一九五七年在莫斯科

一九五七年毛澤東率領代表團前往莫斯科參加十月革命四十周年慶祝活動。赫魯雪夫告訴他蘇聯將在十五年之內超越美國，毛澤東則回以中國的鋼、鐵和其他工業產品的產量將在十五年內趕上英國。他的這個說法可能是受與英國共產黨的波立特（Harry Pollitt）和高蘭（John Gollan）會面時的談話所影響。受毛澤東信任的祕書胡喬木曾說，主席在和他們交換過意見並感到有「東風壓倒西風」的可能性後大感興奮。毛澤東還從莫斯科打電話回來批評「反冒進」，並說「搞社會主義」就是要冒一些險。

「大躍進」這個詞首次出現是在《人民日報》一九五七年十一月十三日所刊登討論擴大農業生產的長篇社論中。毛澤東要求要超越英國的說法受到劉少奇在中華總工會全國代表會議上呼應，而當「大躍進」於一九五八年展開後，即完全取代原來制定的第二個五年計畫。

杭州會議

一九五七年毛澤東為了計畫加速經濟發展舉行數次會議，但到了十二月八日，他卻離開北京前往華東停留將近一個月。毛澤東告訴曾於一九五七到一九六六年間擔任周恩來國務院副總理的薄一波，他覺得「那時北京的空氣沉悶，華東的空氣活躍，想以地方來促北京。」那個地區的黨員忠於毛，尤其忠於他的妻子——曾在上海演過電影的江青。

周恩來於十二月十四日抵達杭州，在招待一個緬甸代表團的同時，還參加毛澤東想要推動他政治算計的幾場會議。在一九五八年新年期間，周恩來和葉門（Yemeni）外賓回到杭州，並在一月二日至四日參加幾場有關經濟發展的討論，那幾場討論參加者還有毛澤東、胡喬木、和張春橋等人。張春橋當時是上海《解放日報》編輯，稍後因列名「四人幫」而人盡皆知。

毛澤東動了氣，嚴厲指責周恩來和推動「反冒進」的人。他對周恩來承認在一九五八年五月二十九日的政治局會議上，他是在「放火」：「就在杭州，實在憋不住了。幾年之氣，就向薄一波發洩。我說：『我不聽你這一套，你講什麼呀？』」

毛澤東還因為周以身為總理對毛澤東在《中國農村的社會主義高潮》一書所做序言的評論而向周恩來大加抱怨，這篇評論明指那篇序言就是明顯的「個人崇拜」或是「偶像崇拜」（譯註：毛澤東所抱怨的是《人民日報》於一九五六年六月二十日所刊出的社論「要反對保守主義，也要反對急躁情緒」，他認為就是針對他編《中國農村的社會主義高潮》所寫序言提出的批評。而該社論內容是由中宣部起草，是當時中共中央共同決定的方針，毛澤東則把帳算到周恩來頭上）。毛澤東堅稱這本書造成很大影響，部隊、招收工人和學徒都增加了，而他卻被譏成「冒進」的禍首。

在南寧的對峙

周恩來於一月六日回到北京準備全國人大會議的召開工作。毛澤東寫下一月十一日到廣西南寧召開黨內會議的通知，列出二十七位要邀請參加的名單。該次會議包括中間休會期間共歷時十天。反對毛澤東冒進政策的陳雲和鄧小平沒有參加，周恩來則因為外交任務而延遲到會。會議原本要討論的是第二個五年計畫，但毛澤東執著在「反冒進」問題上。

周恩來於一月十三日抵達，並和劉少奇應毛澤東之召，持續和毛討論到深夜。一月十六日，毛澤東拿著上海市委書記柯慶施所寫的一份加速上海發展報告，當眾問周恩來：「恩來同志，你是總理，你看，這篇文章你寫得出來寫不出來？」當周恩來回答他寫不出來時，毛澤東回他：「你不是『反冒進』嗎？我是反『反冒進』」，周恩來和他身邊的人如坐針氈。周恩來的經濟祕書顧明在後來回憶，李先念和薄一波幾乎每天晚上都和周恩來花上好幾個小時討論要如何回應毛澤東。

隔天在聽完各地方黨委書記報告後，毛澤東將批評對象轉向那些「反冒進」的人，他自己提起那些對他所編「中國農村的社會主義高潮」一書所做序言的批評，指責這些事打擊傷害了人民的積極性。周恩來早就準備好要接受指責，但沒料到是這麼嚴厲。兩天後，毛澤東再召他進行個別談話，這段會談沒有任何紀錄。一月二十日再度召開大會，會議開到凌晨一點。周恩來擔下「反冒進」錯誤的責任，承認他對經濟情況的理解不透徹，他的「反冒進」是「右傾保守」的，他忽視了人的能力及阻礙了經濟發展。毛的地位獲得提升，且周恩來屈辱的讓步對那些原本還想要批評冒進的打算是一記警訊。全國人大從二月一日至十一日在北京召開，周恩來和李先念、薄一波等兩位副總理在知道他們的權威已經受到削弱下，都做出報告。

平壤

周恩來不再擔任外交部長，但仍維持總理職位。二月十四日他率領代表團前往北韓討論中國人民志願軍撤軍事宜。撤軍是個複雜的問題：日內瓦協議所列出的朝鮮半島非軍事化所依靠的卻是最缺乏的互信。北京和平壤都反對美國重新武裝南韓。金正日擔心一旦中國撤軍會讓北韓遭到進犯，但他和毛澤東之前就同意在一九五八年底讓中國人民志願軍回家。周恩來投入制訂分三批撤軍的日程，二月十九日雙方簽訂一份聯合聲明，一九五八年十月中國部隊撤離。

成都和黃河治理計畫

周恩來回來後參加一場政治局擴大會議，毛澤東緩和了對「冒進」問題的態度，安撫黨仍然需要的一批經濟學家，但是暗示著當年稍後還會「冒進」，並警告黨有可能會分裂成兩邊。他所做的批評似乎沒人能反駁，毛提議三月初到成都再召開一場會議，以倚仗各省幹部的支持。

毛澤東把治理黃河水利的三門峽大壩責任交給周恩來。這件事對發展農業很重要，但毛澤東是以主席的身分故意要讓周恩來的工作超過負荷，讓他忙到無暇他顧。二月二十六日，周恩來飛到漢口，和李富春、李先念視察計畫相關情形。周恩來心情愉快，態度上仍然是「反冒進」的，但成都會議已經成為他心裡的負擔。三月九日在成都金牛賓館舉行的會議，參加者有政治局成員和地方黨書記。毛澤東從一開始就批評反對「冒進」的人，並且強調個人崇拜也有可以接受的。他在會議期間非常興奮，只聽取地方黨委書記報告，還做了六場長篇的談話。

三月二十五日周恩來做了屈辱的深刻自我批評，承認因為「沒有聽取多方面意見，沒有接觸群眾和實際」因而「反冒進」，讓自己局限在「會議室和辦公室中」，沒有看清「群眾運動正在起來」。

> 當時確沒有這樣認識，等到右派教育了我，主席提醒了我，群眾實踐更啟發了我，才逐漸認識這是在社會主義建設問題上方針性的錯誤。

毛澤東對會議不是很滿意，但也表示讓步，畢竟會議「解決了大批問題，比南寧更進一步」。他繼續在三峽水利計畫延宕問題上奚落周恩來。

大躍進開始

中共中央（此時就是意謂著毛澤東個人）決定召開另一個會議加強政治局權威，在一場由毛澤東掌握的中共中央會議（譯註：此處所指應為中共八屆四中會議）後，黨的全國代表大會會議（譯註：即中共第八屆全國代表大會第二次會議）即於五月五日在北京召開。

毛澤東前往重慶、三峽和武漢去樹立對他大躍進的支持。劉少奇回到北京準備全國代表大會會議的召開，周恩來則和鄧小平、陳雲於三月二十七日回到北京。他當時心裡正在痛苦掙扎，那是一段他政治生涯中最難過的經歷之一，但他在外表上卻沒有顯露出來。周恩來並不是一個天生的意識型態追隨者，也不擅長應對毛澤東的侮蔑以及理解自己是否真的犯錯。當黃河三門峽大壩發生問題時，卻剛好讓他有機會離開這些困擾，數次前往現場視導。大壩又經過幾十年才完全投入運作。

黨的全國代表大會在五月五日到二十三日於中南海的懷仁堂召開，由毛澤東主持，更確認整肅「右派」和加速經濟發展的正確性。周恩來和陳雲再次被折辱，並在幾次毛澤東主導要他們做自我批評的冗長議程後，被要求對「反冒進」作檢討。一位周恩來的祕書梅行回憶，他們那些工作人員不忍心看著周恩來沮喪地坐在桌前，就找到一間空房間，架起桌球桌，說服周恩來去打球。另一位祕書范若愚，被叫到周恩來的辦公室協助他整理發言內容，卻發現那是一份自我批評。這些第一手的描述讓人可藉以一窺周恩來的內心世界和中南海內部工作。

周恩來同志指示我：過去起草檔，是他先談內容，由我記錄下來整理成書面材料。這次發言，不能像過去那樣，因這是自己的檢討發言，不能由別人起草，只能他講一句，我記一句。只是在文字的連接上，做一點工作。周恩來同志還說，關於他這次「犯錯誤」的問題，他已和毛澤東同志當面談過了，主要原因在於他的思想跟不上毛澤東同志。這說明必須努力學習毛澤東思想。周恩來同志在講了這些情況後，就開始起草發言稿的開頭部分，他說一句，我記一句。

就在這個時候，陳雲同志打來電話，陳雲講什麼，我只聽到一兩句（他們使用的電話機有增音裝置），周恩來同志說的話，我當然聽清了。打完電話之後，他就說得很慢了，有時甚至五六分鐘說不出來。這時，我意識到，在反冒進這個問題上，他的內心有矛盾，因而他找不到恰當詞句表達他想說的話。在這種情況下，我建議，我暫時離開他的辦公室，讓他安靜地構思，等他想好一段再叫我來，記錄一段。我覺得，這時我如果守候在他的身旁，對他是一種精神上的負擔，會妨礙他構思和措辭。周恩來同志同意了我的意見，當時已經深夜十二時了我回到宿舍和衣躺在床上，等候隨叫隨去。

在第二天淩晨二時許，鄧大姐把我叫去，她說：「恩來獨自坐在辦公室發呆，怎麼你卻睡覺去了？」我把周恩來同志同意了我的建議的情況講了以後，鄧大姐說：「走，我帶你去和他談。還是由他口授內容，你整理成文字材料。」這樣，我隨鄧大姐到了周恩來同志辦公室，她和周恩來同志爭論了很久，最後，周恩來同志勉強地同意，還是由他口授內容，我回到宿舍去整理紀錄。在整理到學習毛澤東思想問題時，我引了一句成語說：「我和毛主席風雨同舟，朝夕與共，但是在思想上還跟不上毛主席。」後來，我把整理後的紀錄請周恩來同志審閱時，他看到「風雨同舟，朝夕與共」這句成語時，嚴厲地批評了我。他說，在關於他和毛澤東同志的關係上，在整風以後，還可以引用這句成語，但是在整風以前，不能引用。「這也說明你對黨史知識知道得太少。」周恩來同志講這些話時，幾乎流出了眼淚。

最後，他逐字逐句地自己動筆修改一遍，又親自補充了幾段，才列印出來，送交政治局常委和書記處傳閱。後來稿子退回，周恩來同志看過以後，又要我把批在稿子上的話騰寫清楚，再列印一次。我看到政治局常委和書記處提的意見，把「檢討」部分中的一些話刪掉了，有些話改得分量較輕了。我看了之後，心裡的緊張情緒才緩和下來，但是，我發現周恩來同志在起草這個發言稿的十多天內，兩鬢的白髮又增添了。

這是一段毛澤東對周恩來的影響極有殺傷力的敘述。周恩來所經受的，不只是公開場羞辱而已，而且還是被一個他曾經非常忠誠對待的人所背叛的深深傷害。毛澤東很明確地把不同的意見視為是忤逆，就是必須嚴懲以對的反叛行為。領導人的集體決策已然不復存在。

周恩來履行著他在中共全國代表大會中的工作，盡可能維持著他的尊嚴。五月二十五日，就在會議結束前兩天，中共中央通過一批新的任命案，包括任林彪為中共中央副主席及政治局常委。周恩來提出辭去總理一職，而彭德懷則指出他應辭去國防部長一職。政治局常委會在毛澤東於中南海游泳池召集的會議上對這些事情進行討論，周恩來的兩項職務都被保留，又在政治局底下設立政經、政法、外事、科技和文教幾個小組。雖然黨和政府機構都表現出一派和諧，但實際上卻更進一步壓低國務院和周恩來的工作層級，抬高毛澤東得以掌控的黨組織。周恩來沒有其他選擇，只能默默的服從黨的命令和要求。

大躍進勢如破竹的進行，即便有經驗的幹部都告訴自己，憑藉著驅動群眾力量，他們可以不必理會一般經濟發展規律而解決中國的貧窮和落後。鄧小平在後來曾評論：「毛澤東同志頭腦發熱，我們不發熱？劉少奇同志、周恩來同志和我都沒有反對，陳雲同志沒有說話。」群眾的熱情讓他們大感意外。周恩來發現他所處位置讓人極為困擾，他不想給這樣的群眾運動潑冷水，但是身為總理，他又要面對那些會失控而損害國家以及大多數人民利益的過分行為。在他做過自我批評後，他甚至無法提出質疑的意見，雖然在他身邊的工作人員都知道他是怎麼想的。他唯一的辦法就是盡量變通解釋毛澤東和中共中央的指示以減少損害。

大躍進最基本的是農業。周恩來參訪新成立的人民公社（譯按：依據相關資料，周恩來這趟參訪約在一九五八年三、四月左右，當時農業集體化運動雖已推行一段時間，但「人民公社」一詞僅在地方偶有出現，但尚未形成全國通用，許多地方多稱以「合作社」。直至該年八月毛澤東親口說出「人民公社好」後，中共中央政治局通過文件，「人民公社」才被全面使用），並向公社書記們了解詳細情形。他對那些不切實際的高指標和誇張作為不太相信，但覺得對那些新成立的公社仍應保持正面看法，尤其是參觀當時還陪同著外賓。由於不能對政策有所衝撞，他跑去看十三陵水庫工程建設，還三度親自參與勞動。他如常的履行著職責，但藉由他的訪視行程以確保他對大躍進進展能擁有第一手了解。他的公開發言都是正面的，但是敏銳的觀察者卻察覺出其中沒什麼信心。

當企業競相虛報高產量目標時，周恩來注意到一九五八年農業秋收產量不切實際的增加。當政治局八月十七至三十日在北戴河度假地開會時，新的生產指標甚至還要把全國鋼產量翻一倍。為了完成這項生產指標，形成全國性的建造「土高爐」風潮，煉出質量極差的鋼鐵。由於對官員所報的產量深覺懷疑，周恩來派出習仲勳（現任國家主席習近平的父親）帶領的領導小組前往調查。他最怕的事情獲得證實，但他唯一能做的就只有減少損害。[3]

臺灣海峽危機：炮擊金、馬

一九四九年國民黨撤退到臺灣後，據金門及馬祖等島嶼以守，因而這些島嶼也成為一九五〇年代與北京間緊張情勢的焦點。

七月十七日當臺灣宣布戒嚴而美國第七艦隊也進入備戰狀態時，周恩來正在上海。雖然他已不再是外交部長，但他仍然比繼任的陳毅更有經驗，而且臺灣向來被中華人民共和國視為是內部事務，因而周恩來著即趕回北京。為了警告，毛澤東下令自八月二十三日開始炮擊金門。

為了了解這個「第二次臺灣海峽危機」（譯註：第一次臺灣海峽危機指的是一九五四至一九五五年間中共炮擊金門及發兵進攻——江山與大陳島，後攻占——江山島，中華民國駐大陳島守軍撤往臺灣）的情況，周恩來每天都要閱讀兩大冊「參考資料」。「參考資料」是由周恩來發起，將外國媒體及新聞機構發布消息翻譯後刊印並限制閱讀的出版物。周恩來桌上滿是他用筆標註過的「參考資料」，他並要求新華社實施二十四小時輪班制度，以便一有重要通訊就可以立即送到他那裡，更規定在「參考資料」編印成冊前，要先將清樣送往他的辦公室、外交部、國務院外事辦公室、總參謀部及中聯部。讓所有這些部門的人員都能知道在國際媒體上所報導臺海危機的內容。

九月六日，北京發一份強硬但理性的公開聲明，這份聲明是由周恩來所起草，特別針對美國總統艾森豪所任命的國務卿杜勒斯（John Foster Dulles）所發。當美國堅稱將停火作為重起談判的前提時，周恩來召集專業官員進行討論，但內容都向毛澤東作簡報。一個月後中共國防部長彭德懷宣布炮擊暫停，再稍後暫停變成無限期停止，臺海危機結束。對照著他們在內政上的衝突，毛澤東對周恩來在國際危機處置上讚許有加。[4]

第十九章

廬山對決

——一九五八～一九五九年

少奇同志當了國家主席之後更不便說話，恩來、陳雲同志犯過錯誤不能說話，朱德同志意見較少，林彪同志身體不好，了解情況不多，不甚說話，小平同志亦不便多說。

——彭德懷元帥[1]

一九五八年十一月十六日，周恩來和外交部長陳毅以及中央實驗話劇院的朋友在頤和園休憩。當晚他們和投降後轉為解放軍工作的原國民黨中將唐生明共進晚餐。隔日，周恩來寫信給鄧穎超：「連吃了兩頓飯，晚間還讀了書，夜間又睡了一個好覺，這是兩個月來第一次這樣休息。」那段時間確實艱難。

武昌及河北

八月十七至三十日在北戴河召開中共中央擴大會議，除了鼓勵擴大實施人民公社，還通過許多不切實際的生產指標。由於農民被抽調參加「大煉鋼」，再加上加速進入人民公社化運動和平均主義的勢頭，對農業造成嚴重損害。中共中央為了處理這些問題，於十二月十日至二十八日在武漢召開會議。

毛澤東先前在鄭州及武昌和中央及地方幹部進行過討論，讓他對於發展速度的問題有所了解。周恩來因為接待金日成來訪而忙碌不已，但他自然對毛澤東想法有所轉變一事表示贊成。他在十一月二十九日舉辦的民主人士座談會上曾說道：

> 現在宣傳上沒有（為大躍進）講清楚，好像社會主義已經不過癮，急於向共產主義過渡，這是不好的，反映一種急躁情緒。

周恩來、鄧小平和劉少奇及一些領導幹部在北京開會，設法了解毛澤東最近的講話，周恩來還寫信給鄧穎超，要她「加以注意研究，以便見面時與你一談」。

當周恩來於十一月三十日抵達武漢時，中共中央的會議已經進行兩天。氣氛相對平靜，但毛澤東強調中國所走的道路要和蘇聯不同。周恩來讓中央委員會降低一些過於誇大的生產指標，並指出要人民公社農民「立刻進入共產主義」的想法是不應當的。

周恩來透過他的工作人員得到有關河北農村大躍進情況的報告，並在十二月底親自前往一看。大躍進中的口號，像是「吃飯不要錢」等，把共產主義庸俗化並混淆整個觀念。周恩來對農村窮困情況和大躍進造成的浪費感到震驚。一些家庭沒有熱炕、沒有鍋，鍋都被強徵去煉鋼。在養老院的一些老人們因為不知道發生什麼事而感到害怕就逃跑了。

莫斯科及赫魯雪夫

蘇聯共產黨二十一次代表大會於一九五九年一月二十七日至二月五日召開。中國和蘇聯關係越趨緊張，北京對於蘇聯提出的建立長波電台和共同艦隊事宜謹慎對待。

在一次「反黨集團」的政變企圖後（譯註：此處指的是一九五七年部分蘇聯共黨領導反對赫魯雪夫的去史達林化政策，因而試圖在部長會議中推翻赫魯雪夫，但未成功。事後赫魯雪夫稱這些人為「反黨集團」。爾後中共在內部鬥爭中亦加以使用），召開此次大會用以鞏固赫魯雪夫的領導。一月二十三日，就在周恩來預計啟程前，他收到負責國際聯繫事宜的安東諾夫（Yuri Antonov）來信，事先告訴他赫魯雪夫會表示要結束「以蘇聯為首的社會主義陣營和以蘇聯共黨為中心共產主義運動」，並開始轉向與各國和平共存的政策。毛澤東緊急召集政治局常委會，周恩來被責令要對赫魯雪夫的說法提出反對。周恩來在莫斯科馬上就對也不支持赫魯雪夫的蘇共政治局委員蘇斯洛夫（Mikhail Suslov）提出反對意見。隔日中國和蘇聯代表團在莫斯科郊外的一幢別墅中進行會談。周恩來率領中國代表團，但行事冷酷的康生在那裡將情況向毛澤東回報。

大會於一月二十七日在克林姆林宮舉行。周恩來講話很簡短，但強調「沒有蘇聯為中心」，包括中國在內的各國共產主義運動將會無所適從。赫魯雪夫把他的發言調性放緩了些，並在二月七日和中國簽訂擴大經濟合作協議。周恩來會見金日成及北越領導人胡志明，還有蒙古的澤登巴爾（Yumjaagiin Tsedenbal）。前來探訪的代表們覺得周恩來似乎因為工作太忙而顯得身體不適及疲倦。當周恩來返回北京時，鄧穎超也因為生病而離開北京養病。

人民公社的問題

農村人民公社的推動在一九五九年春產生重大危機，為了處理這個問題，政治局於二月二十七日至三月五日在鄭州召開緊急會議。毛澤東沒有公開批評，反倒承認在加速推動人民公社上出現錯誤。政治局通過整頓公社管理方案，並且下放權力給生產大隊及生產隊。

毛澤東要周恩來前去審視毛的開幕演講稿及一份有關整頓公社的文件。周恩來三月三日飛往鄭州，三月五日飛返北京準備全國人大下次開會議程。

三月二十四日，周恩來飛往上海參加政治局和中央委員會先後召開的會議，會議要討論當前對經濟發展激烈的爭論，尤其是農村經濟。對鋼生產指標甚為關切的周恩來要求陳雲在缺少可靠的統計數據之下對實際鋼產量「摸一下底」。陳雲回覆無法達到大躍進要求指標，而薄一波也在政治局會議上呼應這個情況。四月六日，周恩來前往杭州，與劉少奇、鄧小平、陳雲和其他一些人一起準備全國人大會議的召開。毛澤東對他們的報告草稿沒有提出不同意見。當周恩來於四月十日回到北京時，他邀請「民主人士」共同參與討論。四月十二日，他將至少十五個省分的糧食生產短缺統計資料送給毛澤東、劉少奇、朱德及鄧小平參考，並將副本送交各省省委書記要求確認並提出補救措施。

一九五九年四月，毛澤東辭國家主席

在全國人大會議開幕時周恩來表示幹部及人民對快速發展和改變的熱情是可以理解的，但經濟計畫要客觀可行。他引用一些毛澤東的話，但是用更清晰的判斷去做一些平衡。

毛澤東在經過這場危機後同意辭任國家主席，全國人大決議由劉少奇接替毛澤東。周恩來確定繼續擔任國務院總理。毛澤東仍為中國共產黨中央委員會主席，也被由周恩來擔任主席的政治協商會議選為名譽主席。這標誌著權力均衡改變，也開啟了直到文化大革命才結束的權力鬥爭。

赴各省視察

周恩來和陳雲實施對各省的視察工作，以了解實際經濟情況。周恩來五月二十二日從天津開始：他公開質疑在大躍進背後的一些心態，還建議給農民多一點自由，讓他們能自行發揮積極性。他在母校天津大學座談會上告訴教職員和學生，要讓自己熟悉這個新且前所未有的時期，並且發展「新的規律、新的平衡、新的比例、新的關係」去面對這個情況，更要注意「這不是一下子就能處理恰當的」。他於六月一日離開時，請鄧小平提醒中共中央要求地方政府推動財政節約。雖然有一些收成情況不錯，但是從消費比例上看，短缺情況無可避免。在周恩來六月九日回到北京前，越來越相信各省報來的生產指標都有不確實或甚至欺騙的情形，他更擔心這樣的情況會為中國經濟發展造成負面打擊。

為了這些問題，政治局於七月在江西山城廬山召開擴大會議。在這場會議之前的另一個政治局會議上，毛澤東聲稱問題可以在幾個月內解決，周恩來則強調「增加生活資料的生產」是當前最緊要的事，並要求要精簡人員，更表示建立大規模的公社不如建立一些小規模的農村企業。

廬山上的針鋒相對

周恩來搭船從武昌到長江港埠九江，並於七月一日抵達避暑勝地廬山，這次安排將是對毛澤東的政策和個人權威最嚴重的挑戰。在書面紀錄上這是政治局擴大會議及八屆八中全會，但實際上卻是一場為了黨內領導而連續展開的大鬥爭。

七月二日下午，周恩來和毛澤東討論會議日程，毛澤東想以兩種方式分組，一種是將地區代表和中央委員混合編組，另一種是以第一種分類小組提出的問題為基礎進行分類。會議自七月三日開始，一開始是對大躍進尖刻的批評，許多人認為那是得不償失的做法，但會議的氛圍倒是井然有序。從早上九點開始辯論到下午三點，晚上還能看戲、跳舞或看電影，參加會議的人還說像是來開一場「神仙會」。

在各小組中，一如預期，對毛澤東有著大量支持，意見並不見得一致，而周恩來的憂心被批評為是保守思想的遁詞。七月十日，毛澤東召集各分組負責人，他對於意見無法達成一致感到不滿，並且強調那些批評大躍進者缺乏全面性視野，「要取得這些經驗，也得出點學費」。

廬山（一）：彭德懷登場，形勢向右？

會議原預計於七月十五日結束，會議紀錄和決定已經印發，但當天毛澤東收到彭德懷的一封信，驟然改變中華人民共和國歷史。

彭德懷是解放軍十大元帥之一，自一九二八年即加入共軍部隊，是當時有名的戰術和戰略專家。他在韓戰期間擔任中國人民自願軍司令員。彭德懷在回憶中表示，他之所以寫信給毛澤東是認為在小組討論中不能提出基本的問題。而在中共中央內，他也覺得有些被孤立。

少奇同志當了國家主席之後更不便說話，恩來、陳雲同志犯過錯誤不能說話，朱德同志意見較少，林彪同志身體不好，了解情況不多，不甚說話，小平同志亦不便多說。

毛澤東讓他的親密戰友們噤聲不語。

毛澤東在廬山重新調整分組並把彭德懷的信印發下去。許多人的反應都是正面的，包括舊日曾與毛澤東爭奪過黨領導權的老對手張聞天在內。黨內出現更嚴苛的批評，赫魯雪夫也對大躍進和公社大加指責，讓毛澤東非常焦躁。他於七月二十三日召集政治局會議，威迫著那些支持彭德懷的人。

在晚上跳舞的時候，毛澤東的祕書李銳問周恩來是否看過那封彭德懷寫的信，周恩來不認為那很重要。稍晚他還安撫彭德懷，說毛澤東的反應並沒有認為彭德懷是「反冒進」，而且彭德懷的批評是合理的。周恩來心裡想的都是經濟問題以及毛澤東在預算上所釋放出的矛盾訊號。周恩來知道他如果在預算上堅持要達到平衡就會被批評為「反冒進」。據說周恩來對彭德懷說「今年你代替了我」。周恩來和彭德懷看法相同，但所採取的做法不同。

七月二十六日，毛澤東印發一份「關於一封信的評論」，這封信是原於國家計畫委員會中任職的李雲仲寫給他的。李雲仲寫得直接：他承認一九五七年的整風運動和反右鬥爭收獲極大，但是對「機會主義」和「冒險主義」有所責難。毛澤東對此不能接受，他說黨內態度搖擺的同志讓思想和行動不能團結及統一是最大的危險。在沒有預警的情況上，他批評彭德懷總是站在歷史上錯誤的一邊。

當天下午周恩來召集國務院各部長及副部長，這些人就是他的權力基礎。在承受被批評為「反冒進」之下，周恩來要求他們堅持「總路線」——實際上就是指毛澤東最近的指示——同時要「實事求是」。在黨的權力常常駕凌於政府情況下，要這麼做並不容易。他們尊重周恩來，並且理解他對高指標的顧慮、他的學養以及他所面對的兩難。他強調在政治上和應該要做的事之間存在著的微妙差別，讓支持他的人不會在不經意間成為被批評的對象。一些態度上反對大躍進過於激烈的領導幹部就被送回北京以保安全。

廬山（二）：瀕臨交鋒

中央委員受召於八月二日開會（譯註：中共八屆八中全會），在籌備會議及正式會議中毛澤東對彭德懷曾經做過的事進行指責，彭德懷則起而為自己辯護。周恩來並沒有利用這個機會表達對彭德懷的支持，甚至還批評了幾句。正快速得勢的林彪則嚴厲指斥彭德懷有野心，並說他是早就準備好要對黨和毛澤東發起攻擊，以執行包括張聞天、黃克誠將軍和湖南省委書記周小舟等人所組成的「反黨集團」的計畫。

各小組用一週的時間批鬥這個「反黨集團」或是「軍事俱樂部」：指他們是長期以來陰謀反黨的個人。黃克誠回憶起這件事，認為是他所遇到過最嚴重的鬥爭，他必須增加安眠藥的用量，從原本的兩粒到六粒，晚上才能入眠。周恩來繼續在分組討論中批判彭德懷，並且參與撰寫有關彭德懷錯誤的決議草案。

八月十一日，毛澤東加大力度，彭德懷、張聞天和黃克誠不得不在八月十六日中共中央全會閉幕前做出自我批評。毛澤東把這場政治上的歧異說成是在資產階級和無產階級之間過去十年來階級上的生死鬥爭。八月十七日，彭德懷辭去國防部長、總參謀長和中央軍委祕書職務。林彪成為中央軍委第一副主席及國防部長。

周恩來和彭真召集各軍區負責人，部署向部隊傳達這些消息。周恩來強調批評檢討到此結束，不要對軍事領導幹部再有類似的批評，如果有問題，就直接打電話到他的辦公室給他，他辦公室電話全天二十四小時都可以接通。

在廬山的鬥爭中止了要糾正大躍進過分行為的想法，更損害黨內對政策的討論。周恩來事前沒料到這種結果而憂心忡忡，做任何事情都帶著沉重的心情，八月十九日回到北京向國務院及人大常委會報告彭德懷辭職消息時也幾乎不再發表任何意見。[2]

周恩來陷入深深的困境中。他是一個忠誠的共產主義者和重視榮譽的人，但所有人都以榮譽為重嗎？他為了調整配合毛澤東對大躍進所說的話而妥協，但又試圖對損害進行管制。因反對毛澤東而成為英雄的是彭德懷，卻不是他周恩來。彭德懷犧牲他的仕途，但遭到牽連的人卻不多。周恩來也許無法逃避進一步對他「反冒進」的各種指責，但留下來以為他日能再抗爭。他保全自己並留在職位上，以便能對其他同僚提供援手，但這些都要付出個人和政治上的代價。

對印度戰爭

中國和印度軍隊於一九五九年八月二十五日在邊界爭議地區的朗久村發生衝突，印度軍隊被迫撤到在英國殖民時期雙方協議的「麥克馬洪線」（McMahon Line）以南（譯註：麥克馬洪線是英國殖民時期為了控制西藏地區而與中華民國政府協議劃設的界線，因為英方參加協議者為外交官麥克馬洪爵士，Sir Arthur Henry McMahon，故以其名稱之。但之後協議未成，該線未被正式承認，故長久存在爭議，該爭議地區包括印度及緬甸，但以印度所占區域最大）。周恩來剛從廬山回來，馬上召集外交領域專業人員開會，處理國際危機顯然比面對內部鬥爭要讓周恩來能夠稍有餘地一些。

儘管當時的外交部長是陳毅，但周恩來還是擔任領導的角色。他曾經在一九五九年一月二十三日寫信給尼赫魯敦促重新劃設邊界事宜，但當時情況較為複雜。中國與蘇聯日益疏遠，因而印度想和中國維持良好關係，而印度又接受達賴喇嘛的流亡政府留在達蘭薩拉（Dharamsala）。北京對西藏反抗的鎮壓又在印度激起反中情緒，且中國又聲稱西藏是屬於中國的內部事務。周恩來和尼赫魯之間正式的書信往返只是反覆重申雙方的基本立場。

當中華人民共和國在十月一日舉行建國十週年國慶遊行時，邊界危機這件事卻一直壓在所有參觀遊行者的心上。國家主席劉少奇宣布對國民黨「改惡從善」的戰犯的特赦令。這個特赦的建議是周恩來提出的，一些獲得特赦者是黃埔軍校第一期的學生，那時軍校的政治部是由周恩來主持。周恩來也見了從監禁中釋放出來的清朝末代皇帝愛新覺羅．溥儀，他因為與日本人合作被關押在東北的撫順。周恩來個人對溥儀的改造十分關心，並鼓勵他寫下自己的傳記，這本傳記「我的前半生（From Emperor to Citizen）」後來以英文出版。義大利導演柏納多．貝托魯奇（Bernardo Bertolucci）就是依據溥儀故事所給的靈感，拍成電影「末代皇帝」。

十一月三日，周恩來前往杭州參加一場工作會議，印度問題成為那場會議的重要議題。毛澤東因為看了尼赫魯的一封信所寫內容而提出建議，中印間可以先停火或成立非軍事區，然後再由雙方總理見面商談，會面地點可以在北京或是新德里。周恩來附議，並於十一月七日寫信給尼赫魯，提出會面及中印武裝人員從東邊的麥克馬洪線或是西邊的「實際控制線」撤退二十公里。中國並沒有承認麥克馬洪線，而「實際控制線」僅僅是地面情況的現實反映，因此中國提出的建議基本而言就是務實。尼赫魯於十一月十六日回覆，他原則同意但卻提出相對建議。

雙方原先預定的會面日期一直無法決定，直到後來才排定為一九六〇年四月底，但周恩來先前已經安排了四月十五日訪問緬甸。周恩來當天下午在仰光穿著緬甸傳統服裝參加潑水節——類似中國傣族的節慶——慶祝緬甸新年。接下來進行中緬邊界問題討論，直到十月一日雙方簽訂邊界條約。

一九六〇年四月十九日，周恩來及陳毅從仰光抵達新德里，面對更具有敵意的接待和更複雜的任務。在英國出生的記者，同時也是學者的內維爾．馬克斯韋爾（Neville Maxwell）以泰晤士報南亞特派員的身分從新德里報導這場談判：

他觀察著情況，中國國旗和印度國旗沿著機場過來的路上交相排列。警察在掌控群眾上所要做的只是把拿著黑色旗子（表示抗議象徵）的人趕離那條路。

由外交部長陳毅元帥和大批人員隨行的周恩來，搭乘三架飛機於一九六〇年四月十九日下午稍晚時刻從仰光抵達新德里機場。在機場搭起的帳篷下，歡迎人群只比外交訪問團的人多一些，還加上一些在一年前曾愉悅地歡迎中國來客的人，只是所剩不多。其中一個還在周恩來步下飛機時尖聲高喊著舊日的口號「印度人和中國人是兄弟」，但除此之外只有外交人員禮貌性的掌聲了。雙方都相互發表致詞。尼赫魯的談話事前就準備好用印地語（譯註：印地語，Hindi，為印度北部通用的語言，許多印度人視其為印度官方語言）致詞以突出歡迎的冷淡……尼赫魯在那種場合都會使用英文致詞，而且是即興式的。

這是周恩來第四次訪問印度，雖然雙方有著軍事上的衝突，他的談話仍然是正面的。尼赫魯性格固執，他不僅要承受反對黨強硬分子要保住既存邊界的壓力，還要顧及不斷變化的國際勢力平衡。中國不僅挑戰蘇聯在世界共產運動上的領導權，也和印度爭奪對第三世界的領導權。

尼赫魯和周恩來自四月二十日至二十五日進行七場討論，但都沒有結果，當他們同意分別發表聲明後，透露出彼此間仍有巨大鴻溝。即便雙方敵意暫歇，對周恩來而言，這不是一場成功的外交行動，但卻是個人的勝利。

內維爾・馬克斯韋爾參加了一場由中國代表團於訪問行程最後一天晚上十點三十分所單獨安排的記者會：

身為認同政府在邊界糾紛立場者的印度記者們，所問的問題都是想要揭露中國對印度侵略的野心，並反覆用這些問題來刁難周恩來。記者會場位於總統府大廳，周圍牆上掛著最後幾任總督和總督夫人的等身肖像畫，當周恩來走進會場的那一刻起，他就掌控著整個會場。

在尼赫魯早先的友好之後，他對周恩來的態度讓中國的外交人員出乎意料的不舒服，尤其是這位印度總理等到他們還在返程路上時才指責他們是侵略者，更讓他們深覺被冒犯。[3]

第二十章

饑荒、洪澇和恢復——一九五九～一九六二年

現在糧食情況很緊張，中央各部要幫助各省、市把廠礦的人員壓下去，壓人的事情要抓緊，城市長期這樣多人是不行的。

——周恩來[1]

在大躍進之後嚴重的饑荒造成幾千萬人死亡，而確實死亡數字存在相當大的爭議。中國在數個世紀以來都受到饑荒折磨，因此一九五九到一九六一年無論在任何情況下收成銳減的情形都可能會發生。集體化並未如預期減輕農村貧窮問題，而超常的死亡率都被歸咎於毛澤東為了實現政策所採取的手段。

罪人？

身為總理的周恩來能否做些什麼來避免或減輕這場災難？在毛澤東把周恩來所從事的「反冒進」故意扣上負面的帽子後，讓這些都成為不可能的事，彭德懷的遭遇更確認反對毛澤東所面臨的後果。公開上，周恩來不再批評大躍進，甚至還對某些方面加以肯定，但是當災情規模日益浮上檯面後，他的肯定稱許漸減，另外還指示蒐集有別於官方媒體鼓吹而可以反映真實經濟發展情況的資料。一九六〇年三月底他對這些狀況仍謹慎以待：在收到有關安徽省發生饑饉的詳細消息後，寫信指示該省省委書記曾希聖調查，他寫著：「也許確有此事，也許誇大其詞」，還提及毛澤東有關是誇大不實或是個別現象的說法。

經過披露饑荒嚴重程度的訊息傳到了周恩來那裡，尤其是有關「信陽事件」的消息。按照《墓碑》一書作者楊繼繩所寫，「在一九五九年冬到一九六〇年春，至少有一百萬人因飢餓而死，餓死的人占總人口的八分之一以上。」地方官員為了應付來自中央的巨大壓力而虛報生產指標，讓毛澤東鼓吹的「冒進」勢頭更形昌熾。

反對這股「冒進」之風的周恩來，在陳雲、李先念及薄一波協助下，他們都相信五年經濟計畫體制。他們反對不可能達到的高指標是因為實際上的原因而並不是因為政治上的謀算，而且他們還要一直受到「保守主義」和「右傾」等足以讓他們丟官的指責。

楊繼繩把那時的情況做了概略的描述：

從一九五六年九月的八大一次會議到一九五八年五月的八大二次會議……中國共產黨的指導思想發生了重大變化……毛澤東無疑起了主導性作用。中國共產黨內不僅缺乏一種對主要領導人的糾錯機制，還有一種把領導人的認識推向更加錯誤的機制。當時毛澤東的確有點頭腦發熱，主持經濟工作的領導人，在實際工作中已經發現了毛澤東的思想偏差，並在實際中進行了糾正（反冒進）……其他的人不僅不支持糾偏的人，反而站在毛澤東一邊，把毛澤東的錯誤認識更推向極端……一九五八年指導思想的錯誤，不僅僅是領袖和領導集團的錯誤，而是制度性錯誤。

這場鬥爭橫亙整個一九六〇年。於六月十四日至六月十八日召開上海會議時，周恩來和劉少奇得到支持，通過實際和降低的各項經濟指標，這些指標也是在毛澤東同意之下才得以提出。

糧食短缺

糧食產量對於經濟下滑成災是最清楚的指標，即使到一九五九年春天已經有十五個省出現糧食不足情形，但許多地方幹部卻不敢把實際問題向中央呈報。周恩來於一九五九年四月十八日寫信詢問各省委書記他們採取的對策，以及他們的報告究竟有沒有反應他們所在省分真實狀況。

一九六〇年糧食情況比一九五九年更糟糕，周恩來在三月二十九日收到習仲勳（中國現任國家主席習近平之父）轉來的一封信，警示安徽省發生饑荒和餓死人的情況，周恩來馬上寫信給安徽省委書記曾希聖，要求他進行調查。

到一九六一年八月，災荒嚴重程度已無法再忽視。周恩來在一場廬山召開的中共中央會議中提出警告，要求注意在農村地區糧食短缺情形以及對城市造成的嚴重影響。一旦糧荒威脅到城市，讓城市意識到糧食危機的嚴重性，中國共產黨的領導將受到質疑。而以不想造成恐慌為名封鎖糧荒的消息，卻讓情況更是雪上加霜。

即便這不是周恩來決定的，他也知情並參與其中，但他在受到相當震驚且在熟悉各地糧食庫存的情形之下，日以繼夜安排調動庫存糧食給最需要的地區。周恩來在電話中勸說各地領導人，並以他們可以省下一些糧食救助國內其他地區為由加以說明，而即便在這樣困難景況下，他仍然保持禮貌和耐心，不會用階級來壓迫和強制他人，但因為他對真實情況的掌握比地方領導人還清楚，所以仍然能成功完成糧食調運工作。他做了一份「中央糧食調運計畫表」，因為這張表很長，就像是西藏人和蒙古人用來歡迎賓客的哈達絲巾一樣長，所以又被稱作是「哈達表」。周恩來記得上面詳細的情形，並用上面所載資料來核查地方情況。和地方幹部開會時，他會檢查地方的統計數字、清理浮誇的預測，漸漸建立起更好的資料表。他也聯繫外貿部另外安排糧食進口，許多進口糧食都是透過香港和澳門。有些領導人對中國要靠進口糧食的想法相當反感而反對這件事。

當周恩來於一九六〇年十二月底要前往緬甸訪問時，他和副總理陳雲都同意進口一定數量的糧食，但當他聽到要進口的數量需要再增加一倍時，對於這場危機發展的嚴重程度就更清楚了。他派助手雷任民到香港了解國際市場購買糧食、在美國和國民黨封鎖下糧食運送以及中國銀行是否有足夠的外滙購買等問題。雷任民回報所有問題都能解決後他才放心。這是另一個損害管制作為，然而他能做的還是有限。[2]

布加勒斯特會議

內外政策很難分家。中蘇關係正持續惡化，而各國共產黨和工人黨在羅馬尼亞（Romania）首都布加勒斯特（Bucharest）召開的會議給赫魯雪夫製造一個極佳的機會，讓他把焦點放在大躍進是「危險的冒進主義」上對中國政策進行攻擊。七月十六日蘇聯宣布撤回所有一直為中國發展提供意見的「蘇聯專家」（實際上其中有些人來自東歐）、撕毀已在執行的協議以及不再繼續提供所需要的重要設備，而這些重要設備是中國完成第二個五年計畫不可或缺的。中國在布加勒斯特的代表團由彭真率領，而周恩來則回北京報告並建立一個小組因應立即要進行的經濟調整。

部分中共黨員認為中蘇關係的破裂是對大躍進走得過頭了所提出的適時警告。相反地，支持毛澤東的死硬派卻更相信快速進入「共產主義」是必須的，蘇聯共產黨的反對只不過是表現出莫斯科的保守主義和「修正主義」。

周恩來一九六〇年十月二十九日在中共中央華北局提出「不大躍進，不能擺脫落後，但是我們對大躍進的規模還未摸透」，他反覆但卻十分技巧地指出生產指標被高估及農業基礎薄弱問題。現下他十分清楚問題在哪裡，卻不敢直接指明。十一月十六日，他提出將「大躍進的速度和按比例地發展相結合，也就是豐富的革命性與嚴格的科學性相結合」。這就是句空話，但是周恩來試著以其人之道還治其人之身，用粗鄙的毛式語言反打那些毛派分子。

「十二條」

在彭德懷落馬後，人民公社幹部試圖實行平均主義和一些「共產」政策以示他們不是「右派分子」。為了因應這個情況，周恩來起草「中共中央關於農村人民公社當前政策問題的緊急指示信」（十二條）並設法在一九六〇年十月二十九日的政治局會議上主導進行討論。「十二條」內容包括把生產管理下放給公社組織最基層的生產隊、保護所有權和自留地、重啟按勞分配原則提供工資以及恢復農村市集。許多一般農民和公社幹部對這些指示十分歡迎，但是之前支持毛澤東政策而晉升至領導職位的幹部對此卻不太熱衷。

「十二條」在一九六一年一月十四至十八日舉行的中共中央全會上正式成為黨的政策，讓經濟政策重回務實。毛澤東退讓，不再強推快速的經濟發展，他所提出「大興調查研究之風」及「實事求是」成為會議的指導思想。這是在政策被完全翻案後為了保全毛澤東顏面的做法，毛還說「希望這一年，一九六一年成為一個調查年」，這句話成為人人朗朗上口的一句口號，也成為推翻造成多方損害大躍進的一個倚仗。毛澤東以退為進，他到各地區巡迴視察，在訪視完長沙和杭州後，他聲稱群眾反映「十二條解決了一些問題，就是不具體」，他堅持由周恩來所起草的「十二條」應該要檢討，以便更為具體。

廣州政治局會議

周恩來於三月四日飛到廣州參加由毛澤東召集討論重構人民公社體制的政治局會議。由於在會前他忙著赴東北進行調查研究，又先後接待來自阿爾巴尼亞、緬甸、越南、日本和蘇聯的代表團，就沒有在會上發表什麼意見。周恩來工作負擔極重，不論這是不是周恩來自己決定要在已非外交部長的情況下花費這麼多時間在國際關係上，他常常無法完全參與國內事務的討論。在周恩來缺席時，毛澤東召集南方各省負責人開會，討論在經濟政策上「未說明的短缺」問題，並重新印發他在一九三〇年所寫的書《反對本本主義》。周恩來飛回廣州，並在三月十五日至二十三日的中共中央工作會議上對高級幹部表示，他們應該注意毛主席的指示，到地方上去做深入的調查。這些話或許是毛澤東在一九三〇年說，卻不是在一九五八年的大躍進時所說，周恩來是借毛之言反毛。

對付嚴重的糧食短缺問題，周恩來建議在糧食的產、購、銷數量上面作調整，基本上就是回到大躍進之前的計畫狀態。周恩來表示，如果不這麼做的話，「不能調動農民的積極性」。他的這些話是模仿毛澤東在一九五八年提的口號。周恩來設法用一些字句去讓高層領導們在表面上看似支持毛澤東，但實際上所執行的卻是和毛澤東完全相反的政策。

當周恩來還在廣州時，得到曾擔任雲南省主席的陳賡大將去世消息。陳賡曾是周恩來在黃埔軍校和在上海從事地下工作時的得力助手，當周在長征途中生病時還照顧過他。三月二十四日，周恩來趕回北京，直接到陳賡遺體存放的中山公園處吊唁並主持公祭。

公社及糧食短缺

周恩來前往緬甸和雲南訪問，他藉途經西南地區時對中共地方幹部講話。他蒐集到有關農業狀況的第一手資料並提出有關糧食短缺問題他自己的對策。四月底到五月初，周恩來待在河北，當地農民狀況讓他感到震驚，並覺得難過和愧疚。一九六一年六月十二日，他向中共中央報告「除了樹葉、鹹菜、野菜以外，就沒有東西了，硬是沒有存糧」，這裡還曾是在日本占領時支援過八路軍的地區。地方幹部指稱有些農民是「落後分子」說話不可信，但周恩來卻相信這些農民所說的話。周恩來到當地一戶人家作客，並聽取他們對於糧食短缺和公共食堂的抱怨。農民們對自留地被拿走和生產糧食被徵購表示反對。

五月七日凌晨三點半，他要祕書孫岳幫他聯繫在上海的毛澤東，向毛說明公社食堂不受歡迎的情形，還有農民認為實物供給制應只留給弱勢和需要者。地方上對於後來演變成為包產到戶的做法表現出相當支持，但包產到戶直到一九七八年才被施行。毛澤東收到其他地區送來的報告，更印證周恩來的分析。

政治和個人的鬥爭部分說明了為什麼這些嚴重且分布甚廣的災禍會被冷漠對待。被中共控制的媒體不會報導有損黨顏面的事，地方幹部即便知道他們所轄的縣或省發生嚴重饑荒，為了怕會有政治上的後果而隱瞞不向高層當局報告。這種行為和一九一一年之前帝制時期的地方官員極為類似。

從五月十九日到六月十二日，周恩來參加另一場中央工作會議。這場會議正式讓公社下放管理權力、關閉公共食堂和取消供給制。同時宣布對曾在黨的反右鬥爭中被批評和受懲處的幹部們進行平反。

周恩來繼續用毛澤東講的話來反毛，陳雲也積極協助他，並提議將城市人口大量轉移到農村以減輕城市人口的壓力，而一九六一年城市人口已達一千萬。如此一來也可以減少城市對糧食的需求。就像主持這次工作會議的劉少奇曾說的，這個做法有決定性的意義，同時也成為周恩來解決糧食問題的九條辦法中的一部分。

周恩來那時的健康狀況非常不好。雖然他只有六十三歲，但是要處理大量磨人的內政工作和外事任務，還要承受毛澤東個人及政治上對他不懷好意言語攻擊的影響。中共中央要他只工作半天，但他不能也不願意放下任何工作，尤其是和外國領導人會面，這是他樂於從事的工作。

工業發展問題

農業災禍造成不利工業發展的影響。周恩來在中南海成立一個專門的「十人小組」研究相關事項。周恩來派祕書顧明替他參加會議，並把情況向他回報。一位參加小組的人員回憶，有時候他已經吃了安眠藥睡下，床頭的紅色電話會在凌晨兩三點響起，就是周恩來打來的。

一九六一年八月二十三日，中共中央回到廬山討論工業和其他經濟上的問題。周恩來在會議第二天作報告，小心謹慎地強調自然災害部分並淡化政策上的錯誤。他更關切城市地區，目前城市還沒有問題，但可能會發生「難以預料的事情」，包括混亂在內。問題在於是要注意加強那一邊？是農村、城鎮還是都市？

> 只顧農村，糧調不上來，城市供應不上，行不行呢？當然不行。是不是把城市解散，大家都回農村去，我們回延安去？這是沒有一個人贊成的。

他強調只有一種方法可以解決城市地區的問題，就是減少城市人口。

> 現在糧食情況很緊張，中央各部要幫助各省、市把廠礦的人員壓下去，壓人的事情要抓緊，城市長期這樣多人是不行的。

一個解決方案就是交由政府調節需求及調撥糧食供應，並成立分配制度。周恩來仍然積極投入工作，並在會後前往江西共產主義勞動大學和南昌的一些工業設施訪問，之後再回飛北京。

九月二十二日，周恩來會見前大英帝國總參謀長及北大西洋公約組織（NATO）副司令蒙哥馬利元帥（Field Marshal Bernard Montgomery）。他是在毛澤東邀請下前來中國，對於並沒有見到中國到處都是饑荒和貧瘠的現象感到驚訝。十月十五日，周恩來和中國代表團飛往莫斯科參加蘇共二十二次代表大會。赫魯雪夫在大會上抨擊阿爾巴尼亞所實施的政策，而阿爾巴尼亞因為政策路線和莫斯科相異而未被邀請參加這次大會。周恩來發言維護阿爾巴尼亞走自己獨立自主路線的權利，並在北京的中共中央同意下，以中國發生饑荒問題為由在大會尚未結束前離開莫斯科，並留下彭真代替他。中蘇之間的齟齬已經無庸置疑。

一九六二年的七千人大會及恢復政策

一九六一年底，周恩來全力支持的調整政策將經濟政策帶回到可控制的局面，農業生產更為穩定，糧食供應回到大躍進之前水準，工業生產也增加。周恩來於十二月二十八日中央工作會議上表示，不僅是對恢復政策，還有對第二個五年計畫而言，一九六二年都將是重要的一年。他為一九六二年推動一套適切的經濟作為，包括減少人事負擔、促成農產豐收、暫時性減少國家徵收，以及保證木、煤、鋼、礦供應和運輸設施。

許多幹部仍然執著於毛澤東的想法，對問題隱瞞或視若無睹。為了對付這種抗拒作為，中共中央於北京召開一場擴大工作會議。會議由一九六二年一月十一日進行至二月七日，參加人數「擴大」到後來又被稱之為「七千人大會」。一月二十七日劉少奇遞交一份報告，承認經濟出現問題不僅僅來自於天災，更是來自於「一九五八年以來，我們在工作中的主要缺點和錯誤」。在一個口頭補充報告中，劉少奇告訴與會代表，他於一九六一年回到他的故鄉省分湖南訪視時，農民說產生困難的原因是三分天災、七分人禍。由於許多代表競相參與發言，以致於大會必須延長。會議所做出的報告因為涉及要譴責的內容而較為複雜，其中並未直陳毛澤東之名，花了好幾天時間才獲得周恩來和其他領導人的接受。依據楊繼繩的觀察，當時情況仍然危機四伏：

> 一九六二年初，面對幾千萬人餓死、國民經濟嚴重困難的局面，中國高層的不同意見又一次浮出水面。如果說廬山會議毛澤東的主要對手是彭德懷，那麼，現在毛澤東的主要對手則是劉少奇。毛、劉之間的鬥爭從一九六二年的七千人大會一直持續到一九六六年的文化大革命。

也許公開上，劉少奇是毛澤東的主要對手，而他也為此在文化大革命中付出生命作為代價，但在幕後，周恩來、鄧小平、陳雲和其他人都在為政治上的改弦易轍作準備。

七千人大會時，周恩來盡可能參與小組討論。在一場與福建省代表的三天討論中，他發現因為幹部的強迫命令、說假話和浮誇，造成領導階層和群眾之間關係緊張。二月二日，他告訴福建代表們，黨的工作作風已經被浮誇和謊言敗壞，改正這個問題就要從領導堅持要聽真話開始，群眾才不會刻意去講他們認為領導想要聽的話。周恩來還舉遠自唐朝的例子質問「那不就同舊社會的官場習氣一樣了嗎？」他還強調後來被認為是鄧小平說的——「實事求是」，或是「工作作風上求真求實」，他還故意地宣稱這是來自毛澤東的基本想法。他們必須經常和群眾密切接觸和平等相待，才能掌握自己地區內所發生的事。

現在就不一樣了。比如我參加你們這個會議，一進會場，你們就站起來鼓掌，我就不舒服，但是又不好阻止你們。昨天下午你們沒有鼓掌，我心裡就很舒暢。

他表示沒有必要在他和其他老革命之間矗立一道隔閡，也沒有必要在他們和群眾間設立一道隔閡。在大會閉幕時，他更正式譴責欺瞞做法的錯誤。他最後以自我批評作為結尾，主動承認他、國務院及國務院各部之間都應該更注意這些問題。相較於其他人，周恩來的自我批評顯得更為真實。

知識分子在廣州「脫帽加冕」

周恩來明白，經濟發展需要專業人才，而專業人才需要教育。他支持知識分子，但在反右運動中，當眾多科學家和技術專業人員被迫去職或是貶到較低的職位時卻又無法保護他們。七千人大會無法直接解決這個問題，但是在會後，有兩個相關的會議於廣州召開，一個是聶榮臻主持有關科學技術的會議，一個是周恩來主持有關戲劇的會議。兩個會議都設法去除知識分子就是「資產階級」的觀念。一九六二年二月十七日，周恩來在中華人民共和國主席正式居所的中南海紫光閣中會見戲劇界人士，力促他們前去參加廣州的會議，重現「百花齊放，百家爭鳴」精神。

周恩來在各方要求下積極推動去除知識分子「資產階級」的集體標籤，並和原本要代表他的陳毅飛到廣州，約集了黨內重要人士組成小組，集體確定知識分子不再被歸類為「資產階級」，更在三月二日召開會議確認這件事。他為這件事的辯護理由是，即便列寧曾有知識分子是「非無產階級」的看法，但知識分子在歷史上都是站在進步的一方抵抗殖民者和賣國賊，因此是「革命的、愛國的知識分子」。他還譴責自一九五七年以來對知識分子的粗暴對待，並告訴聽眾對知識分子要包容用心，而不是給他們上課。

由於北京還有任務，周恩來提前離開，由陳毅組織一個為他們「資產階級」標籤「脫帽」的儀式，並「加冕」他們為人民的科學家和革命的知識分子，是盟友而非敵人。陳毅注意到中共對他們的誤解超過十年。聶榮臻提到那時到了晚上，所有科研技術機構單位「燈火通明」，圖書館通宵開放，一片「科學的春天」出現，「熱氣騰騰」。回到北京，周恩來把知識分子「脫帽加冕」寫進對全國人大的報告中，並獲得通過。周恩來強調知識分子應該給予鼓勵並善加照顧，不應該成為政治打擊對象，技術和學術問題也不應該被當成政治問題處理。

反對意見再度於北戴河中央工作會議期間抬頭。毛澤東警告認為有些知識分子並不是完全忠誠的，而周恩來則被批評是「沒有階級觀點」，陳毅在廣州的講話也被毛澤東說成是他被騙了。周恩來並沒有保持沉默，並在一九六二年十一月二十六日中央書記處討論文化和教育的會議上引用列寧和劉少奇的話反駁這些指責。主持會議的鄧小平也贊同周恩來，並確認中央的支持。所有人都知道危機蠢蠢欲動。

一九六二年三月至四月的全國人民大會

七千人大會並沒有解決經濟危機，劉少奇於是在二月二十一日至二十三日假中南海西樓緊急召開政治局常委會處理迅速增加的預算赤字問題。周恩來參加會議，但是卻把裁員的具體討論交由劉少奇和陳雲負責。在另一場三月十二至十三日劉少奇和陳雲意見獲得通過的政治局常委擴大會議之後，周恩來、劉少奇和鄧小平飛往武漢向毛澤東報告情況。周恩來於三月十八日飛回北京，準備之前因為經濟問題惡化而延期的全國人大會議。

全國人大會議於三月二十七日開幕，這是一場代表周恩來個人勝利的會議，大家都認為在中國共產黨中他是最為民主、溫和及知性的。他在第二天工作報告中批評因為對實際情況的盲目性，故而在經濟轉換過程中所產生的不協調現象。他呼籲在農業的恢復和發展上要優先以長遠眼光看待，而在經濟上其他領域將會面臨嚴重的裁員和問題。他特別讚揚知識分子在中國經濟轉換過程中所做的貢獻。

陳雲健康出現狀況，黨內財經小組的領導責任由周恩來取代。財經小組對於經濟問題及可能對策早已確認，但要讓高層領導和全國幹部都接受則是另外一回事。幾年下來，官員們在不了解經濟現實之下都在擺出計畫，提高要求；工廠和企業裡的幹部也對要下手精簡人員猶豫不決。針對困難的說服工作，五月七日到十一日即在北京召開一場政治局工作會議。會議由劉少奇主持，周恩來及鄧小平都提供相關意見，即便他們再三留有餘地，會議仍然通過了財經小組提出的精簡方案。毛澤東並未出席，戰線逐漸分明。

贊成精簡方案的領導人前往各地區去爭取群眾對政策的支持。周恩來前往東北，東北是工業地區，可能會受到嚴重影響。五月二十八日，他和鄧穎超搭乘火車前往遼寧瀋陽。他要求組員在當地供應困難情況下，都不要吃魚、蛋和肉類。在瀋陽，當地官員向他做了七個小時的簡報，並且在經過事前一個月的調查後，他盡量爭取人員精簡和汽車、飛機及其他主要產品減少生產規模的認同。

周恩來六月二十六日回北京前，劉少奇、鄧小平和陳雲早已準備要提出「生產責任制」辦法，藉由家庭承包農業生產將生產責任由公社管理退到各個家戶。毛澤東不贊成這種做法，認為是「單幹風」、是「資產階級」，但是他又擔心對彭德懷案件的重新翻案。在七月二十五到八月二十四日北戴河召開的中央工作會議上，毛澤東掌控議程。原本要討論具體的農業、工業和財政問題，但毛澤東堅持要對中國社會階級屬性的文字和國際政治情況進行討論。劉少奇被迫做自我批評，周恩來則以守住精簡政策的正確性並放棄「生產責任制」企圖做出妥協，以致於「生產責任制」直到毛澤東死後兩年的一九七八年才得以實施。

在九月二十四至二十七日於北京召開的中共中央委員會上，毛澤東執著的階級問題再次主導了全場。周恩來準備好以認識錯誤而不是政策錯誤對包產到戶想法做出檢討。他決定以維護黨的團結為利益尋求黨內思想共識，但仍然戒慎恐懼地面對會因為反對毛澤東所而付出的個人代價。他試著將像是彭德懷等有爭議的議題交由審查委員會處理，如此一來主要工作就不會因而受到干擾，不過毛澤東卻仍想要將所有異議交由群眾運動解決。[3]

再次與印度開戰，一九六二年十月~十一月

一九六二年十月五日，周恩來接到一份解放軍總參謀部的情報報告，顯示印度正準備在近期對中國邊界發動攻擊。自從周恩來於一九六〇年訪問印度後，雙方同意自有爭議的實質邊境線撤兵，停止軍事武裝巡邏，藉由外交工作維持和平。到了一九六二年秋，由於印度和中國國內情勢發生變化、西藏動亂後續發展，以及冷戰出現等原因，這項安排遂被打破。北京和新德里相互指責對方背

信及欺騙。當時英國泰晤士報駐印度記者內維爾・馬克斯韋爾證實了新德里所實施的「前進政策」（譯註：一九六一年底印度方面對邊界部隊下令，盡可能的將部隊向邊界推進，找到空隙或前往巡邏或是設立哨所，以蠶食方法占領，即為「前進政策」），其中尤其是阿薩姆步槍隊一個排的巡邏兵力在有爭議的麥克馬洪線「北方三或四英哩處」朵拉（Dhola）設置邊界哨所一事成為重新引爆軍事衝突的導火線（譯註：由於朵拉哨所位置已然進入中國境內，中國派遣軍隊於哨所附近駐紮，威嚇印軍撤離，印度誤判中國不敢動武，另派軍隊支援，雙方即爆發戰爭）。

七月二十三日周恩來打電話給當時正在日內瓦的外交部長陳毅，要他和印度國防部長見面，討論再次進行邊界談判事宜。印度國防部長梅農（V. K. Krishna Menon）自一九五七開始，同時也擔任新德里駐聯合國的代表，而且他的權威僅次於尼赫魯。梅農對這個請求置之不理，並且還要求對中國部隊進行全力打擊。

由周恩來的每日滙報表可以看出他對印度軍隊行動的情報都會做出立即反應。他和解放軍總參謀部討論戰略作為，還向蘇聯發出可能會有衝突發生的預警以及中國防衛的決心。十月二十日一早戰事揭幕，從那天一直到十月二十三日，周恩來都會到國家主席住所和毛澤東討論戰事。

周恩來持續以信件和尼赫魯保持聯繫，然而尼赫魯回應的語氣越來越強硬。到了十一月十九日，中國軍隊已經突入阿薩姆，周恩來知會印度駐北京代辦，表示從當天晚上午夜開始，中國將實施單方面停火。他並宣布中國部隊將會撤至自一九五九年以來就在的控制線後二十公里處。十二月一日起，中國部隊自爭議地區開始撤退，而中國及印度之間關係仍然很糟，印度駐中國各地領事館的外交人員也被撤出。北京繼續針對各亞洲鄰國進行外交攻勢，爭取對中國立場的支持，尤其是印度主要敵對國家巴基斯坦，中國於一九六三年三月二日與之簽訂一項邊界協議。劉少奇巡迴亞洲各國進行訪問，同一時間周恩來也走訪非洲國家。這些外事工作並不僅只於是因為中印邊界問題，在與蘇聯的紛爭走到覆水難收之際，中國需要更多第三世界的支持。亞非各國對中國停火和撤軍都表示肯定。周恩來繼續進行解決邊界衝突工作，並得到錫蘭總理班達拉奈克夫人（Mrs. Sirimavo Bandaranaike）重要的支持，班達拉奈克夫人並於一九六三年一月受邀赴中國訪問。在她的協助下，一九六二年十二月十三日於可倫坡（Colombo）舉行的亞非六國會議中調停獲得接受。和印度衝突的解決受益於中國與印尼及柬埔寨外交關係的發展。從一九六三年十二月十三日到一九六四年三月一日，周恩來花費了大部分的時間在外交事務上，他訪問位於亞、非共十四個國家，其中十個是非洲國家。這是周恩來第一次訪問非洲，對非洲而言，這也是第一次有中華人民共和國的政府首長到訪。[4]

第二十一章

長征領導人的昏晦：文化大革命序曲

——一九六二～一九六五年

現在離國慶只有兩個月了，有這麼一個想法，就是最好在這個十五週年國慶，把我們革命的發展，從黨的誕生起，十月革命一聲炮響，後來的「五四」運動，到大革命（一九二七年。譯註：指一九二七年三月中共於上海策動的工人武裝起事，此事也成為國民黨清共的起點），然後又到井岡山，舉起了紅旗，都貫穿著毛澤東思想。

——周恩來[1]

一九六二年九月底，正當周恩來帶領著所屬政府機關忙於進行精簡及第三個五年計畫時，毛澤東以「千萬不要忘記階級鬥爭」為號召發起「社會主義教育運動」。這個運動針對公社幹部的貪、挪用公款、管理不當和投機倒把行為以及推動在政治、經濟、組織及意識型態上的「四清運動」，在農村地區獲得立足點。這個運動的目標就是扭轉原本公社下放權力的局面及重新回復集體管理，並為毛澤東打擊「走資本主義道路」的對手，在農村建立政治基礎。

柬埔寨總理西哈努克親王（Prince Norodom Sihanouk）於二月八日至二十八日訪問中國，自昆明到北京一路由周恩來陪同。事後周恩來立刻被一場中共中央召開有關糧食短缺的工作會議纏住。他堅持「精簡、控制城市人口、勤儉建國、計畫生育（即一胎化政策）」一定要成為中共的重要方針。三月十五日他退一步表示精簡工作的收尾將與反貪盜竊、反投機倒把、反鋪張浪費、反分散主義及反官僚主義（譯註：即所謂「五反」運動）結合。

毛澤東同意以三年時間來過渡，持續將精簡進行到一九六五年，可是仍然在煽動反對。一九六三年三月二日，《中國青年》雜誌刊登毛澤東親筆寫的「向雷鋒同志學習」題詞。毛澤東支持林彪一九六二年在解放軍發起的要年青人效法這位模範年輕軍人運動。雷鋒在二十二歲被一根遭卡車撞倒的電桿砸中而亡，雖然他的死法算不上太英雄，卻被美化成一個無私、忠誠的軍人，而且每天都閱讀毛澤東著作。一九六四年五月，林彪下令選錄毛澤東的教誨名句以《毛主席語錄》刊印出版。這本「小紅書」原先只發給解放軍部隊，但隨之散入民間成為毛澤東個人崇拜的重心。一九六四年二月，官方媒體高聲讚揚山西省極為貧困的大寨生產大隊完成自給自足，讓大寨成為毛澤東的農業樣板。

文學和藝術政治也是一個戰場。在相對自由的一九六〇年代，有許多重要且流傳多年的作品問世，周恩來對作家和藝術家們都表達支持並常常和他們交談。周恩來一直對戲劇十分有興趣，還安排劇團訪問香港。與此同時，在文化部內部的毛澤東支持者提出對「鬼戲（譯註：指表演內容含有鬼魂精魄的戲劇，批評者認為是資產階級和封建勢力推動的封建迷信，支持者則以「只要是好鬼，就沒有妨害」反駁）」和一些其他傳統故事的批評，更攻擊一些知名藝術家和作家。

偏執情緒在中共黨內逐漸增溫。在一場於杭州舉行的農業會議中，毛澤東強調一場尖銳階級鬥爭正在發展，並且要求要發動群眾對資本主義和封建勢力的進攻進行鬥爭。周恩來在最後兩天才參加這個會議，說服毛澤東不要把潛存的反對勢力估計過高。

真正的危險還是有的，中華人民共和國仍然和臺灣的國民政府處於戰爭狀態並且是國民政府特工人員攻擊的目標。在一九六三年劉少奇以國家元首名義訪問印尼和柬埔寨時，周恩來收到有人要在劉少奇飛機上安裝炸彈的可靠報告，他就派遣國家安全部官員前往昆明向劉少奇示警。當年五月，一艘從青島出發前往日本門司市（Moji，現稱為北九州市，Kitakyūshū）的中國貨輪「躍進號」於韓國外海濟州島西方一百六十七英里處沉沒。「躍進號」可能是自一九四九年來第一艘訪問日本的中國船舶，有船員報告是遭到魚雷攻擊，但日本官員卻說是因為導航失誤且觸礁才沉沒。周恩來飛往上海面見負責海岸防衛官員，並於六月六日由新華社發布一份官方聲明，證實日本說法，更反駁那些認為是企圖破壞與日本間貿易的報導。[2]

預作戰爭準備：「三線部署」

儘管遭到政治上的孤立，北京當局仍然不會輕忽核子武器競賽。一九五五年一月，一場中共中央書記處的特別會議就在討論原子能的戰略應用。身為總理的周恩來強力支持發展中國核子威嚇能力。衝突有可能會發生在中國和美國及其盟國之間，或者是——即便可能性較低但仍存在——中國與蘇聯之間。一九六二年十月，美國和蘇聯在古巴飛彈危機相互對峙；更近之處則是美國投入越南的軍事力量逐步增加，不過越南民族解放陣線（譯註：即一般所稱的越共）已漸漸取得成功；與蘇聯間，即便中國和蘇聯在北京重新進行邊界談判，但雙方因北方邊界問題以致於緊張關係也益形擴大；中國和蒙古的關係也開始惡化。

多方的威脅促使政府加強軍事準備。一九六四年十月十六日，中國第一次成功引爆原子彈，被稱為是「在國防、科學和技術領域上的重要成就」，這大部分應該歸功於周恩來在反右鬥爭中對於科學家的保護。

總參謀部作戰部於一九六四年四月二十五日遞交一份報告提出要注意對戰爭準備不足的問題，其中主要的弱點在於：工業過於集中；人口高度集中於主要城市；鐵路、橋梁及港口等交通樞紐與主要城市距離過近；以及水庫都位於華東地區。五月五日至七日的中共中央委員會工作會議上，毛澤東向周恩來、劉少奇及鄧小平表示在核子戰爭中，後方根據地很重要，他提出在第三個五年計畫中做出一、二、三線（即沿海地區、中部地區及西南、西北地區三個地區）建設的工業戰略布局，要把位於四川的攀枝花建設為鋼鐵生產中心。

「三線部署」整個改變五年計畫的重心，對城市重要工業的投資也改而投向內陸。周恩來對毛澤東一、二、三線的觀點正式表達支持，並提議要將之擴大到更全面及長期的計畫中，還提醒不要因而輕忽其他領域，或是忽視經濟、政治和文化的安排，這些都是軍事戰略基礎。雖然有著這些警覺，周恩來和其他參加這些會議的人都堅定支持毛澤東的提議。就如同當時擔任副總理之一的薄一波所寫：「自此，全國備戰的氣氛日益濃厚。」這種被攻擊的恐懼，較之韓戰經驗帶給中國難以理性衡量的心理陰影還要嚴重，將這個國家和經濟置於備戰基礎上，使領導們在面對外來威脅時不得不團結，更有助毛澤東重新取回大躍進失敗後在領導上所喪失的影響力。周恩來取得實施「三線部署」建設上的領導權，這也同時得益於他在軍事方面的經驗。

工業「托拉斯」

周恩來同樣興致勃勃於工業改革上，他在一九六三年六月三十日的全國經濟工作座談會就講過「人治是不行的，第一還是法治。」第一個極有創意的計畫是工業「托拉斯」。周恩來並不反對使用成功的資本主義組織形式去管理社會主義企業，並且在一九六五年二月八日一次對前往古巴訪問的代表團成員講話時曾說明，「用政府的名義管理工廠，不利於經營管理」，他同時舉出中央和地方政府部門有著許多不同。周恩來還讚許南斯拉夫對於工業的分散自治，表示在計畫經濟中某些形式的資本主義「托拉斯」是必要的。一九六四年六、七月，周恩來主持數場討論這種「托拉斯」架構的會議，中共中央及國務院更在八月七日通過決定，於年底前試辦全國性的九個、地區性的三個「托拉斯」。

這項大膽的嘗試因為文化大革命而中斷。在一九六四年擔任副總理的薄一波於一九九三年回憶起這件事時表示：

當年中央決定試辦托拉斯，期望以此為契機，逐步改變中央權力過分集中而束縛生產力發展的經濟體制，是有遠見卓識之舉。少奇同志、周總理和小平同志為指導這一改革付出了很大努力。「文化大革命」否定了它，使經濟又回到老路上去，實在是一大憾事。

東方紅

一九六四年七月，周恩來前往北越和緬甸討論東南亞日益惡化的緊張情勢。他於七月十二日回到中國，在陳毅邀請下參加「在毛澤東旗幟下高歌猛進」的表演，那是一場浮誇的大型歌舞製作，周恩來在國務院各部黨組書記上還稱他「很動心」，這句話除了表達「感動」外，還有「有趣」或甚至「不安」。他在措辭上很小心。

周恩來請和毛澤東親近的馬克思文化理論家周揚與文化、宣傳組織一起為慶祝十五週年國慶製作另一齣大規模的歌舞。他在七月十八日對國務院說：

> 現在離國慶只有兩個月了，有這麼一個想法，就是最好在這個十五週年國慶，把我們革命的發展，從黨的誕生起，十月革命一聲炮響，後來的「五四」運動，到大革命，然後又到井岡山，舉起了紅旗，都貫穿著毛澤東思想。

周恩來讚揚著毛澤東「思想」——這時候有什麼不同的舉動都是不智的——但用歷史觀點來看，許多事的發生都在毛澤東「思想」成型之前。

十月二日，「東方紅」在燈火通明、為了第十次國慶建造的人民大會堂揭幕。周恩來、劉少奇、董必武和朱德參加第一天晚上的表演，這場歌舞在接下來的十四場表演座無虛席。毛澤東於十月六日觀賞了表演。周恩來被稱為「導演」。毛澤東的妻子江青向來視中國傳統藝術現代化是自己的私人財產，而這齣歌舞在無視於江青反對下，被拍成電影。周恩來對舞蹈、芭蕾及特別是京劇都極有興趣，他的做法和江青截然不同，他不會全盤否定歷史傳統，並且對重要的傳統表演者全力培養，像是在周恩來的推薦下於一九五九年入黨的梅蘭芳，還有程硯秋（死於一九五八年）等。

哪些工作是周恩來做的？「東方紅」雖然是由周揚監製，但周恩來不只是給予完全的支持和贊同，他還投入計畫的細節與執行，更經常和製作團隊一起工作到深夜，確保國慶時整個表演可以完成準備。他尤其注意檢查歌詞和口白，堅持要和毛澤東所寫的一致。十月二十三日，周恩來對參與「東方紅」的工作人員說：

中國革命取得成功最重要的一點就是，要有執行鐵的紀律的黨……即使犯錯誤也還要團結，即使領導一時有錯誤，還要等待，逐步地改變。不能夠因為有錯誤，造成黨的分裂，使革命受損失，使對敵鬥爭癱瘓下來，那就對革命不利了。

這段革命的經歷和對戲劇不變的興趣讓他自己相信，以大型歌舞「東方紅」表演出的史詩可以在內部分裂最嚴重時刻穩固黨的團結和民眾的支持。毛澤東仍然對那些他認為作品革命性不夠的文藝工作者進行批評，但周恩來並未讓步，堅持要讓被毛澤東批評的內容和表演者留在這場表演中。

西方在中國戲劇方面的主要權威人士馬克林（Colin Mackerras）在當時看過「東方紅」，並且認為它「在技術層面上……令人印象深刻。在藝術層面上，雖然中國觀眾們似乎非常熱情，但西方觀眾會認為太過於幼稚。」諷刺的是，這是一齣將中國革命發展以民族主義戲劇化的表演，用的卻是「西式組合的樂隊，以及西方特色的音樂」。主題曲「東方紅」，成為文化大革命時期取代國歌的頌歌（譯註：此處作者使用 anthem 一字，有國歌之義，經查文革時期因中共國歌「義勇軍進行曲」作者田漢被指為反黨而被打倒，並以「叛徒」遭開除黨籍，故正式場合不再演奏「義勇軍進行曲」，反較多以「東方紅」代替，但未有正式文書認證或記載。其後田漢平反，「義勇軍進行曲」作為國歌被寫進憲法之中）。

莫斯科及赫魯雪夫下台

十月十六日下午，周恩來、毛澤東和劉少奇接見「東方紅」參與演出及製作的所有人員，向他們傳達兩個「喜訊」：中國首次核子試爆成功及赫魯雪夫辭去蘇聯部長會議主席與共產黨第一總書記職位，分別由柯希金（Kosygin）及布里茲涅夫（Brezhnev）接任。

周恩來前往莫斯科參加十月革命四十七週年慶祝活動，另外設法了解究竟發生了什麼事情。他於十一月五日抵達，隔天就和新領導們會談。在十一月七日一場晚宴上，曾參與將赫魯雪夫趕下台策劃的蘇聯國防部長馬利諾夫斯基（Marshall Rodion Malinovsky）對周恩來說中國應該「搞掉毛澤東」。據說當時有美國記者在場，周恩來即憤怒地離開，馬利諾夫斯基仍跟在後面繼續侮辱毛澤東和中國共產黨。這個舉動被中國人視之為蓄意挑釁，但馬利諾夫斯基可能只是累了並且過於情緒化而已。周恩來做出正式抗議，柯希金也道了歉，但這件事對接下來的會談仍然造成些微的負面影響。周恩來在毛澤東疑慮日增情況下，不能再有對任何有意趕毛下台的舉動有贊同動作。毛澤東並在周恩來於十一月十四日返回北京時和其他的領導人一起在機場接他。

全國人民代表大會（一九六四～一九六五年）

周恩來為了準備一九六四年十二月二十一日至一九六五年一月四日召開的全國人民代表大會而延後前往黃河三門峽視察行程。他對於經濟工作方面的政府工作報告主要是振作並鼓勵大家對原訂於一九六六年要實施的第三個五年計畫有所展望。周恩來再次被選為國務院總理，劉少奇也被選為國家主席，宋慶齡和董必武為副主席。

毛澤東現在則積極對付周恩來。中共中央於十二月十五日至二十八日召開一個工作會議，討論在農村地區推動的社會主義教育運動。毛澤東提到社會主義與資本主義之間的鬥爭，表示這個運動就是要整肅「黨內走資本主義道路的當權派」。周恩來對這個運動並沒有任何批評，甚至還稱許毛澤東鍾愛的公社領袖——大寨大隊的陳永貴（譯註：陳永貴為前述農業樣板大寨生產大隊書記，文化大革命後於一九六九年進入中共中央委員會，一九七二年成為政治局委員，一九七五年任國務院副總理，但仍兼山西省晉中地區地委書記、昔陽縣委書記及大寨大隊黨支部委員。不過其後因反對鄧小平的改革開放政策，一九八〇年被迫辭職）。但是他非常反對為了運動而忽視生產的提議。在忙於參加各種會議中間，他還接見曾為美國記者的埃德加·斯諾（Edgar Snow），並給他一個對中國經濟情況正面但不至誇大的印象。

在全國人大會議後，周恩來原本想要實施新的五年計畫，但由於在越南問題上日漸升高的國際情勢和計畫要舉辦的亞非會議，讓他在一九六五年三月到七月間都一直忙於外交事務。他和外交部長陳毅為了預定在阿爾及爾（Algiers）舉辦的第二次亞非會議而啟程拜訪羅馬尼亞、阿爾巴尼亞、阿拉伯聯合大公國、巴基斯坦、印尼、坦桑尼亞、緬甸及開羅。卻因為阿爾及利亞發生政變，本．貝拉（Ben Bella）政府被推翻，會議因而取消。周恩來和陳毅則於六月三十日返回北京。

周恩來和許多國內政治衝突擦身而過，然而六月分時他曾在杭州短暫見過毛澤東。毛要求對第三個五年計畫做出更多修改，並在強調要做好面對戰爭和饑荒的準備時使用越來越多的軍事用語。毛澤東還掀起對於「造反和奪權」的陰影，各省黨書記都可以起而造中央「修正主義」的反。周恩來試著緩解毛澤東所製造出的驚恐氣氛。[3]

北方地震及大旱

當九月十八日至十月十二日中共中央召開工作會議討論修訂第三個五年計畫前，早已出現許多警訊。周恩來在「政治掛帥」下，並沒有對修改提出反對。他仍然擔心修改版本過於強調重工業發展而忽視農業，這對於曾發生過旱災和饑荒的中國而言是危險的。在一九六五年秋、冬舉行的會議中，他堅稱農業是國防的一項重要基礎成分。他稱許毛澤東所鍾情的大寨大隊自給自足，但是也並沒有說要取消中央政府的補助。

北方省分山西、河北、山東、陝西、內蒙和遼寧都受到乾旱和作物欠收的影響。這個區域在歷史上一直是旱災和洪澇交相發生，即便自一九四九年以來已經獲得相當數量的水利撥款，但一九六五年所發生的大旱仍然造成災害，並預計一九六六年及之後的情況會更糟。周恩來進行對各省領導的協調工作，走訪河北受影響地區，於一月二十三日抵達天津，確認有賑濟需要的地方。當時「四清運動」占用地方幹部的精力，影響到工作進度，周恩來還對一位花了六個月時間做「階級調查」的官員提出批評。他對工業城市從南方進口糧食而未支援地方農業區一事表達關切。周恩來於二月一日回到北京後，推動「十條方針和十二項任務」來對應危機。這「十條方針」大多是辭藻的堆砌及要求協調，還有維持生產等；而「十二項任務」就比較具體，包括種植、用水及發展非農副業來增加收入以購買食物。

三月八日，周恩來直到凌晨三點才上床睡覺。他在五點二十九分時因為清楚感覺到有強烈地震而被驚醒，馬上要求當值祕書打電話問明情況。這場地震震央在河北省邢台地區，達到至今仍使用的芮氏規模六點八級，受影響地區有百分之七十到八十的房屋毀損，有些村莊甚至都被夷為平地。全部傷亡數目中可能有八千人死亡，四萬人受傷，直接或間接受到波及者達到五百六十萬人。周恩來下令北京軍區和當地駐防軍隊派出部隊、救災裝備和救濟物資進入受災地區。他並召集國務院緊急會議，更以手寫報告送交劉少奇和鄧小平。三月九日下午，在仍有重大餘震發生情況下，他仍然搭乘解放軍直升機前往石家莊親自視察損害情形。地方幹部對於他的鎮定和馬上就能掌握複雜情況和形成應對方案的速度感到驚訝。他找來一個木箱，站在上面對聚集的群眾講話。他為自己無法前往所有受災的村落道歉，並安撫他們一定能夠及時重建家園和恢復生產。

周恩來於三月十日傍晚返回北京，但兩天後他又再度回到天津，協調饑荒處理工作。他強調在專心處理災害實際同時還要學習毛澤東著作，以此表達政治態度。周恩來原本打算留在河北調查研究農民問題，但卻被毛澤東召往杭州參加政治局常委會。他於三月二十日返回北京，兩天後又收到邢台鄰近地區發生更強烈地震的報告。在接待北越勞動黨代表團的同時，周恩來仍簽署更多的救災命令，並在三月三十一日飛回地震災區，花上數小時接見救援人員和受災民眾。在眼下的救災工作外，周恩來還委託著名地質學家李四光進行地震預報工作的研究調查，並召集專門研究人員進行研究工作，於五月底在研究工作會議上講話。[4]

第二十二章

非自然災害：文化大革命

——一九六六～一九六七年

我也想下去（身為總理去處理問題），不過有時有點身不由己，說來還是決心不大。我們不比主席，要留他一些時間考慮大問題。

——周恩來[1]

一九六六年夏天，中國被一場突如其來的政治風暴所籠罩，中斷了周恩來細心策劃的復興經濟計畫，並將整個國家拋入一場混亂之中。這場風暴也打亂所有人在十年中大部分時間的個人工作和生活。

周恩來於一場一九六六年三月五日和北方地區領導人所開的緊急會議上，在題外話中透露出對自己決心不大的憂心。和周恩來關係很好的副總理李先念插嘴表示他們也想要總理下去處理，但是基於周恩來的工作時間過長，應該注意自己的健康。周恩來沒有接著說下去，但是繁重的工作負擔加上內部政治衝突和國際事務間相互扞格的需求確實對他們造成不小的影響。

那些毛澤東心中的「大問題」之前成功地被壓制。在壓力下，毛澤東同意調整大躍進計畫，但決不接受劉少奇、周恩來和其他人的批評，他認為這些人是存在於中央委員會「一線」的赫魯雪夫式「修正主義」者。執著於「階級鬥爭」想法下，他譴責黨內存在著「黑暗風」、「單幹風」和「翻案風」。一九六五年初，他就宣告「四清運動」是要整肅中共黨內的「走資派」，並在九月時質問地方領導人要如何反制「修正主義」者。

自一九六四年底開始，周恩來對毛澤東和劉少奇之間的摩擦越來越擔憂。一九六五年九月三十日，周恩來在人民大會堂宴會廳主持慶祝中華人民共和國成立十六週年。他公開讚揚過去一年的成就並對一九六六年即將開展的第三個五年計畫充滿信心。周恩來知道毛澤東是個不甘心認輸的人，而毛在地方領導人中另外培養權力基礎也幾乎不是什麼祕密，林彪以對毛澤東個人崇拜在軍中大搞再政治化也是眾所周知。然而風暴爆發的性質和方向卻還是難以預料。

在上海引燃

一九六五年十一月十日，姚文元一篇名為「評新編歷史劇『海瑞罷官』」文章出現在自一九三〇年就已在上海發行的左翼報紙《文滙報》上，在「百花齊放」期間引發許多知識分子公開批評的聲音。《文滙報》是由毛澤東之妻江青及地方宣傳部門負責人張春橋所把持。姚文元則是文學批評及政治理論者。江青、張春橋、姚文元，加上紅衛兵頭頭王洪文，就成為「四人幫」。

海瑞（一五一四～一五八七年）是一位明朝時期的官員，以剛正知名，受陷被嘉靖皇帝罷去官職，僅免於殺身之禍。姚文元認為作者吳晗利用這齣戲劇裡海瑞的罷官影射毛澤東在大躍進後罷去彭德懷一事。的確是如此。吳晗是北京市副市長，也是其中一個民主黨派的成員，更是一位受到敬重的歷史學者和知識分子，他和鄧拓、廖沫沙以「三家村」為名，在大躍進期間針對毛澤東和其支持者的愚蠢行徑寫出許多尖刻及嘲諷的評論。他們毫無疑問是毛澤東的反對者，甚至是公開的反對者，因而成為江青和她上海派的目標。這七到八個月的準備策劃，以及姚文元評論文章的發表都瞞著包括周恩來在內的黨內「一線」領導。毛澤東指示《人民日報》刊登這篇文章，但因為反對過於猛烈，直到十一月三十日才得以真正刊登。刊登同時還加上由周恩來和彭真（當時的北京市長及吳晗上司）修改通過的編者按語，強調「百花齊放、百家爭鳴」的精神。

周恩來盡力將對吳晗戲劇的討論框限在文學領域內進行，不要升級到政治鬥爭上，然而一旦和彭德懷的聯繫明確之後，事情就變得不太可能。康生強調整個戲劇就是為了替彭德懷鳴不平這個目的，這個觀點得到毛澤東認同。康生曾於一九四二年在延安整風運動中主持對毛澤東反對者的殘酷鎮壓：他是政治局委員，但因為行事殘忍而遭到排擠，卻和毛澤東十分親近。

一九六六年二月六日，周恩來、劉少奇和鄧小平接見前一年成立由北京市長彭真領導的「文化革命五人小組」，檢討那些對於該表現藝術革命性不足的批評，但認為實際上該劇仍然有著毛澤東「文化革命」成分。周恩來、劉少奇和鄧小平強調這件事和彭德懷沒有關聯。這項寬緩及善意的說法經過政治局常委會的同意。二月八日，彭真等人前往武漢向毛澤東報告，毛澤東未表示反對，於是二月十二日中央委員會通過這份聽起來四平八穩的「文化革命五人小組關於當前學術討論的滙報提綱」。這更坐實毛澤東懷疑北京市委是反對意見的主要來源，一個「針插不進、水潑不進的獨立王國」。彭真保護了毛澤東的反對者，進而加入了和羅瑞卿、陸定一、楊尚昆在一起要被除去的小名單中。

三月十二日，周恩來啟程前往河北進行一個月的旱情視察時，寫信給劉少奇和彭真，要求彭真在他和外交部長陳毅出國期間代理中央委員會中的外交和國防工作。兩天後周恩來告訴來訪的北越代表團：

> 我是得到中央的批准，常常想到農村、地方上去看看。但是，在北京的中央同志現在不多，所以，我跟彭真同志訂了個協定，一旦有重要的事情，他打電話要我回來，我馬上回來。

當時在他旁邊的彭真插話說：「總理在家，我們比較享福一些。」

仍在杭州的毛澤東不滿對姚文元文章的回應，對彭真領導的北京市委的批評變得更為嚴厲。他著手批改一份由他妻子江青主持的部隊文藝工作座談會紀要。毛澤東否定中共從一九四九年以來所實施的整體文藝政策，認為有「一條與毛主席思想相對立的反黨反社會主義的黑線」在專政，並呼籲「堅決進行一場文化戰線上的社會主義大革命，徹底搞掉這條黑線」。這件事令周恩來深覺震驚。他一直主張現代化，以及文化藝術要多貼近現代民眾，卻不能同意江青這種扭曲的說法。周恩來中斷在河北的工作行程，回來參加中共中央所舉行的各個會議。反對他的勢力呈現詭異的組合：毛澤東的妻子、文藝界裡對她亦步亦趨者、中共在上海的地方及軍方領導人等，他們的發言越來越極端。

毛澤東仍然留在杭州，杭州不僅有著他所喜愛的靜修之處劉莊，也距江青的上海權力基礎不遠。他於三月十七到二十日召開一場政治局常委會擴大會議，周恩來三月十八日趕往杭州參加開會，劉少奇、鄧小平和彭真也在場。毛澤東力主是時候對藝術、教育和出版展開全面性的階級鬥爭，並斥責中宣部壓制「左派」。位於風景秀麗西湖邊的別莊裡，氣氛變得越來越沉重，討論也越來越詭譎。由於一齣上海滬劇「蘆蕩火種」不能在北京演出，毛澤東當面批評彭真在北京搞「獨立王國」。「蘆蕩火種」這齣地方戲經過江青改編成為以「沙家浜」為名的樣板戲後更被大家所認識。毛澤東問周恩來的看法，周恩來回答：「我還沒有什麼感覺。」鄧小平的回答也是一樣。彭真告訴周恩來已經要副市長萬里安排這齣戲在北京的演出事宜，周恩來問彭真為什麼不原原本本地告訴毛澤東這件事，彭真回以他不敢頂撞主席。

康生從上海回到北京，並於三月三十一日將他在三月二十八日及三十日和毛澤東、江青等人的談話內容轉達給周恩來和彭真。根據康生的說法，毛澤東指名道姓凶狠地咒罵彭真等人，甚至威脅說他們如果再「包庇壞人」，就要解散中宣部（毛澤東喜歡把中宣部稱為「閻王殿」）、北京市委和五人小組。毛澤東的政治打手康生並不是一個值得信任的傳話人，也不是周恩來和他同僚們的朋友，不過這番告誡倒是個預兆，用一句中國人朗朗上口的俗話說，就是「山雨欲來風滿樓」。

周恩來和政府機構這時正忙於處理饑荒，並沒把毛澤東對於戲劇上的關切看得很重要。就在康生示警當晚，周恩來飛往河北支援賑災工作。四月十一、十二日，他再次參加中央書記處會議，聽到康生又一次傳達他在杭州的主子所交待的事項，其中就有撤消成立五人小組的決定。周恩來、彭真和鄧小平也都稍作掙扎地想反抗這些事項，然而，到最後都「一致同意主席的批評和指示」。毛澤東藉由康生幫他處理事務，威脅著要用最殘暴的手段達到他自己的目的。雖然周恩來及其同僚在政治局中占有多數，毛澤東仍然在黨內建立起自己個人的勢力，更重要的是藉由林彪協助，在解放軍中建立自己的影響力，這些勢力足以在政治局擴大會議中發揮作用。

更重要的是，周恩來、鄧小平和劉少奇仍然能夠繼續推動他們實際的治理工作，並且有理由對這種情形能繼續抱有希望。毛澤東也許可以在一段安全距離之外呼喝有關革命和階級鬥爭，但他並未掌控政府。

杭州和「毛派」文化革命小組

四月十六日，周恩來前往杭州毛澤東的一場中央政治局常委擴大會議。毛澤東仍然滿心放在「海瑞罷官」這件事上。他堅稱吳晗的問題不會只是一個人的問題，應該是「朝裡有人」，中央有、每個地區、每個省、每個城市、每個部隊都有。會議通過由毛澤東起草並反覆修訂的「通知」，列出新成立的「中央文革小組」名單。理論上這個小組位於政治局常委會之下，但實際上只向毛澤東負責，而後漸漸轉向江青負責。小組組長是自延安時期開始就和毛澤東關係密切的陳伯達，副組長為江青。在負責主持國務院工作之外，周恩來還是這個中央文革小組的一員（譯註：此處有疑，經查中央文革組小組組員名單，雖經數次變動，但周恩來始終未曾列入，惟作者原文確實如此表達，暫保留），只要是小組有會議就由他主持，小組工作日程也由他訂定。雖然這個小組是在一九六七至一九六九年間「執行毛主席的無產階級路線」的領導機構，卻是雜亂且幾乎沒有發出過文件的組織。《光明日報》總編輯穆欣形容它是他所見過「最無政府、最無章法」的地方，「它的內部關係也是矛盾重重，充滿錯綜複雜的爭鬥」。陳伯達和康生水火不容，甚至曾經在一次要同意開會一事上，周恩來還得央求著康生和江青去威嚇他，這並不是周恩來一貫做事的方法。陳伯達、康生和江青既無能，又對在他們之下的人極盡官僚折磨之事，把事情都留給周恩來去做損害管制。

文化大革命爆發

五月四日到二十六日一場政治局擴大會議在北京召開，周恩來正在接待一批阿爾巴尼亞代表團。在毛澤東動身去北京前，周恩來還陪他在杭州接見這批代表團。毛澤東談到了兩種可能性：一個是反革命專政、舊秩序復辟；另一個就是「剝筍」，把壞的一層層剝掉。毛表示，在過去四十五年，已經剝掉了十幾個中央委員，但現在還有一些沒有暴露的睡在我們身邊。毛澤東的想法在政治局通過的「五一六通知」中表現很清楚。這份通知是一份嚴厲攻擊「走資派」的冗長文件，走資派就是像赫魯雪夫式的人，想要顛覆黨和政府並推翻無產階級專政的人。

周恩來同意這份通知，但至於他是不是完全了解這份通知所指則不清楚。他於一九六七年五月二十一日對解放軍文藝工作者講話時曾表示，不管是他或是主持該場會議的劉少奇，都不知道那份文件要對付的是劉少奇。兩天後，劉奇和鄧小平在位於頤和園以西玉泉山解放軍的極機密的地下指揮要塞接見胡志明，表示毛澤東要他們猜測隱藏的「走資派」究竟是誰。

五月二十五日，康生和北京大學哲學系講師聶元梓等人密謀在北大張貼「大字報」，批評北大校方和北京市委。校園掀起教師、學生和工作人員的抗議潮。當天晚上，周恩來派人前往北大了解情況，並且批評聶元梓破壞大學紀律及將內部歧異掀給校外人士看。

工作組及混亂控制

康生向在杭州的毛澤東回報，六月一日毛下令把聶元梓大字報內容向全國廣播。在陳伯達領導的工作組掌握《人民日報》編輯部後，《人民日報》即刊出那份大字報。反對「修正主義」的示威在各大學展開。周恩來、劉少奇、鄧小平等人對這場由毛澤東、江青、康生和陳伯達策動的政變毫無準備。外交部長陳毅問周恩來為什麼沒有打個電話先跟他講，周恩來回答他說自己也是在廣播前沒多久才聽康生說的。六月初，周恩來參加一個為了讓情況不致完全失控而由劉少奇召集的政治局常委擴大會議。他們成立幾個工作組管束這場「文化革命」，但並沒有想到能夠公開地去反對。為了防止抗議情勢失控和有關內部意見分歧的消息被外界窺知，他們試圖不准貼大字報、不要抗議示威和不要辦大規模的聲討集會和「包圍黑幫住宅」等會被公眾看到的活動。

六月九日，周恩來、劉少奇和鄧小平飛往杭州向毛澤東報告，毛澤東說他們太早派出工作組。他們請毛回北京主持大局，毛澤東表示還不到時候。周恩來按原計畫好的行程於六月十五日出國訪問羅馬尼亞和阿爾巴尼亞，這時首都的氛圍充斥著狂躁、不安及不穩定。周恩來推動所屬人員支持「三夏」勞動（譯註：所謂「三夏」是指夏收、夏種和夏管，即收成、播種和播種後的管理，一般指在五月下旬到六月中旬的農忙活動。亦有稱四、五、六月的孟夏、仲夏及季夏為三夏），為鄰近農村的收成、播種和田間管理提供額外勞動力，但是他們都同時要有參加「文化革命」的要求要應付。

在兩個禮拜停留在東南歐後，周恩來接著訪問巴基斯坦總統阿尤布・汗，阿尤布注意到他不再像以往一樣直率、坦然，表現出過度工作和疲累的樣子。周恩來所擔心的是中國政治情況會變得不穩定和無法控制。他於七月一日回到北京時，北京的大學教職員和黨政人員已經受到惡意的攻擊及羞辱。中共領導層在工作組應扮演的角色上出現嚴重分裂。劉少奇和鄧小平希望能讓運動維持在控制之下，各大學和學校可以正常運作；仗著有毛澤東可依恃的陳伯達則堅持工作組會阻撓群眾參與革命，這個意見受到毛澤東的支持。

七月八日，在武漢的毛澤東寫下「天下大亂，達到天下大治」，再清楚不過地表明他的想法。他於七月十八日回到北京，阻止對學生運動施以任何限制。周恩來、劉少奇和鄧小平都前往各個校園去了解情形。周恩來七月二十四日到位於東郊的北京大學第二外語學院，他花了幾天的時間和教職員及學生一起談話、一起吃飯，甚至自己付錢及飯票。他告訴學生們他選擇地處偏僻的學院是擔心如果選較大的大學，則總理在校園的消息就會傳出去。

當周恩來在說明工作組的作用時，江青和康生告訴毛澤東工作組在「鎮壓群眾，阻礙運動」，毛澤東立刻下令撤消工作組。這個做法讓周恩來感到非常困惑，於七月二十八日再度返回北大第二外語學院。隔天，毛澤東指示召開北京市大中學校師生文化革命積極分子代表大會，當著周恩來、劉少奇和鄧小平的面前宣布解散工作組，周恩來回應表示老一輩的人對於運動不了解，也許會犯一些錯。他看上去顯得虛弱和遲疑，不過以他所在的位置也是相當不容易的。毛澤東以意識型態和個人權威鎮住他的反對者，再利用他們的信念和忠誠反過來對付他們。

中共中央委員於八月一日建軍節在北京召開全體會議，中央委員、候補委員、四十七位無投票權的各界代表、中央文革小組成員及來自各地區和學生運動的毛澤東盟友齊聚一堂。情勢對毛澤東相當有利，八月四日政治局常委會上，毛澤東批評工作組是「中共中央壓制和實行恐怖的舉動」，他用極端且奇特的字詞把他的政敵歸類，說他們是「牛鬼蛇神」。他說話越來越激烈和刻意，表示現下已不需再客氣。周恩來明白雖然他自己沒被點名，但也是被批評的人之一。八月五日，毛澤東貼出一份他自己寫的大字報「炮打司令部」，攻擊那些「站在反動的資產階級立場上，實行資產階級專政」者，要「將無產階級轟轟烈烈的文化大革命運動打下去」。雖然劉少奇沒有被指名道姓的被點出，但是他成了主要目標，而周恩來、鄧小平和他們其他的政府同僚也在被攻擊之列。

周恩來變得異常地沉默寡言，當別人問他怎麼回事時，他只反覆回答：「毛主席已下了決心」，局面現在已無法挽回。他提醒國務院祕書長遇到群眾對工作人員提出問題時，要保持清醒，對文化革命表達正面態度。

政治結構瓦解

中央委員會在一九六六年八月全會通過領導人的重要調整，劉少奇和鄧小平遭到嚴厲的批評並靠邊站，書記處停止運作。包括中央文革小組成員加入簡短和專門的「碰頭會」，一般由周恩來主持。

當「文化大革命」如火如荼展開而不受控時，正式官僚組織變得越來越無關緊要，名稱和團體已不再有任何意義。跟隨毛澤東反對工作組的少數成為「造反派」，而支持工作組的多數成為「保守派」。毛澤東號召形成的造反風潮讓包括周恩來在內的領導層感到震驚，他試圖保護工作組，同時安撫中央委員會說他的政府要向群眾和主席學習。

八月十二日公布的政治局常委會中，由毛澤東帶頭，後面緊跟著林彪，周恩來、劉少奇和鄧小平留在常委中，但增加了康生和陳伯達。周恩來的年齡已經是六十八歲，合理地預期可以等到一個安穩的退休，但是他卻栽進一個前所未有的政治風暴中，這場政治風暴一直持續到他生命的結束。

周恩來並沒有馬上站在劉少奇及鄧小平那邊。金沖及解釋：

> 出於長期以來對毛澤東的尊敬和信賴，他對毛澤東做出的決策仍努力從積極方面去理解，希望通過這種自下而上的群眾大發動，真能有力地沖刷並消除黨和國家肌體上存在的種種陰暗面，使社會主義制度得到鞏固和發展。因此，在對內對外的一些場合，他都一再肯定開展「文化大革命」的必要性和必然性，並且檢查自己理解不深，跟不上形勢的發展。

當清華大學師生和工作人員於八月四日舉行群眾大會時，周恩來明確地要求大家要支持文化大革命和毛澤東。十天後，他對波蘭大使又重複這些話，同時他也表達出對這些活動支撐基礎的關切。他告訴這些學生，他們這一輩並不像學生們思想這麼解放，仍要向學生及群眾學習。他提及對他而言「保持晚節」很重要，但是犯錯並不表示就是反對毛澤東。他內斂和自我貶抑的個性讓他變得懷疑自己，成為他越來越難解決的問題。在一九六六年被趕下台前都擔任國家建設委員會主任的谷牧回憶，當時許多高級領導人無法理解所發生的事，而且沒有能力判斷正在發生的事，許多人被這場風暴掃到，他們的經驗和理解都沒有用。周恩來要執行由毛澤東領導的黨所做的決策，還強調要「加深理解」和「跟上形勢」。之前的規則已經不再適用，沒有人知道要如何做或是要期待些什麼。

紅衛兵和破「四舊」

八月十八日，周恩來對北京第三十一中學學生講話。他提到當紅衛兵在北京結集時，毛澤東堅持要穿著軍裝，就趕著做了一套軍裝給他。周恩來不喜歡「紅衛兵」這個名稱，覺得像是外國的名字，他建議用「赤衛隊」。兩個名稱都有被用到，但「赤衛隊」似乎比較保守些。

紅衛兵被鼓動要去打破「四舊」（舊思想、舊文化、舊風俗、舊習慣），因此導致知名且具影響力的年長知識分子遭到襲擊、街道及地方名稱被修改，以及許多文化遺址受到毀壞。周恩來想保護他力所能及的一些人，也不支持擅改名稱這種事，他還派遣北京衛戍部隊去保護他先前就關閉的故宮。他試著向中學的紅衛兵說明，由於舊社會經歷的時間很長，要消滅「四舊」需要一個較長的過程。他討厭隨意打砸，還宣導黨及政府的法律與規定，設法設下一些限制還有規則，更直接對紅衛兵組織進行干預。在周恩來建議下，北京市委在勞動人民文化宮內設立紅衛兵聯絡站。周恩來明確表示，縱使他支持紅衛兵運動，但在涉及整個黨和國家的事情上，不能任由紅衛兵片面就做決定。

通過對學生的接觸，周恩來得到對蘇聯大使館前道路要改成「反修路」並且還要舉行遊行的消息。八月二十九日凌晨兩點，他召來紅衛兵領袖，警告他們在大使館貼大字報並闖進蘇聯大使館會導致駐莫斯科的中國大使館遭到報復。學生領袖同意他的意見，但是為了安全，他仍然安排北京衛戍區部隊到場。周恩來直到凌晨六點才上床睡覺，但仍指示當值祕書一有緊急狀況就要叫醒他。遊行進行了兩天，卻沒有任何意外的事情發生。周恩來出手制止了要將北京市改名為「東方紅市」以及把天安門前的獅子換成毛澤東銅像等事。十月十九日，他接見藏族學生，他們因為原來的名字「帶有迷信色彩」想要改名。周恩來勸他們不要這麼做，他說如果每個人都要改名的話，結果就會有許多「東方紅一號」、「東方紅二號」之類的。他指出許多漢族名字也有迷信的意思。

保護被針對的一些人

「破四舊」運動成為紅衛兵對一些知名人士侮辱、打擊和抄家的理由。周恩來試圖遏止這些行為，但是中央文革小組所發出的激烈言詞對這幫狂熱及天真的造反學生們更具吸引力。老舍的死尤其令周恩來感到震驚。老舍這位知名的戲劇藝術家公然被毆打、羞辱，而後在北京的太平湖中溺死，極有可能是自殺。周恩來得到老舍遭到攻擊的消息太晚而沒能救下他的性命，在悲憤下，他聯絡那些可能會有危險的人，尤其是非共黨人士，並採取措施保護他們。

於一九四九年降於中共的前國民黨將領張治中，一九六六年夏正在北戴河。周恩來指示統戰部對其示警，並且在張治中返回北京時，要求北京衛戍司令部派部隊在他住處為他及附近其他有關人士擔任警戒。前後有五批紅衛兵前來準備洗劫張家，但被穿著便服戴著紅衛兵袖章的士兵擋下。周恩來幾乎每天都和前來的紅衛兵組織聯繫，當他得知孫逸仙的遺孀宋慶齡在上海住處遭到攻擊和她父母墓地被毀損的消息後，他發出警告表示這種事情不能再有，類似事件就沒有再發生。當紅衛兵「串連」開始造成鐵路運輸的困擾，周恩來想要繩之以約束及紀律，卻受到來自於中央文革小組的反對。[2]

周恩來堅持各級官員不得任意被群眾「罷官」（這個字是刻意取自「海瑞罷官」這齣戲）。九月二十九日在哈爾濱軍事工程學校的演講中，他強調反對一個政治路線不能說就是反革命，並表示「治病救人」才是正軌。中央委員會、國務院和各部門領導有三十六個人停職檢查，他們也不應該被「一棍子打死」。

十月一日是發生文化大革命以來的第一個開國紀念日，周恩來檢查當天《人民日報》社論「用毛澤東思想武裝七億人民」校樣，把「無產階級敵人」的字句拿掉。現下顯然是毛澤東接班人的林彪，則高聲稱頌毛澤東的「無產階級革命路線，同資產階級反對革命路線」之間的鬥爭仍在繼續。

《紅旗》雜誌則刊出一篇周恩來未審查且措詞未經任何修飾的社論。在中國社會科學院擔任總理聯絡員的劉西堯回憶，周恩來不贊成《紅旗》雜誌中指黨內不同意見就是「資產階級反動路線」的說法。那是康生主張的用法，這篇社論是由他和陳伯達拼湊而成的。周恩來試著和毛澤東說明，但是這個說法還是沒被更動，並在紅衛兵攻擊官員、抄查他們的辦公室和住處搜查「黑材料」時拿來使用。

一九六六年九月，中央文革小組的注意力，尤其是江青，轉向了周恩來。江青指他是個想要利用妥協和調解處理不同意見的「折衷主義」者。指他善於調解妥協是真的，也經常被人覺得是如此，但是暗指他沒有政治原則就不對了。

毛澤東在十月九日到二十八日召開中央工作會議以加強他對文化大革命的控制。除了毛澤東之外，主要的發言人是林彪和陳伯達，他們第一次指名批評劉少奇和鄧小平是「資產階級反動路線」代表，使這兩個人被迫做自我批評，而「兩條路線的鬥爭」也進入文化大革命的辭彙之中。周恩來也做了自我批評，表示「我們看不清不要緊，要緊跟主席，不要掉隊」。這是周恩來在知道他即便不認同這場運動但也只能順從之下所能說的話。他還說要繼續向陳伯達及群眾多多學習，著實諷刺。他勸說參加會議者要迎接運動「高潮」的到來，要採取主動、親臨前線、考驗自己並解決問題。

保護王光美

在劉少奇被點名成為目標後，清華大學學生堅持要原為清華大學工作組成員的他妻子王光美回到學校交待錯誤。十月九日周恩來和江青在上海的激進派盟友張春橋與清華紅衛兵見面。周恩來試圖在兩方之間扮演一個坦誠的中間人。他先謝謝紅衛兵能把問題寫出來，但表示要求當時在中南海的王光美做自我批評委實太快了一些，他們對王光美有責任，王光美也需要時間準備。張春橋同意她應該作檢查，然而周恩來重申由於王光美不是普通工作人員，所以需要更多的時間，當場作檢查勢必為中共中央造成一些問題。事情應該由毛主席做主，不是學生們做主。無論是黨或是王光美都不可能全部回答大字報上所問的問題。周恩來很技巧地在時間上做文章，並用毛主席的名義對付那些相信自己是在為毛服務的人。他仍是中央文革小組成員，並在必要時利用這個身分所擁有的權力。他派國務院和公安部的人在各個街道路口查看那些攻擊王光美的大字報，並要王光美不要去參加紅衛兵所召集批判她的大會。他把邀請通知送回給陳伯達、康生、江青和張春橋，附上字條表示他會派人去大會錄音，讓王光美聽大會上的發言。

保護劉少奇

毛澤東接見紅衛兵的幾次集會中，劉少奇和鄧小平都曾參加。國慶活動時，在周恩來精心安排下，劉少奇以國家元首身分站在主席台上，緊接著毛澤東和林彪之後，周恩來則安排在後面。到了孫逸仙百年誕辰紀念會，由於紅衛兵可能會衝擊主席台，周恩來建議劉、鄧兩人不要出席以趨避。十月十八日從外地來的紅衛兵在北京天安門觀禮台上貼著指名批判劉少奇的標語，周恩來派人勸說他們撤下那些標語，並在隔天阻止另一批也要這麼做的人。

周恩來協助劉少奇構思自我批評的內容，想要幫他解決這個困境。當這份自我批評於十月二十三日在中共中央討論時，毛澤東認可劉少奇和鄧小平犯錯誤也是有原因的，並同意不應該用大字報來攻擊他們。周恩來盡可能地讓不同意見都可以在黨內存在。他制止紅衛兵傳播陳伯達點名批判他人的講話抄件。當這篇講話的部分內容出現在《紅旗》雜誌第十四期時，周恩來發怒了。

大部分出現在大字報上或是中央文革小組講話中對周恩來的攻擊都是影射，但也有一些指名道姓的。有次某人用電報發送對周恩來的批判，就被郵電部門截下。周恩來忙著在紅衛兵各種批判攻擊中保護一些人，另外在他的工作紀錄中，曾經會見過的群遊組織就有一百六十批。他是被紅衛兵鎖定目標對象的唯一希望，但是他的干預往往只是拖延了一些時間，該發生的還是擋不了。

另一個讓周恩來擔心的是經濟。首先受到影響的是文化教育和運輸部門，但是還是要鼓勵農業和產業方面的工作人員「抓革命，促生產」。生產受阻，工人造反，管理癱瘓。周恩來強調，工廠和農田不像學校，不能停工放假，農地需要他們每天八小時工作。他不能反抗毛澤東在造反上的限制，但是卻可以影響《人民日報》十一月十日所刊登的社論，那篇社論著重說明如果要人民的生活利益不受損害，持續生產就很重要，這應該是「常識」。

當張春橋、王洪文和姚文元（爾後「四人幫」中的三人）發動一場上海罷工行動那天，江青（「四人幫」中的第四人）和林彪策劃一場地方上的奪權行動，讓「工人革命造反總司令部」奪上海市委的權。上海交通系統和地方經濟全然癱瘓。周恩來試圖說服在北京的陳伯達阻止這件事，但是主動權還是在上海，縱使周恩來聯繫他在上海的支持者，但還是沒能阻止這項行動。這件事當然導致中央文革小組發動更多的攻擊行動。一九六六年底，周恩來對中國科學院的工作人員表示，他從未想過民主會如此猛烈。而一九六七年將會變得更艱難。[3]

第二十三章

動盪、恢復和生命最後一年

——一九六七～一九七六年

中南海是我的工作崗位，是毛主席、黨中央和國務院所在地。無論發生什麼情況，我決不離開中南海。如果有人來衝，我將挺身而出，保衛中南海。

——周恩來[1]

一九六七年開年，上海市委和市政府被一些偽稱民主的「革命」組織給奪了權，後來被稱為「一月風暴」。整個國家因為政敵之間彼此爭權而陷入越來越深的混亂之中。一些知名且受人尊敬的黨或政府幹部都被綁出辦公處所，有的受到咒罵，許多人被毆打，更有些人就此失去了生命。縱然受到來自上海那幫激進分子尖銳的攻擊，尤其是對他個人懷有惡意的江青，周恩來都一直留在總理的職位上。

一九六七年《人民日報》和《紅旗》雜誌社論上使用的語氣十分強烈、乖張和聳動，整篇充滿火藥味。副總理陶鑄成為江青第一個下手整肅對象，由康生和陳伯達指控其為「保皇派」並且還反對毛澤東。江青唆使清華大學紅衛兵將王光美誘出中南海，並對她公開批鬥，周恩來一直想要避免發生這種事，未料仍是徒勞無功。江青和張春橋慫恿紅衛兵包圍中南海，反覆呼喊反對劉少奇和鄧小平的口號。

周恩來當時正在打著一場沒有勝算的仗。他的辦公處所和住處位於中南海西側的西花廳，和熱鬧的府右街只有一牆之隔，持續的喧鬧聲嚴重干擾他的工作和睡眠，但他還是沒有移往較安靜的地方，堅稱「中南海是我的工作崗位，是毛主席、黨中央和國務院所在地。無論發生什麼情況，我決不離開中南海。如果有人來衝，我將挺身而出，保衛中南海。」身為總理的周恩來盡可能履行著他的職權，而軍人出身的他也不會棄守崗位或是置同志於不顧。

江青不斷設法削弱破壞周恩來的力量，並堅稱「群眾要鬥爭」他的工作人員，要他們「隨傳隨到」。周恩來表面上正式地給予這些工作人員一段時間寫檢討，但這麼做卻是讓他們能在國務院宿舍內緩口氣，遠離紅衛兵，並且幫他們撰寫能過得了關的「自我批評」。

一月八日剛過午夜後不久，一批中國農業大學的學生衝進中南海西門要抓直言反對文化大革命的譚震林。當時正在開會的周恩來，馬上驅車趕來和抗議者講道理。他說服抗議學生們離開中南海，最後前往人民大會堂，譚震林在那裡接受兩個小時的批評，周恩來全程陪在旁邊，解了中南海被圍之險，也沒讓譚震林落到紅衛兵手裡。

周恩來不論是個人還是工作上，都失去許多朋友及同事。長期和周恩一起工作的國務院副祕書長許明，因為反對江青而被迫害，於一九六六年底自殺。有更多高級幹部和軍官的「非正常死亡」發生。周恩來在聽聞他的煤炭工業部部長張霖之被毆打致死時，悲憤地當面對著「造反派」大罵他們所為的暴行。

人民解放軍介入

周恩來最後還是說服毛澤東某種程度的秩序仍有恢復必要。紅衛兵「串連」受到限制，但是軍隊奉命要「支左」，就是要支援毛澤東和中央文革小組。「造反派」們認為軍方都是保守分子，但軍隊是分化的，特別是在軍事學院內，林彪讓學生們有權造反。各省的奪權行動造成派系衝突惡化，紀律蕩然。總參謀部擔心部隊失控，在周恩來支持下，說服毛澤東同意下達八條命令，讓軍隊免於紅衛兵攻擊。

周恩來於二月二日寫信給陳伯達和江青，建議能有一個像之前政治局一般的團體來處理日常業務，讓其他機構能專心投入文化大革命。二月七日在懷仁堂一場正式會議前，幾位軍委會高級幹部指責中央文革小組。正式會議於二月十二日由周恩來主持召開，葉劍英元帥責罵康生、陳伯達和張春橋把「黨、政府、工廠和農村」都搞亂了，還想要把軍隊弄得也一樣。這些高聲指責、大力拍桌，表達憤怒的程度連周恩來都猝不及防，並在會議開了三個半小時後就叫停。二月十六日晚上，三位中央文革小組成員向毛澤東回報情形，毛澤東對那些指文化大革命是暴行的人大力斥責。江青、康生和陳伯達開始煽動一場對他們稱之為「二月逆流」的反擊。同一時間，周恩來在重要省分建立「軍事管制委員會」（軍管會）保持軍隊在他的控制之下。

毛澤東已然既老又病，江青視周恩來為其接班路上的主要障礙。北京處處出現攻擊周恩來的標語和大字報，不過他依然保持一貫冷靜，繼續做他的工作。江青時常使出下流手法對付政敵，在一次即便對她而言都堪稱骯髒的招術上，她宣稱取得周恩來在一九三〇年代以化名伍豪所寫的反黨啟事，周恩來表示那是國民黨警察偽造的。

動盪時期的國際關係

這陣紛亂無序無疑也影響到外交工作。曾在周恩來任總理時的外交部副部長羅貴波曾回憶：

一九六七年一月，外交部成立了「革命造反聯絡站」，在部裡搞「奪權」。周總理委派陳老總在人民大會堂召集部黨組成員和造反派頭頭開會，宣布：一、「聯絡站」所奪的是領導運動之權；二、外交業務之權不能奪，造反派對此只能實行「業務監督」。之後，外交部成立了大約十人左右的「業務監督小組」，每個業務司都有代表參加。在那段時間裡，周總理對抓外交業務做了許多指示，其中有兩條很明確。一是要堅守崗位，二是外交工作不能中斷。這是他當著我們部黨組成員和造反派的面一起講的。「文化大革命」中外交工作一般來說沒有中斷，但是干擾很大，談不上開展，甚至就是維持也很困難。周總理早有指示，駐外使領館不許搞奪權、貼大字報等。開始還能控制住，後來就控制不住了。一些駐外使領館也搞起「造反」、「奪權」，大字報鋪天蓋地，大喇叭成天廣播，把使館搞得一塌糊塗。

外交官被拉出辦公室批鬥，但還是要完成日常工作，如果批鬥太過分，周恩來就會出手干預；實在太兇，他就會把受批鬥的人帶到西花廳後面的平房裡保護起來。

身為外交部長的陳毅是當然目標，周恩來說對陳毅的批評可以理解，但陳毅不能被「打倒」。一九六七年七月時，周恩來要離開北京前去處理解放軍內部派系鬥爭的「武漢事件」（譯註：一九六七年湖北省造反派企圖奪權失敗，造成分裂，各組織間大量發生武鬥，並牽連解放軍，造成流血事件頻傳。中共中央派公安部長謝富治和中央文革小組成員王力前往處理。未料由於處理手法不佳，激怒其中一派，致使七月二十日發生大規模遊行，中央文革小組成員王力還遭到糾鬥。稱為「武漢事件」或「七二〇事件」）。趁他不在，上千名造反派在外交部外面「紮營」，拿著陳毅肖像遊行，還邊叫囂辱他。八月七日晚上，在武漢事件中受傷的中央文革小組成員王力回到北京。他指示外交部內的造反派奪權並「打倒」陳毅。這個王力八月七日講話被以諧音稱為「王八七」講話。周恩來參加造反派批陳的各個會議，但是在八月十一日，由於造反派違背協議，拿出「打倒陳毅」的標語，引發周恩來憤怒，公開護著陳毅離開以示抗議。八月十九日，在王力煽動下，造反派砸了外交部政治部，宣稱「奪權」。整個中華人民共和國外交業務陷入混亂。三天後，這批外交部造反派在其他紅衛兵團體支援下，包圍英國代辦處，縱火並羞辱他們的工作人員，接著轉往攻擊印度、緬甸和印尼使團駐地。周恩來召集造反派，以中共中央及國務院之名，告訴他們所採取的奪權行動是非法的，他們的行動已經失控。他向毛澤東報告，但是紅衛兵們卻宣稱要對「舊政府」的各個方面進行打擊，還要打擊為首的國務院。

周恩來反擊

惡意干預對外關係並不是毛澤東的意思，周恩來就藉機反擊。八月二十三日凌晨一點，就在中央文革小組開完碰頭會後，周恩來和在上海見過毛澤東剛回來的代理總參謀長楊成武會面。周恩來提及王力講話、對外交部奪權和影響波及外貿以及國務院所帶來的損害。他還對紅衛兵包圍中南海並大呼要「打倒」軍中領導等事提出指責，擔心武器和彈藥會流入不法人士手中。楊成武答應他一早就飛回上海，把王力的一份講話稿轉交給毛澤東。在不到二十四小時之內，幾乎不怎麼睡覺的毛澤東要周恩來把王力一干人等拘留起來。楊成武於八月二十六日帶著毛澤東決定的指示回到北京，只給周恩來看。周恩來並沒有完全遵照毛澤東的指示，召集陳伯達、康生、江青等人開了一場臨時會議，並派楊成武到北戴河向林彪報告。王力被捕，關鋒和戚本禹支援他的人同樣被拘。如此一來，中央文革小組中的三人遭到處理，更加深江青對周恩來的憎恨。

在英國外交人員駐地被攻擊及香港發生騷亂後（譯註：此處香港騷亂指的應該是一九六七年所發生的香港左派暴動。一九六七年五月，香港左派受文革影響藉勞資糾紛煽動暴力抗爭，北京紅衛兵更依據這個事情方才於八月攻擊並火燒英國辦事處），周恩來所有的精力和耐性皆已用盡。他向身為作家同時也是活動家的雪莉・葛拉漢・杜拔（Shirley Graham Du Bois）透露，整個中國革命現在也許已經以失敗告終。壓力對周恩來的健康造成傷害，一次嚴重的心絞痛讓周恩來無法再行工作。心臟問題在一次周恩來於廣州和紅衛兵的會面後被確診，他當時就被送往醫院治療並輸氧。早在二月時，他的部屬就已經注意到他身體狀況已經不若以往，就將一張文革式的大字報貼在他辦公室門口，要求他為了黨要減輕工作分量。一些高層領導、辦公室同仁和醫務人員也都在上面簽名。隔天，二月四日，當他看到這張大字報時，他加上「誠懇接受，要看實踐」八個字。然而周恩來還是堅持要留在崗位上處理緊急送來的大量電文和會議。

九月二十四日，周恩來告訴鄧穎超他不舒服，手會抖。三天後，他甚至無法為開國紀念日題字而請祕書代為處理，但在恢復後他又馬上投入工作。他這時已經年近七十，按孔子所說應該是「從心所欲，不踰矩」，但他無論是身或心都已然耗竭。[2]

一九六七年秋，經濟已到窮途末路，運輸，包括國際船運都已停滯。江青和造反派們煽動內部派系鬥爭暴力，中國處於內戰邊緣。一九六七年九月五日，由周恩來起草、毛澤東同意的一份命令不准群眾組織取得武器，並授權解放軍使用武力制止此種行為。江青聲稱支持毛澤東所說「要文鬥，不要武鬥」並譴責過於激進的左派分子使用暴力手段和失控的行為，這是個重要的退讓。周恩來接見一個接著一個的紅衛兵團體以及群眾組織，稱其中一些造反派是「法西斯」。毛澤東則仍然對暴力行為含糊其辭。

十月下旬，周恩來要求運輸系統工作人員恢復鐵路運輸，語帶警告反對「內戰」，並且告訴他們鐵路系統比一九二〇年代的軍閥時期還要糟糕。在那整個冬季中「內戰」越來越嚴重。

保護老幹部

國務院裡的總理值班室於一九六八年九月被撤消，給周恩來留下兩個祕書。對高層領導的「打倒」作為已經失控，但他盡量保護能夠保護的人，尤其是那些年紀最長和影響最嚴重者。為了讓他們不受傷害，周恩來將他們送往像是軍事宣傳隊的工作單位，並美其名為「下放勞動」和「接受再教育」。他的一位祕書周家鼎就曾被送往一間工廠，在工廠裡一起的人有元帥、將軍和一些省委第一書記。周恩來交待對這些作客的高層領導要好好對待，給他們找好的住處並分別供餐。他們被分配從事輕鬆的工作，能夠看書報，假日還能接見訪客。「下放」和「監護」做法很可能救下了許多人的性命，尤其是那些在政治協商會議中的前國民黨官員。

周恩來還將一些最有能力的人拉離紅衛兵掌握。一九六八年二月，一批外交部工作人員貼出大字報，對攻擊他們部長陳毅的左派分子提出批評，並提出讓陳毅復出工作。周恩來和陳毅判斷這個要求還不到時間，並寫了一封信解釋，這封信則被公布於外交部辦公室內。周恩來庇護許多受到假指控和捏造檔案迫害的工作人員，但他的權力和精神畢竟是有限的。

一九六八年十月十三至三十一日，中央委員會於北京召開會議。原本成員的三分之二已經被「打倒」，而中央文革小組成員以及他們在軍中和各省的支持者也被納入參加開會。劉少奇被開除出黨，他的所有職務也被撤消。劉少奇在受到紅衛兵凌虐後，死於一九六九年十一月。周恩來對以嚴刑拷打取得的虛假證詞和證據絕對反對，但卻不知道在劉少奇身上所用的證據就是這樣得來的。周恩來，甚至毛澤東，都對反映劉少奇曾經勾結「敵人」的資料表示過懷疑，但正式的調查確定劉少奇犯下政治罪行。毛澤東接受了這項結果，周恩來也沒有提出反對。

周恩來要和毛澤東一起準備中共第九次全國代表大會，但又要分心把精神放在年度經濟計畫上，然而因為文化大革命，對經濟問題進行討論幾乎是不可能的事。十二月二十六日，周恩來把國家計畫委員會的余秋里叫去，余秋里於凌晨三點到周恩來住處，周恩來極為疲倦，還在擔心一九六九年的經濟計畫沒有著落。余秋理提出一個第一季度的臨時計畫，周恩來欣然接受。

林彪的竄起與令人驚異的墜落 一九六九～一九七〇年

一九七〇年三月，毛澤東自武漢東湖的湖濱別莊提出憲法修訂提議，其中包括撤消國家主席或是總統職位——就是劉少奇曾擔任的職務。毛宣布文化大革命正趨向結束，是時候重建政府機構。周恩來經年的等待就是為了這個，但是一個勢頭如此猛烈的運動不是只靠簽發一紙命令就能結束的。

在一九七〇年八、九月於不祥的廬山所舉行的中共中央會議上，林彪支持者和其對手江青之間的衝突升高。林彪當時被視為毛澤東接班人。毛澤東批評支持林彪的陳伯達，而周恩來也對調查陳伯達「反革命罪行」主持召開過一場「華北會議」。林彪奪權的機會逐漸消退。

對於下一步將會如何發展仍然混沌不明且眾說紛紜，然而林彪被指控曾下令於一九七一年九月八日發動武裝政變及暗殺毛澤東。毛澤東臨時改變行程路線，擊殺未成，林彪偕其妻、子搭乘一架飛機飛往蘇聯，飛機墜毀於蒙古，林家三人及飛機乘員等俱皆身亡。這項出乎毛澤東意料之外的突發事件卻給文化大革命的暴行和錯誤找到了現成的替罪羔羊。

周恩來仍是總理，他與中央文革小組水火不容，尤其是江青，毛澤東卻又護著他。毛澤東知道，沒了周恩來，這個國家就不能運作。江青和她的支持者繼續詆毀周恩來，但他們的攻擊卻被指為是一個不存在的「五一六集團」（譯註：部分左派分子利用前一章所提及的「五一六通知」公布機會發動攻擊周恩來作為，引發反彈，後為安撫支持周恩來力量，毛澤東指是極左分子挑撥離間，這些極左分子即為「五一六反革命集團」。後發起調查行動皆由江青一派主導並用以混淆視聽。林彪事件後，清查行動無以繼，但「五一六集團」是否真實存在卻一直存疑）所為。

林彪的背叛在身心方面徹底打垮了毛澤東，但他認識到在政治上要進行改變，開始對以往的對手示好。周恩來手下的外交部長陳毅於一九七二年一月六日死於癌症，毛澤東堅持要去參加他的追悼會。周恩來還邀請數位高級領導幹部及在中國流亡的柬埔寨西哈努克親王參加。不管是出於真心或只是做戲，毛澤東的悔悟，都暗示著鄧小平有復出的可能。鄧小平被周恩來遠遠地保護在江西。毛澤東出席陳毅追悼會的動作，讓周恩來相信扭轉文化大革命政策的時候到了。他下令對倖存的高層幹部健康狀況進行檢查，避免更多人會突然逝世，並讓被紅衛兵組織「打倒」和被關押的老幹部不會繼續受到凌虐。

周恩來要應付中央文革小組，還需要毛澤東的支持。因為知道他改變政策的作為也有可能會被扭轉，所以周恩來行事處處小心，他的地位卻相對更為強大。周恩來利用這種優勢修補中國破損的對外關係，他在外交上的主動示好促成與日本關係正常化以及美國總統尼克森的訪華。

接班

將近八十歲的毛澤東，不論是身體或是精神都漸漸衰弱。兩個可能的接班人——劉少奇和林彪——都已身亡，而中央文革小組的極左分子在林彪事件後也被排除在外。周恩來也許是個被大家看好的選擇，但他再也沒機會看到自己成為領袖：他已經七十四歲，而且被診斷出罹患癌症。

鄧小平正在江西的拖拉機修理廠苦熬，拜周恩來保護所賜安好無恙，但已準備好要回到政治第一線工作。他於一九七一年寫信給毛澤東，表示他在工廠黨員開會時聽到林彪的事後，感到十分震驚，願意貢獻自己的能力出來工作。在毛澤東的同意下，周恩來恢復鄧小平在黨和政府的職位。鄧小平和他的妻子於一九七三年二月二十二日回到北京，並於三月九日恢復原本副總理的職務。周恩來開始請病假。

中共第十次全國代表大會，一九七三年八月二十四日至二十八日

中共於一九七三年八月底在人民大會堂舉行全國代表大會，會議看起像是由上海的左派分子、江青、張春橋，以及最後一位受毛澤東庇護的人——王洪文所主導。理應由周恩來撰寫的政治報告，卻是由張春橋按照毛澤東的想法寫就，並經過毛的同意。周恩來清楚表明報告非他所撰，但張春橋也否認他是那篇報告的作者，他只是把毛澤東所講的話串起來，而有些話他也不是很明白。

毛澤東沒有發表談話，但他出席了八月三十日的第十屆中央委員會第一次全會，而氧氣瓶就放在重要的位置。周恩來主持會議並要求中央委員們就程序和組織進行討論。他在政治局常委會中仍被孤立，而常委會裡他所能信任的就是葉劍英。

批林批孔——以及周恩來

周恩來是上海那批左派分子眼中最大的威脅，他們藉著「批林批孔運動」對周恩來進行攻擊。不論林彪或是孔子都已經不能為自己提出辯護，發起運動的根本原因是因為林彪曾私下尊孔，而周恩來是一個走中庸及調和路線的人，明顯表示信奉儒家。一九七三年夏，一系列批判儒學而尊崇法家的偽史學文章離奇地出現，在周恩來還在世的那幾年熱鬧了起來。這些文章間接隱喻針對的就是當前政治。雖然周恩來未被指名，但顯然目標就是他，不過左派分子不太有把握對他直接進攻，因為忌憚他仍有毛澤東的支持。

周恩來的生涯無論如何都到了結束的時候。一九七五年二月一日，周恩來在醫院宣布國務院的主持工作交由鄧小平負責。直到一九七五年夏天為止，他仍然推動著政治局及政治局常委會的會議，但日常工作就交由鄧小平處理，並接受毛澤東的指示。一九七五年六月，鄧小平實際掌控政治局。

周恩來最後的日子

周恩來最後的對手還是人而不是政治。黃宛從一九五〇年開始在北京協和醫院工作，直到一九五八年被調到以醫治心血管疾病為主的阜外醫院（譯註：全稱為「中國醫學科學院阜外醫院」）。一九六六年他轉調解放軍總醫院，並在周恩來最後病重的日子裡對他進行治療。黃宛留下一些全面性的紀錄，其中有一些觀察、診斷和治療事項。

黃宛第一次見到周恩來是在一九六七年六月，當時這位總理帶一位來訪的國家元首到上海。黃宛被邀請先登機，不讓周恩來知道安排了一位醫生上飛機。回程時他還是被介紹給周恩來，當著周恩來的面他還解釋他之所以在飛機上是為了給外國貴賓提供照護的，但周恩來猜得到他在飛機上實際的原因。

當周恩來病重時，黃宛被安排加入監測床邊心電圖的輪值人員中，周恩來所患的是不易治療的原發癌，以外科開刀治療的方式被排除，一方面是因為周恩來的年齡，另一方面是康生和謝富治做過類似的開刀治療，都沒成功。

由於領導人的健康都有政治意義，醫院必須把情況報告給毛澤東，但毛遲遲沒有回應，以致原本可能成功手術的好機會就此錯失。十二月二十一日，黃宛和周恩來的主治大夫張佐良討論病情。一九七二年周恩來就被檢查出有血尿和血便，一九七三年則查出有癌細胞。周恩來不同意進行灌腸攝影檢查，不過在幾位專家的診斷下，仍然確診是癌症。毛再度被告知情況，但基於他自己的和他知道的另外兩個人的醫療經驗，而這另外兩個人都沒能活下來，他對治療的有效性存疑。他下令對診斷結果保密，即便是周恩來和周的妻子都不能知道，也不讓他接受治療。

到了二月底，張佐良醫生還是決定要告訴鄧穎超和「向領導報告」。他聯繫葉劍英，要求向毛澤東請求指示，毛澤東回覆周恩來可以作檢查但不予治療。醫生們決定依據他們的診療判斷在一九七三年三月十日對腫瘤實施電燒。基於當時毛澤東的身體和健康狀況，很難說這些指示都真的是出自毛澤東。在他晚年，江青和曾為毛澤東專列的餐車服務員而後來最為毛所信任的張玉鳳，都經常代為詮釋他的講話和表示。

就在接近周恩來的生命終點時，有關他心理狀況的流言四起，有些提到他責備自己沒有阻止毛澤東犯下政治錯誤。除了鄧穎超之外，沒什麼人來探病，也看不到高層領導人來。探望最勤的是葉劍英，是他自黃埔軍校以來長期的夥伴和朋友。一九七五年十二月之前，周恩來一直離不開病床，即便當時他已經數度陷入昏迷，但卻仍放不下公事。一九七六年元旦，報紙上刊出毛澤東所做的詞「重上井崗山」（譯註：這首詞的詞牌名為「水調歌頭」，毛澤東於一九六五年即寫就，一直未發表，直至一九七六年元旦才發表），周恩來當時已經非常虛弱，還是央求一位醫生唸給他聽。周恩來死於一九七六年一月八日早上九時五十七分，年七十八歲。[3]

在一月十五日的追悼會上，由鄧小平致悼詞。是周恩來讓鄧小平的復出成為可能，而鄧小平在一九七〇和一九八〇年代對中國共產黨的領導以及因而推動的經濟改革，讓中國得以改頭換面。

後記

周恩來，迷失的領導人

一九六二年一月十一日至二月七日召開一場參加者眾多的工作會議，即為後人記憶中的「七千人大會」，是中華人民共和國政治史上一個重要時間點。大躍進的重大缺失已是人盡皆知，毛澤東的聲望降至有史以來最低點，而理性官僚機構的反對聲浪高漲。周恩來明顯可以選擇取毛澤東而代之。長征前，他在黨的體系中地位就已經很高，還曾經在南方領導著祕密工作及外交工作，還有著實際和完整的軍事領導人的經歷，更有擔任總理和優秀外交部長的資歷；為什麼這樣一位受人敬重且盡忠職守的人無法成為中國的（最高）領袖？

在七千人大會前，周恩來表現在外的是一位有著一般身高和體型而個性謙和的人，散發出有學識且優雅但也具備經驗和能力的氣質。以張素華的看法，「從歷史的角度來看，他有機會成為中國共產黨的第一把手，但他從沒這麼做。」[1]在中國文化中，一個人的祖籍地被認為有著很重要的影響，而周恩來的祖籍是浙江紹興，雖然他並不是出生在那裡。史上紹興以盛產「師爺」聞名，也就是在政治上提供意見的人。周恩來會不會是受到地方文化的影響？他常常甘於作一位領袖身邊的參謀或是助理而非領袖。他在一九六二年的職位就是在共產黨黨主席麾下的國務院總理。[2]

周恩來的經歷透露出他之所以未能登頂，是因為他的吝於表達而不是因為政敵對他的敵意——至少一直到他最後的那些年。他常常有機會傷害及除去他的政敵，但卻狠不下心。

☆

一位日本訪客曾讀過權延赤所著《走下神壇的毛澤東》，據權延赤所見，中國是被一神和一聖統治了半個世紀。他質問：而自從這位神——即毛澤東——被摘除了光環後，難道不是也到了該除去這位聖——即周恩來——外衣的時候了？周恩來確實在許多中國人心中有著聖人形象，但是他真的就只是毛澤東的副手？

在中國政治圈中流傳著周恩來永遠不會成為政治權力上的頭號人物，而他自己也堅稱他不是一個「帥才」，即便他有著豐富的軍事經歷。他既不是排在第二位的人物也不是接班人，但他安於接受排在第三名的位置，所有人都同意這個位置符合他一貫的謙遜並能反映出他被公認的行政管理能力。權延赤記得一九六六年八月十七日有一場周恩來和他所參加的「首都大專院校紅衛兵南下兵團」負責人於中南海會議廳的會面。那天是文化大革命群眾大會（譯註：即毛澤東首次接見紅衛兵）前一天，超過一百萬的紅衛兵群聚天安門廣場。在經過漫長七個小時的會談和必須的合照後，周恩來走進他的紅旗座車，要前去人民大會堂接見一位重要外賓。在離開前，他問這些紅衛兵「領袖」們他們在組織裡的職務，權延赤回答他是「政委」。周恩來提醒他們革命是要服務人民而不是當官，毫無高高在上的姿態。這句話單獨聽起來像是隨口說出符合一般觀點的場面話，但按照周恩來的生活經歷和職業生涯，這句話有可能發自他真正的內心。[3]

☆

在大躍進及文化大革命期間，尤其是文化大革命時，周恩來所處的位置極不容易。為了生存，他要說和做一些非他所願的事。藉著自保後仍有的權力，他限制了一定程度的損害，護住了許多朋友和同僚。縱使他有無可懷疑的聲望和影響力，但也無力發起對毛澤東和文化大革命的抗拒。

周恩來的影響力取決於他和毛澤東的關係，最終權威還是毛澤東。儘管非常不贊成，周恩來不論是在共產黨內或是個人都依然對毛澤東忠誠，這也造成他在情感上永遠難解的衝突。周恩來試著掌握毛澤東並要將文化大革命的鬥爭限制在文化事務領域，讓這些事只發生在中央領導人之間，他失敗了。他的失敗讓這個國家陷入一團混亂。如果他公開反對毛澤東，他幾乎可以確定早就被清洗掉了。

☆

身為一輩子忠誠的共產黨員，他把黨和他所相信的革命志業放在所有其他事務之前，包括他的個人生活。雖然他仍然保持著和家人及朋友的聯繫，即便像是在內戰和日本侵略等最困難的時間裡依然如此。他的妻子鄧穎超，也將自己奉獻給中國共產黨，他們的婚姻從一開始就既是政治夥伴，也是個人關係的結合。周恩來對黨和他妻子的忠誠至死方休。這對夫婦沒有自己的小孩，卻為他們所收養的孩子建立了一個家。鄧穎超曾經流產，這對她的健康造成長期性的影響，而她在婚姻早期也曾經打掉過一個胎兒。

雖然在周恩來一生的婚姻中，偶爾都會出現暗指他是同性戀的說法，並說這就是他為什麼不能統領中國的原因。但這是一個難以解開的謎。中國共產黨在公開上是拘謹的，雖然個別人物之間的關係並不是那麼傳統。在一個對承認同性戀存在並非那麼開放的環境裡，任何指稱周恩來是同性戀的暗示都會被認為是政治上的抹黑。

大部分的流言都暗示他樂於有年輕男子的陪伴，並且對他們有所傾心，但很難有證據證明。最近有一本由一位記者蔡詠梅所寫並在香港出版的《周恩來的祕密情感世界》一書，指稱周恩來「藏著對一位世交好友和小他兩歲的同學李福景一生的愛戀」。這僅僅只是臆測，並且是作者對已出版的周恩來日記及其他一些文件遐想之作。[4] 周恩來絕對有能力在社會各個層面都能獲得長久和親密的友誼，這是他性格中很重要的一個部分，對他的政治生涯頗有助益。

☆

一九七六年一月十五日，當周恩來被送往八寶山火化時，成千上萬的群眾佇立街旁，悼念共產黨內失去了一位黨員和理性的代表。當年稍晚之後的清明節，正當眾人祭祀祖先及近期逝世的親人時，對這位前總理的哀悼和致敬大量湧現。這正是以江青為首的周恩來政敵們看上去似乎要全面接手中國共產黨之際，天安門廣場的人民英雄紀念碑周遭紛紛出現詩歌、花圈和一些頌揚的作品。數千名參與遊行者蜂擁來到天安門廣場，四月五日這些人遭到警察、軍隊和民兵的驅離。數百人被捕，許多人受傷，房舍和警車被焚。剛復出的鄧小平被指控並再度被撤職。直到毛澤東於一九七六年九月死亡及江青和四人幫終於垮台之後，鄧小平才回來繼續周恩來的工作。

☆

周恩來無疑是個孜孜不倦的人，但仍然是人。在工作上他絕不會放任自己鬆懈。他的下屬不論晝夜都隨時等著被召喚，或是回覆緊急訊息，或是處理他凌晨和毛澤東或其他領導人討論的問題。他的工作方式是革命戰爭所遺留下來的，那是一種已經滲入共產黨和其政府多年的軍事化文化。在周恩來部屬回憶中對這樣的事也幾乎沒什麼怨言：在戰爭年代，一位參謀被要求要在深夜發送一封電文或是繕打一份文件時，也不會對他的指揮官抱怨。周恩來的奉獻和勤奮受到一致崇敬，但他對工作人員仍一樣處處關切且待之以禮。在政治運動中，即便並不是每件事都能做到，但他仍盡一切可能讓他們不受傷害。

Zhongguo gongchandang Chongqing lishi: diyi juan (1926–1949) (History of the Chinese Communist Party in Chongqing Volume 1 (1926–1949)) Chongqing: Chongqing Press, 2011.

Zhou Enlai *Premier Chou En-lai's Letter to the Leaders of Asian and African Countries on the Sino-Indian Boundary Question* Beijing: Foreign Languages Press, 1973.

Zhou Enlai *Zhou Enlai zishu (Autobiography of Zhou Enlai)*, edited by Dong Baocun, Beijing: Jiefangjun wenyi chubanshe, 2007.

Hutchinson, 1984.

Winock, Michel *Pierre Mendès France* Paris: Bayard, 2005.

Wu Xiuquan, Ministry of Foreign Affairs website, http://www.fmprc.gov.cn/mfa_eng/ziliao_665539/wjrw_665549/lrfbzjbzzl_665553/t40514.shtml.

Yang Jisheng *Mubei 1958–1962* Zhongguo da jihuang jishi (*Tombstone: Record of China's Great Famine 1958–1962*) Hong Kong: Cosmos Books, 2010.

Yang Jisheng *Tombstone: The Untold Story of Mao's Great Famine* London: Allen Lane, 2012.

Yokoyama Suguru 'The Peasant Movement in Hunan' *Modern China* Vol. 1, April 1975, pp. 204–238.

Zeldin, Theodore *France 1848–1945, Volume II, Intellect, Taste and Anxiety* Oxford: Clarendon Press, 1988, p. 1130.

Zeng Mingzhi 'Tanpan shengya laole Zhou Enlai' (Talking with Veteran Professional Zhou Enlai) Wencui (*Literary Collection*) 31, 23 May 1946.

Zhang Guotao Wo de huiyi, Beijing: Contemporary Historical Materials Press, 1980, Vol. 2.

Zhang Suhua *Bianju: qiqianren dahuiyi shimo 1962* nian 1yue 11ri– 2yue 7ri (*Crisis: The Seven Thousand Person Conference January 11 to February 7 1962*) Beijing: Xinhua shudian, 2006.

Zhang Xueliang *Zhang Xueliang koushu zizhuan (Autobiography of Zhang Xueliang based on His Oral Account)*, compiled and edited by Wang Shujun, New York and Hong Kong: Xiangjiang Times Press, 2004.

Zheng Yi (ed.) *Guanghuan beihou de Zhou Enlai (Zhou Enlai behind the halo)* Hong Kong: Wenhua yishu chubanshe, 2008.

Zhonggong Chongqing shiwei dangshi yanjiushi (ed.) *Zhongguo gongchandang Chongqing difang jianshi: diyi juan (1926–1949) (Brief History of the Chinese Communist Party in the Chongqing Area)* Chongqing: Chongqing Press, 2006.

Shen Bochun *Xi'an shibian jishi* Beijing: Renmin chubanshe, 1979, p. 24.

Shen, Zhihua, Yafeng Xia *Mao and the Sino–Soviet Partnership 1945–1959: A New History* Lanham, MD: Lexington, 2015, pp. 20–27.

Snow, Edgar *Red Star over China* London: Victor Gollancz, 1937.

Snow, Helen *Foster My China Years* London: Harrap, 1984.

Sperber, A. M. *Murrow, His Life and Times* New York: Fordham University Press, 1998.

Stilwell, General Joseph W. *The Stilwell Papers* London: Macdonald, 1949.

Teiwes, Frederick C. and Warren Sun *The End of the Maoist Era: Chinese Politics during the Twilight of the Cultural Revolution, 1972–1976* Armonk: M.E. Sharper, 2008.

Thiébaud, Éric and Jean-Vincent Bacquart *La Guerre d'Indochine (1945–1954)* Paris: Tallandier, 1999.

Tong Xiaopeng *Zai Zhou Enlai shenbian sishinian (Forty Years by the Side of Zhou Enlai)* Beijing: Huawen Press, 2015, two volumes.

Tsang, Steve 'Target Zhou Enlai: The "Kashmir Princess" Incident of 1955' *China Quarterly* Vol. 139, Spring 1994, pp. 766–782.

Tsoi Wing-Mui (Cai Yongmei) *Zhou Enlai de mimi qinggan shijie (The Secret Emotional Life of Zhou Enlai)* Hong Kong: New Century, 2015.

Van de Ven, Hans J. *From Friend to Comrade: The Founding of the Chinese Communist Party, 1920–1927* Berkeley: University of California Press, 1992.

Wang Chunming and Zhonggong zhongyang wenxian yanjiushi *Zhou Enlai nianpu* 周恩來年譜 (*Chronology of the Life of Zhou Enlai*) Zhongyang wenxian chubanshe, 1998, four volumes.

White, Theodore H. and Annalee Jacoby *Thunder Out of China* New York: William Sloane, 1946.

Wilbur, C. Martin *The Nationalist Revolution in China 1923–1928* Cambridge: Cambridge University Press, 1983.

Wilson, Dick *Chou: The Story of Zhou Enlai 1898–1976* London:

Maxwell, Neville *India's China War* Bombay: Jaico Publishing House, 1970.

Meiyuan xincun Memorial Hall (ed.) *Meiyuan xincun: Zhongguo gongchandang daibiaotuan bangong yuanzhi jieshao 1946–7* (Meiyuan xincun: Introduction to the Site of the Chinese Communist Party Delegation) Nanjing: no date.

Nie Rongzhen *Nie Rongzhen huiyi lu* Beijing: Zhanshi chubanshe, 1983.

No author *Selected Articles Criticizing Lin Piao and Confucius* Beijing: Foreign Languages Press, 1974, two volumes.

Pakeman, S. A. *Ceylon* London: Ernest Benn, 1964.

Party History Research Centre of the Central Committee of the Chinese Communist Party *History of the Chinese Communist Party: A Chronology of Events (1919–1990)* Beijing: Foreign Languages Press, 1991.

Peng Dehuai *Peng Dehuai zishu* Beijing: Renmin chubanshe, 1981.

Quan Yanchi *Mao Zedong: Man, Not God* Beijing: Foreign Languages Press, 1992.

Quan Yanchi *Zoujin Zhou Enlai: tieshen weishi yanzhong de gongheguo zongli (Closer to Zhou Enlai: The Premier of the Republic in the Eyes of his Bodyguards and Constant Companions)* Chengdu: Sichuan renmin chubanshe, 2017.

Russell, Bertrand, Richard A. Rempel and Beryl Haslam *Uncertain Paths to Freedom: Russia and China, 1919–22* Hove: Psychology Press, 2000.

Schram, Stuart R. and Nancy J. Hodes (eds.) *Mao's Road to Power – Revolutionary Writings, 1912–1949: Volume V, Towards the Second United Front, January 1935–July 1937* Armonk, NY and London: M.E. Sharpe, 1999.

Schwarcz, Vera 'Between Russell and Confucius: China's Russell Expert, Zhang Shenfu' *Russell: The Journal of Bertrand Russell Studies* Vol. 11, 1991.

Li Xinzhi 李新芝 and Liu Qing 劉晴 (chief eds.) *Zhou Enlai zhenwen* 周恩來珍聞 *(Treasured Records of Zhou Enlai)* Beijing: Zhongyang wenxian chubanshe, 2007, two volumes.

Liu Tongbi and Qu Ming *Zhou Enlai yu Qixianzhuang (Zhou Enlai and Seven Sage Village)* Xi'an: Eighth Route Army Office in Xi'an, 1988.

Liu Wusheng *Zhou Enlai de wannian suiyue* (Zhou Enlai's Final Years) Beijing: Renmin chubanshe, 2006.

Lötveit, Trygve *Chinese Communism 1931–1934: Experience in Civil Government* (Second Edition) Copenhagen: Scandinavian Institute of Asian Studies, 1979.

Luo Ruiqing, Lü Zheng Cao and Wang Bingnan *Zhou Enlai and the Xi'an Incident: An Eyewitness Account* Beijing: Foreign Languages Press, 1983.

Ma, Yuxin *Women Journalists and Feminism in China 1898–1937* Amherst, NY: Cambria Press, 2010.

MacFarquhar, Roderick and Michael Schoenhals *Mao's Last Revolution* Cambridge, MA: Belknap Press of Harvard University Press, 2006.

Mackerras, Colin *The Chinese Theatre in Modern Times: From 1840 to the Present Day* London: Thames and Hudson, 1975, p. 204.

Mackerras, Colin *Modern China: A Chronology from 1942 to the Present* London: Thames and Hudson, 1982.

Mao Zedong 'On Tactics against Japanese Imperialism' in *Selected Works Volume 1* Beijing: Foreign Languages Press, 1967.

Marx, Karl 'The Civil War in France' in Karl Marx and Frederick Engels (eds.) *Selected Works* London: Lawrence and Wishart, 1968.

Marx, Karl 'The Eighteenth Brumaire of Louis Bonaparte' in Karl Marx and Frederick Engels (eds.) *Selected Works* London: Lawrence and Wishart, 1968, p. 97.

Marx, Karl 'Preface to the Critique of Political Economy' in *Selected Works of Marx and Engels* London: Lawrence and Wishart, 1968, p. 183.

Hong Kong Leisure and Cultural Services Department Press Release January 2003, 'Cultural Relics of Zhong Shan Gunboat on Display at Museum of Coastal Defence'.

Honig Emily 'Native Place and Chinese Ethnicity' in Gail Hershatter (ed.) *Remapping China: Fissures in Historical Terrain* Stanford: Stanford University Press, 1996, pp. 143–155.

Hsü, Leonard S. *Sun Yat-sen: His Political and Social Ideals* Los Angeles: University of Southern California Press, 1933, pp. 143–155.

Huang Zhigong 'Fuqin biji sheji de shishi' (Historical Facts and My Father's Notes) *Yanhuang chunqiu*, No. 4, 2016.

Isaacs, Harold R. *The Tragedy of the Chinese Revolution* Stanford: Stanford University Press, 1961.

Jamieson, Neil L. *Understanding Vietnam Berkeley* and Los Angles: California University Press, 1993.

Jin Chongji 金冲及 (chief ed.) *Zhou Enlai zhuan, 1898–1976* 周恩來傳 1898–1976 (*Biography of Zhou Enlai, 1898–1976*) Beijing: Zhongyang wenxian chubanshe, 2008, two volumes.

Kampen, Thomas *Mao Zedong, Zhou Enlai and the Evolution of the Chinese Communist Leadership* Copenhagen: Nordic Institute of Asian Studies, 2000.

Kedward, Rod La *Vie en bleu: France and the French since 1900* London: Allen Lane, Penguin, 2005.

Levine, Marilyn *The Found Generation: Chinese Communists in Europe during the Twenties* Seattle and London: University of Washington Press, 1993.

Li Jukui 'At the time of the Zunyi Conference' *Xinghuo Liaoyuan (A Single Spark Can Start a Prairie Fire)* Second Collection Beijing: People's Liberation Army Press, 1986.

Li Xinzhi 李新芝 and Liu Qing 劉晴 (chief eds.) *Zhou Enlai jishi* 周恩來紀事 *(Recollections of Zhou Enlai)* Beijing: Zhongyang wenxian chubanshe, 2011, two volumes.

Paris: Demopolis, 2011.

Fitzpatrick, Sheila *On Stalin's Team* Princeton: Princeton University Press, 2015.

Fu Jing 'Small Paris Hotel Hosted Young Leaders' *China Daily* 30 July 2011.

Gao Wenqian *Zhou Enlai: The Last Perfect Revolutionary* New York: Public Affairs, 2007.

Gilbert, Martin *Challenge to Civilisation: A History of the 20th Century 1952–1999* London: HarperCollins, 1999.

Gilmartin, Christina Kelley *Engendering the Chinese Revolution: Radical Women, Communist Politics, and Mass Movements in the 1920s* Berkeley: University of California Press, 1995.

Goldstein, Melvyn C. *A History of Modern Tibet, Volume 3: The Storm Clouds Descend, 1955–1957* Berkeley: University of California Press, 2013.

Goldstein, Melvyn C. *The Snow Lion and the Dragon: China, Tibet, and the Dalai Lama* Berkeley: University of California Press, 1997.

Guo Moruo *Geming chunqiu (Springs and Autumns of Revolution)* Beijing: People's Literature Press, 1979.

Han, Suyin *Eldest Son: Zhou Enlai and the making of Modern China 1898–1976* London: Jonathan Cape, 1994.

He Yan 'Overseas Chinese in France and the World Society: Culture Business, State and Transnational Connections 1906–1949' in Mechthild Leutner and Izabella Goikhman (eds.) *State, Society and Governance in Republican China* Zurich and Berlin: LIT Verlag, 2014, pp. 49–63.

He Yurong 'Journalist Used Pen as Sword to Fight for China' *Shanghai Star* 30 January 2003, http://app1.chinadaily.com.cn/star/2003/0130/cu18-2.html.

Hinton, Harold C. 'The Eighth Congress of the Chinese Communist Party' *Far Eastern Survey* Vol. 26, No. 1, January 1957.

Burt, Sally K. *At the President's Pleasure: FDR's Leadership of Wartime Sino-US Relations* Leiden: Brill, 2015.

Chesneaux, Jean *The Chinese Labour Movement 1919–1927* Stanford: Stanford University Press, 1968.

Compton, Boyd *Mao's China: Party Reform Documents, 1942–4* Seattle: University of Washington Press, 1952.

Die Rote Fahne 27 and 30 April 1930, Staatsbibliothek Berlin, Digitized Newspapers.

Dillon, Michael *Deng Xiaoping: The Man Who Made Modern China* London: I.B. Tauris, 2015.

Domes, Jürgen *The Internal Politics of China* London: Hurst, 1973, pp. 110–119.

Eastman, Lloyd *The Nationalist Era in China 1927–1949* Cambridge: Cambridge University Press, 1991.

Eden, Anthony *The Memoirs of the Rt. Hon. Sir Anthony Eden: Full Circle* London: Cassell.

Eighth Route Army Office in Xi'an (ed.) *Balujun zhu Shaan banshichu fuzhu chenlie shuoming (Supplementary Guide to the Exhibition of the Eighth Route Army Office in Shaanxi Province)* Xi'an: Eighth Route Army Office in Xi'an, 1989.

Elegant, Robert S. *China's Red Leaders: Political Biographies of the Chinese Communist Leaders* London: The Bodley Head, 1952.

Epstein, *Israel Memoirs of a Jew and Journalist* San Francisco: Long River Press, 2005.

Etherton, Colonel P. T. and H. Hessell Tiltman *Manchuria: The Cockpit of Asia* London: Jarrolds, 1932.

Fei Yundong and Yu Guihua 'The Stabilization of the Secretarial System of the CCP and the Preparatory Phase Immediately before the Founding of the PRC Regime (1947–1949)' *Chinese Law & Government* Vol. 30, No. 4, 1997.

Ferrette, François La *Véritable Histoire du Parti Communiste Français*

參考書目

'Chang Hsueh-liang: Precipitating the Xian Incident', Obituary *The Times* 16 October 2001.

Chicago *Tribune* 2 May 1963.

'China spills Zhou Enlai Secret' *China Daily* 21 July 2004.

'Historical Chang Hsueh-liang House Opens to Public Today' *China Post* (Taiwan) 12 December 2008.

Barnett, A. Doak 'A Choice of Nationality: Overseas Chinese in Indonesia, Problems and issues Raised by the Sino-Indonesian "Agreement on the Issue of Dual Nationality"', Report for American Universities Field Staff, Jakarta, 28 May 1955, http://www.icwa.org/wp-content/uploads/2015/08/ADB-80.pdf.

Barnett, A. Doak 'Chou En-lai at Bandung: Chinese Communist Diplomacy at the AsianAfrican Conference', Report for American Universities Field Staff, Jakarta, 4 May 1955.

Barrett, David D. *Dixie Mission: The United States Army Observer Group in Yenan*, 1944 Berkeley: University of California, Center for Chinese Studies, China Research Monographs No. 6, 1979.

Benton, Gregor *Mountain Fires: The Red Army's Three-Year War in South China*, 1934–1938 Berkeley: University of California Press, 1992.

Bergère, Marie-Claire '"The Other China": Shanghai from 1919 to 1949' in Christopher Howe (ed.) *Shanghai: Revolution and Development in an Asian Metropolis* Cambridge: Cambridge University Press, 1981, pp. 1–34.

Bertram, James *North China Front* London: Macmillan, 1939.

Bradley, Mark Philip *Vietnam at War* Oxford and New York: Oxford University Press, 2009.

Communist Party: A Chronology of Events (1919-1990), pp. 319-334; Macfarquahar and Schoenhals, *Mao's Last Revolution*, pp. 45, 99, 100-101, 156, 188, 296, 170-183, 199-230 and passim.

3 《周恩來傳》，頁 1744-1774；Party History Research Centre of the Central Committee of the Chinese Communist Party, *History of the Chinese Communist Party: A Chronology of Events (1919-1990)*, pp. 341-345; Macfarquahar and Schoenhals, *Mao's Last Revolution*, pp. 235-237, 337-416 and passim; Frederick C. Teiwes and Warren Sun, *The End of the Maoist Era: Chinese Politics during the Twilight of the Cultural Revolution, 1972-1976*, New York: M.E. Sharpe, 2008, pp. 158-164; No author, *Selected Articles Criticizing Lin Piao and Confucius (two volumes)*, Beijing: Foreign Languages Press, 1974；黃志恭，「父親筆記涉及的史實」，《炎黃春秋》2016 年第 4 期，頁 73-74。黃志恭是黃宛醫生的兒子，是一位紡織工程師，曾於政治協商會議工作，擔任第十屆政協代表科學技術界的委員。

後記　周恩來，迷失的領導人

1 張素華，《變局：七千人大會始末 1962 年 1 月 11 日 -2 月 7 日》，頁 212。

2 張素華，《變局：七千人大會始末 1962 年 1 月 11 日 -2 月 7 日》，頁 212-200。

3 權延赤，《走近周恩來：貼身衛士眼中的共和國總理》（成都：四川人民出版社，2017），頁 2-3；Quan Yanchi（權延赤）, *Mao Zedong: Man, Not God*（即為《走下神壇的毛澤東》英文版）, Beijing: Foreign Languages press, 1992.

4 蔡詠梅，《周恩來的祕密情感世界》（香港：新世紀出版社，2015）；Juliana Liu（劉林）, 'Zhou Enlai: Was Communist China's First Premier Gay?', 30 December 2015, https://www.bbc.co.uk/news/blogs-china-blog-35196824.

第二十一章　長征領導人的昏晦：文化大革命序曲

1 《周恩來傳》，頁 1607。

2 《周恩來傳》，頁 1494-1528；Party History Research Centre of the Central Committee of the Chinese Communist Party, *History of the Chinese Communist Party: A Chronology of Events (1919-1990)*, pp. 267-276; *Chicago Tribune*, 2 May 1963.

3 《周恩來傳》，頁 1595-1631；Party History Research Centre of the Central Committee of the Chinese Communist Party, *History of the Chinese Communist Party: A Chronology of Events (1919-1990)*, pp. 267-276; Mackerras, *The Chinese Theatre in Modern Times*, p. 204.

4 《周恩來傳》，頁 1632-1652；Party History Research Centre of the Central Committee of the Chinese Communist Party, *History of the Chinese Communist Party: A Chronology of Events (1919-1990)*, pp. 267-276.

第二十二章　非自然災害：文化大革命

1 《周恩來傳》，頁 1640。

2 《周恩來傳》，頁 1653-1670, 1671-1692；Party History Research Centre of the Central Committee of the Chinese Communist Party, *History of the Chinese Communist Party: A Chronology of Events (1919-1990)*, pp. 319-334.

3 《周恩來傳》，頁 1693-1716；Party History Research Centre of the Central Committee of the Chinese Communist Party, *History of the Chinese Communist Party: A Chronology of Events (1919-1990)*, pp. 319-334; Roderick Macfarquahar and Michael Schoenhals, *Mao's Last Revolution*, Cambridge, MA: Belknap Press of Harvard University Press, 2006.

第二十三章　動盪、恢復和生命最後一年

1 《周恩來傳》，頁 1718。

2 《周恩來傳》，頁 1717-1743；Party History Research Centre of the Central Committee of the Chinese Communist Party, *History of the Chinese*

Communist Party: A Chronology of Events (1919-1990), pp. 267-276; Fitzpatrick, *On Stalin's Team*; Jürgen Domes, *The Internal Politics of China*, London: Hurst, 1973, pp. 110-119.

3 《周恩來傳》，頁 1344-1383；Party History Research Centre of the Central Committee of the Chinese Communist Party, *History of the Chinese Communist Party: A Chronology of Events (1919-1990)*, pp. 267-276; Zhou Enlai, *Premier Chou En-lai's Letter to the Leaders of Asian and African Countries on the Sino-Indian Boundary Question*, Beijing: Foreign Languages Press, 1973, pp. 1-32; Neville Maxwell, *India's China War*, Bombay: Jaico Publishing House, 1970, pp. 155, 163-166, 261-262, 270 and passim.

第二十章　饑荒、洪澇和恢復

1 《周恩來傳》，頁 1450。

2 《周恩來傳》，頁 1344-1383；Party History Research Centre of the Central Committee of the Chinese Communist Party, *History of the Chinese Communist Party: A Chronology of Events (1919-1990)*, pp. 267-276; Jisheng, *Tombstone: The Untold Story of Mao's Great Famine*, pp. 23-86, 90-111, 291 and passim.

3 《周恩來傳》，頁 1344-1383；Party History Research Centre of the Central Committee of the Chinese Communist Party, *History of the Chinese Communist Party: A Chronology of Events (1919-1990)*, pp. 289-296, 296-302; Jisheng, *Tombstone: the Untold Story of Mao's Great Famine*, pp. 498-522；張素華，《變局：七千人大會議始末 1962 年 1 月 11 日 -2 月 7 日》（北京：新華書店，2006 年），頁 211-220。

4 《周恩來傳》，頁 1494-1528, 1529-1568, 1569-1594；Party History Research Centre of the Central Committee of the Chinese Communist Party, *History of the Chinese Communist Party: A Chronology of Events (1919-1990)*, pp. 267-276; Enlai, *Premier Chou En-lai's Letter to the Leaders of Asian and African Countries on the Sino-Indian Boundary Question*, pp. 1-32; Maxwell, *India's China* War, pp. 291-414.

第十六章　亞洲外交任務

1 《周恩來傳》，頁 1135-1168, 1168-1197；Party History Research Centre of the Central Committee of the Chinese Communist Party, *History of the Chinese Communist Party: A Chronology of Events (1919-1990)*; Melvyn C. Goldstein, *A History of Modern Tibet, Volume 3: The Storm Clouds Descend, 1955-1957*, Berkeley: University of California Press, 2013, pp. 360-379; Melvyn C. Goldstein, *The Snow Lion and the Dragon: China, Tibet, and the Dalai Lama*, Berkeley: University of California Press, 1997, pp. 24, 48-52; A. M. Sperber, *Murrow*, His Life and Times, New York: Fordham University Press, 1998, pp. 507-508.

第十七章　「整風」和「右派分子」

1 《周恩來傳》，頁 1213-1214。

第十八章　高爐煉鋼：大躍進

1 《周恩來傳》，頁 1250-1251。

2 《周恩來傳》，頁 1264。

3 《周恩來傳》，頁 1228-1263, 1264-1284；Party History Research Centre of the Central Committee of the Chinese Communist Party, *History of the Chinese Communist Party: A Chronology of Events (1919-1990)*, pp. 267-276; *Jisheng Tombstone: The Untold Story of Mao's Great Famine*, pp. 90-111.

4 《周恩來傳》，頁 1228-1263, 1264-1284；Party History Research Centre of the Central Committee of the Chinese Communist Party, *History of the Chinese Communist Party: A Chronology of Events (1919-1990)*, pp. 267-276.

第十九章　廬山對決

1 《周恩來傳》，頁 1331。

2 《周恩來傳》，頁 1305-1343；Party History Research Centre of the Central Committee of the Chinese Communist Party, *History of the Chinese*

and Los Angles: California University Press, 1993, pp. 225-233; Anthony Eden, *The Memoirs of the Rt. Hon. Sir Anthony Eden: Full Circle*, London: Cassell, 1960, pp. 121-125, 140.

3 《周恩來傳》，頁 1037-1070；Party History Research Centre of the Central Committee of the Chinese Communist Party, *History of the Chinese Communist Party: A Chronology of Events (1919-1990)*, pp. 226-231; 'China Spills Zhou Enlai Secret' *China Daily*, 21 July 2004; Steve Tsang, 'Target Zhou Enlai: The "Kashmir Princess" Incident of 1955' *China Quarterly*, Vol. 139, Spring 1994, pp. 766-782; Barnett, 'Chou En-lai at Bandung: Chinese Communist Diplomacy at the Asian-African', 'A Choice of Nationality: Overseas Chinese in Indonesia, Problems and Issues Raised by the Sino-Indonesian "Agreement on the Issue of Dual Nationality"', Report for American Universities Field Staff, Jakarta, 28 May 1955, http://www.icwa.org/wp-content/uploads/2015/08/ADB-80.pdf; S.A. Pakeman, *Ceylon*, London: Ernest Benn, 1964, pp. 142, 171-178 and passim.

第十五章　知識分子和內部權力鬥爭

1 《周恩來傳》，頁 1098-1134。

2 《周恩來傳》，頁 1073-1097；Party History Research Centre of the Central Committee of the Chinese Communist Party, *History of the Chinese Communist Party: A Chronology of Events (1919-1990)*, pp. 226-231; *Jianguo yilai*, Vol. 8, pp. 132-147.

3 《周恩來傳》，頁 1098-1134；Party History Research Centre of the Central Committee of the Chinese Communist Party, *History of the Chinese Communist Party: A Chronology of Events (1919-1990)*; Harold C. Hinton, 'The Eighth Congress of the Chinese Communist Party' *Far Eastern Survey*, Vol. 26, No. 1, January 1957, pp. 1-8; Karl Marx, 'Preface to the Critique of Political Economy' in *Selected Works of Marx and Engels*, London: Lawrence and Wishart, 1968, p. 183.

2 《周恩來傳》，頁 867-891；《周恩來珍聞》，頁 361-366；《周恩來紀事》，頁 422-431；《周恩來年譜》（1946-1976，冊 1），頁 1-19；Party History Research Centre of the Central Committee of the Chinese Communist Party, *History of the Chinese Communist Party: A Chronology of Events (1919-1990)*, pp. 214-218; Tung, The Political Institutions of Modern China, pp. 269-273.

3 Panikkar, *In Two Chinas*, pp. 61-62, 69, 78-79, 89-91.

4 《周恩來傳》，頁 911-948；Party History Research Centre of the Central Committee of the Chinese Communist Party, *History of the Chinese Communist Party: A Chronology of Events (1919-1990)*, pp. 223-242; Panikkar, *In Two Chinas*, pp. 102-124.

5 《周恩來傳》，頁 948-975；Party History Research Centre of the Central Committee of the Chinese Communist Party, *History of the Chinese Communist Party: A Chronology of Events (1919-1990)*, pp. 226-231.

6 《周恩來傳》，頁 976-1002；Party History Research Centre of the Central Committee of the Chinese Communist Party, *History of the Chinese Communist Party: A Chronology of Events (1919-1990)*, pp. 226-231.

第十四章　從鄉村走向國際

1 A. Doak Barnett, 'Chou En-lai at Bandung: Chinese Communist Diplomacy at the Asian-African Conference' Report for American Universities Field Staff, Jakarta, 4 May 1955.

2 《周恩來傳》，頁 1003-1036；Party History Research Centre of the Central Committee of the Chinese Communist Party, *History of the Chinese Communist Party: A Chronology of Events (1919-1990)*, pp. 226-231; Martin Gilbert, *Challenge to Civilisation: A History of the 20th Century 1952-1999*, London: HarperCollins, 1999, pp. 66-73; Mark Philip Bradley, *Vietnam at War*, Oxford and New York: Oxford University Press, 2009, pp. 66-68; *La Guerre d'Indochine (1945-1954)*, Paris: Tallandier, 1999, pp. 78-89; Michel Winock, *Pierre Mendès France*, Paris: Bayard, 2005, pp. 10-15 and passim; Neil L. Jamieson, *Understanding Vietnam*, Berkeley

第十二章　從內戰到人民共和國

1 《周恩來傳》，頁 761-762。

2 《周恩來傳》，頁 735-753；《周恩來珍聞》，頁 220-258；《周恩來紀事》，頁 296-421；《周恩來年譜》，頁 650-864；Party History Research Centre of the Central Committee of the Chinese Communist Party, *History of the Chinese Communist Party: A Chronology of Events (1919-1990)*, Beijing: Foreign Languages Press, 1991, pp. 181-213.

3 《周恩來傳》，頁 754-790；《周恩來年譜》，頁 650-864；Party History Research Centre of the Central Committee of the Chinese Communist Party, *History of the Chinese Communist Party: A Chronology of Events (1919-1990)*, Beijing: Foreign Languages Press, 1991, pp. 181-213.

4 《周恩來傳》，頁 790-865；Party History Research Centre of the Central Committee of the Chinese Communist Party, *History of the Chinese Communist Party: A Chronology of Events (1919-1990)*, Beijing: Foreign Languages Press, 1991, pp. 181-213；Fei Yundong（費雲東）and Yu Guihua（余貴華）, 'The Stabilization of the Secretarial System of the CCP and the Preparatory Phase Immediately before the Founding of the PRC Regime (1947-1949)' *Chinese Law & Government*, Vol. 30, No. 4, 1997, pp. 53-92；Zhihua Shen（沈志華）and Yafeng Xia（夏亞鋒）, *Mao and the Sino–Soviet Partnership, 1945-1959: A New History*, Lanham, MD: Lexington Books, 2015, pp. 20-27.

5 這段對話的細節來自於數本輕薄的《文史資料選輯》中由張治中、黃紹竑及其他人所做的描述。

6 《周恩來傳》，790-865；Party History Research Centre of the Central Committee of the Chinese Communist Party, *History of the Chinese Communist Party: A Chronology of Events (1919-1990)*, Beijing: Foreign Languages Press, 1991, pp. 181-213.

第十三章　總理兼外交部長

1 《周恩來傳》，頁 910。

2 《周恩來傳》，頁 613-625；《周恩來珍聞》，頁 220-258；《周恩來紀事》，頁 282-293；《周恩來年譜》，頁 559-582；Party History Research Centre of the Central Committee of the Chinese Communist Party, *History of the Chinese Communist Party: A Chronology of Events (1919-1990)*, Beijing: Foreign Languages Press, 1991, pp. 125-126, 147-162, 162-167; Boyd Compton, Mao's China: Party Reform Documents, 1942-4, Seattle: University of Washington Press, 1952, pp. xv–lii and passim; David D. Barrett, *Dixie Mission: The United States Army Observer Group in Yenan, 1944*, Berkeley: University of California, Center for Chinese Studies, China Research Monographs No. 6, 1979; General Joseph W. Stilwell, *The Stilwell Papers*, London: Macdonald, 1949, pp. 292-293.

3 《周恩來傳》，頁 613-625；《周恩來珍聞》，頁 251-260；《周恩來紀事》，頁 282-293；Party History Research Centre of the Central Committee of the Chinese Communist Party, *History of the Chinese Communist Party: A Chronology of Events (1919-1990)*, Beijing: Foreign Languages Press, 1991, p. 164.

4 《周恩來傳》，頁 653-674；《周恩來珍聞》，頁 220-258；《周恩來紀事》，頁 282-293；Party History Research Centre of the Central Committee of the Chinese Communist Party, *History of the Chinese Communist Party: A Chronology of Events (1919-1990)*, Beijing: Foreign Languages Press, 1991, p. 164-176.

5 《周恩來傳》，頁 653-674, 675-734；《周恩來珍聞》，頁 220-258；《周恩來紀事》，頁 282-293；Party History Research Centre of the Central Committee of the Chinese Communist Party, *History of the Chinese Communist Party: A Chronology of Events (1919-1990)*, Beijing: Foreign Languages Press, 1991, p. 176-177；梅園新村紀念館編，梅園新村：中國共產黨代表團辦公原址介紹 1946-1947 年，南京，出版日期不詳。

研究室編，《中國共產黨重慶歷史》卷 1（1926-1949），重慶：重慶出版社，2011 年，頁 326-377。

5 Eighth Route Army Office in Xi'an (ed.) Supplementary Guide to the Exhibition of the Eighth Route Army Office in Shaanxi Province（八路軍駐陝辦事處成立說明）Xi'an: Eighth Route Army Office in Xi'an, 1989；Liu Tongbi and Qu Ming，*Zhou Enlai and Seven Sage Village*（周恩來與七賢莊）, Xi'an: Eighth Route Army Office in Xi'an, 1988, pp. 1-16, 50-53.

第十章　重慶與南京：戰爭、內戰及其後餘波

1 《周恩來傳》，頁 502。

2 Theodore H. White and Annalee Jacoby, *Thunder Out of China*, New York: William Sloane, 1946, p. 3；《周恩來傳》，頁 475-506；《周恩來珍聞》，頁 207-220；《周恩來紀事》，頁 236-250；《周恩來年譜》，頁 436-438；Party History Research Centre of the Central Committee of the Chinese Communist Party, *History of the Chinese Communist Party: A Chronology of Events (1919-1990)*, Beijing: Foreign Languages Press, 1991, pp. 126-135.

3 《周恩來傳》，頁 507-517。

4 《周恩來傳》，頁 518-553；《周恩來紀事》，頁 240-246。

5 《周恩來傳》，頁 518-554；《周恩來珍聞》，頁 220-251；《周恩來紀事》，頁 250-282；《周恩來年譜》，頁 438-572；中共重慶市委黨史研究室編，《中國共產黨重慶歷史》卷 1（1926-1949），重慶：重慶出版社，2011 年，頁 326-377；中共重慶市委黨史研究室編，《中國共產黨重慶地方簡史》卷 1（1926-1949），重慶：重慶出版社，2006 年，頁 63-84；Sally K. Burt, *At the President's Pleasure: FDR's Leadership of Wartime Sino-US Relations*, Leiden: Brill, 2015, pp. 129-133.

第十一章　為權力作準備：延安、重慶和南京

1 《周恩來傳》，頁 613-614。

書君撰編，《張學良口述自傳》（紐約及香港：香江時代出版社，2004年），頁270、356，有關情形散見書中各處；'Chang Hsueh-liang: Precipitating the Xian Incident', Obituary, *The Times*, 16 October 2001;'Historical Chang Hsueh-liang House opens to public today', *China Post (Taiwan)*, 12 December 2008.

第九章　戰友

1 James Bertram, *North China Front*, London: Macmillan, 1939, p. 247.

2 《周恩來傳》，頁389-409；《周恩來珍聞》，頁165-191；《周恩來紀事》，頁190-215；William L. Tung, *The Political Institutions of Modern China*, The Hague: Martinus Nijhoff, 1968, pp. 162-168; Stuart R. Schram, Nancy J. Hodes (ed.), *Mao's Road to Power – Revolutionary Writings, 1912-1949: Volume V, Towards the Second United Front*, January 1935–July 1937, Armonk, New York and London, 1999, pp. xc–ciii.; Party History Research Centre of the Central Committee of the Chinese Communist Party, *History of the Chinese Communist Party: A Chronology of Events (1919-1990)*, Beijing: Foreign Languages Press, 1991, p. 107.

3 《周恩來傳》，頁410-434；《周恩來珍聞》，頁165-191；《周恩來紀事》，頁190-215；James Bertram, *North China Front*, London: Macmillan, 1939, pp. 184-193, 239-40, 247, 248-251；王雷震，「傅部四二二團在太原守城」，《山西文史資料》，1981年10月20日，引自《周恩來傳》，頁423-424。

4 《周恩來傳》，頁435-474；《周恩來珍聞》，頁165-191；《周恩來紀事》，頁220-231、231-236；He Yurong, 'Journalist used pen as sword to fight for China' Shanghai Star 30 January 2003, 請參見 http://app1.chinadaily.com.cn/star/2003/0130/cu18-2.html; Party History Research Centre of the Central Committee of the Chinese Communist Party, *History of the Chinese Communist Party: A Chronology of Events (1919-1990)*, Beijing: Foreign Languages Press, 1991, pp. 125-126；中共重慶市委黨史研究室編，《中國共產黨重慶地方簡史》卷1（1926-1949），重慶：重慶出版社，2006年，頁68-80；中共重慶市委黨史

Mountain Fires: The Red Army's Three-Year War in South China, 1934-1938, Berkeley: University of California Press, 1992, pp. 351-354； 周恩來 8 月 5 日的講話收錄於《鬥爭》雜誌中，內容摘要引自《周恩來傳》，頁 297；伍修權，《往事滄桑》（上海：上海文藝出版社，1986），頁 110，引自《周恩來傳》，頁 303；伍修權資料見中共外交部網站：http://www.fmprc.gov.cn/mfa_eng/ziliao_665539/wjrw_665549/lrfbzjbzzl_665553/t40514.shtml

第七章　長征與延安

1 《周恩來傳》，頁 314-315。

2 《周恩來傳》，頁 306-329；《周恩來珍聞》，頁 132-164；《周恩來紀事》，頁 134-182；李聚奎，「遵義會議前後」，《星火燎原》第 2 冊，1986，頁 53；陳雲，「遵義政治局擴大會議傳達提綱」，1935 年 2 或 3 月已不可考，手稿，引自《周恩來傳》，頁 313-314；周恩來於 1935 年 6 月各會議部分講話內容，引自《周恩來傳》，頁 319-320；金沖及於 1978 年 11 月 3、7 日訪問楊尚昆有關周恩來健康問題，引自《周恩來傳》，頁 323-324；毛澤東，「論反對日本帝國主義的策略」，《毛澤東選集》（北京：外文出版社，1967）卷 1，頁 153-178；申伯純，《西安事變紀實》（北京：人民出版社，1979），頁 24；Thomas Kampen, p. 83.

第八章　劫持與抗日

1 《周恩來傳》，頁 375。

2 《周恩來傳》，頁 338-358、359-388；《周恩來珍聞》，頁 165-191；《周恩來紀事》，頁 190-215；Lloyd Eastman, *The Nationalist Era in China 1927-1949*, pp. 109-110; Edgar Snow, *Red Star over China*, London: Victor Gollancz, 1937, pp. 54-63; Marilyn Levine, *The Found Generation: Chinese Communists in Europe during the Twenties*, Seattle and London: University of Washington Press, 1993, pp. 58-59；羅瑞卿、呂正操及王炳南，《西安事變與周恩來同志》（北京：外文出版社，1983），頁 49-50，相關情形並散見書中各處；張學良自述、王

稿，收錄於《周恩來傳》，頁 186-187 及《周恩來珍聞》，頁 116；周恩來有關組織問題的報告，引自《周恩來傳》，頁 189。

3 《周恩來傳》，頁 195-225；《周恩來珍聞》，頁 101-109；《周恩來紀事》，頁 112-123；《周恩來年譜》，頁 135-153；周恩來，「各帝國主義侵略中國的形勢」，《布爾什維克》第 2 卷第 3 期，1929 年 1 月，引自《周恩來傳》，頁 196；《中共中央文件選集》卷 5，1990，頁 107，引自《周恩來傳》，頁 197；徐彬如，「用六大精神武裝順直黨委」，收錄於《周恩來珍聞》，頁 101-109。

4 《周恩來傳》，頁 226-264；《周恩來珍聞》，頁 109-111；《周恩來紀事》，頁 123-134；《周恩來年譜》，頁 184-185；周恩來，「各帝國主義侵略中國的形勢」，《布爾什維克》第 2 卷第 3 期，1929 年 1 月，引自《周恩來傳》，頁 196；*Die Rote Fahne* 27 and 30 April 1930, Staatsbibliothek Berlin, Digitized Newspapers；周恩來，「目前紅軍的中心任務及其幾個根本問題」，《軍事通訊》第 4 期，1930 年 12 月 30 日，引自《周恩來傳》，頁 245；選編自周恩來，「中央政治局發言記錄」，1930 年 11 月 18、22 日及 12 月 6 日，引自《周恩來傳》，頁 249-251。

第六章　江西蘇維埃

1 《周恩來傳》，頁 282-283。

2 《周恩來傳》，頁 257-264、265-305；《周恩來珍聞》，頁 111-132；《周恩來紀事》，頁 134-149；《周恩來年譜》，頁 154-274；周恩來，「目前政治形勢及黨的中心任務」，1931 年 1 月，手稿，引自《周恩來傳》，頁 257；周恩來信函及補充意見，手稿，1931 年 3 月 2 日，引自《周恩來傳》，頁 257-258；Trygve Lötveit, *Chinese Communism 1931-1934: Experience in Civil Government* (Second Edition), Copenhagen: Scandinavian Institute of Asian Studies, 1979, pp. 10, 11; Thomas Kampen, *Mao Zedong, Zhou Enlai and the Evolution of the Chinese Communist Leadership*, Copenhagen: Nordic Institute of Asian Studies, 2000, pp. 5, 50-53, 57-65；彭德懷，《彭德懷自述》（北京：人民出版社，1981），頁 174；Gregor Benton,

紀事》，頁 98-102；《周恩來年譜》，頁 101-134。

6 《周恩來傳》，頁 139-153；《周恩來珍聞》，頁 87-91；《周恩來紀事》，頁 98-102；《周恩來年譜》，頁 101-134；Yokoyama Suguru, 'The Peasant Movement in Hunan', *Modern China* April 1975 1: 204-238；《中共黨史報告選編》（北京：中共中央黨校出版社，1982），頁 117-118（引自《周恩來傳》，頁 115）；Harold R. Isaacs, *The Tragedy of the Chinese Revolution*, Stanford: Stanford University Press, 1961, pp. 114-116, 126, 278-279, 283.

7 《周恩來傳》，頁 154-172；《周恩來珍聞》，頁 91-97；《周恩來紀事》，頁 102-109；《周恩來年譜》，頁 101-134；聶榮臻，《聶榮臻回憶錄》（北京：戰士出版社，1983），卷 1，頁 60；聶榮臻，「學習恩來的優秀品德繼承他的遺願」，《不盡的思念》（北京：中央文獻出版社，1987 年 12 月），頁 15（引自《周恩來傳》，頁 155）；鄧穎超，「一個嚴格遵守保密紀律的共產黨員」，《不盡的思念》，頁 599（引自《周恩來傳》，頁 156）；郭沫若，《革命春秋》（北京：人民文學出版社，1979），頁 227-228（引自《周恩來傳》，頁 167-168）。

8 Karl Marx, 'The Eighteenth Brumaire of Louis Bonaparte', *Karl Marx and Frederick Engels Selected Works*, London: Lawrence and Wishart, 1968, p. 97.

第五章　中國共產黨和六大的危機

1 《周恩來傳》，頁 243。

2 《周恩來傳》，頁 173-194；《周恩來珍聞》，頁 101-109；《周恩來紀事》，頁 112-123；《周恩來年譜》，頁 135-153；《中共中央文件選輯》，第三冊，北京：中共中央黨校出版社，1989，頁 453、455（引自《周恩來傳》，頁 173-174）；韓泰華，「周恩來與黨的六大」，收錄於《周恩來珍聞》，頁 103-106；周恩來對中央中央報告手稿，1928 年 4 月 3、4、28 日及 5 月 1 日，引自《周恩來傳》，頁 179-181；鄧穎超，《不盡的思念》，頁 46-17，引自《周恩來傳》，頁 182-183；周恩來於六大講話「政治問題報告大綱」部分手

第三章　廣州和黃埔軍校

1　《周恩來傳》，頁 104-105。

2　《周恩來傳》，頁 89-109, 110-125；《周恩來珍聞》，頁 57-61；《周恩來紀事》，頁 66-71；《周恩來年譜》，頁 65-72；Leonard S. Hsü, Sun, *Yat-sen: His Political and Social Ideals*, Los Angeles: University of Southern California Press, 1933, p. 18; C. Martin Wilbur, *The Nationalist Revolution in China 1923-1928*, Cambridge: Cambridge University Press, 1983, pp. 20-21; Colin Mackerras, *Modern China: A Chronology from 1942 to the Present*, London: Thames and Hudson, 1982, pp. 298-305; Christina Kelley Gilmartin, *Engendering the Chinese Revolution: Radical Women, Communist Politics, and Mass Movements in the 1920s*, Berkeley: University of California Press, 1995, p. 238; *People's Daily* 17 January 1984.

3　《周恩來傳》，頁 110-125；《周恩來珍聞》，頁 57-61；《周恩來紀事》，頁 66-71；《周恩來年譜》，頁 65-72；Hong Kong Leisure and Cultural Services Department Press Release January 2003, 'Cultural Relics of Zhong Shan Gunboat on Display at Museum of Coastal Defence'；聶榮臻，《聶榮臻回憶錄》（北京：戰士出版社，1983），頁 48；張國燾，《我的回憶》（北京：現代史料編刊社，1980），卷 2，頁 137。

第四章　身處風暴中心，上海和武漢

1　《周恩來傳》，頁 134。

2　Marie-Claire Bergère, '"The Other China": Shanghai from 1919 to 1949' in ChristopherHowe (ed.), *Shanghai: Revolution and Development in an Asian Metropolis*, Cambridge:Cambridge University Press, 1981, pp. 1-34.

3　《周恩來傳》，頁 126-138；《周恩來珍聞》，頁 79-87；《周恩來紀事》，頁 89-102；《周恩來年譜》，頁 101-134。

4　《周恩來傳》，頁 139-153；《周恩來珍聞》，頁 87-91；《周恩來紀事》，頁 98-102；《周恩來年譜》，頁 101-134。

5　《周恩來傳》，頁 139-153；《周恩來珍聞》，頁 87-91；《周恩來

沉沒。

5 Theodore Zeldin, *France 1848-1945, Volume II, Intellect, Taste and Anxiety*, Oxford: Clarendon Press, 1988, p. 1130.

6 相關議題的經典研究為 Jean Chesneaux, *The Chinese Labour Movement 1919-1927*, Stanford: Stanford University Press, 1968.

7 《周恩來傳》，頁 57-71；《周恩來珍聞》，頁 32-43；《周恩來紀事》，頁 39-47；《周恩來年譜》，頁 29-37；François Ferrette, *La Véritable Histoire du Parti Communiste Français*, Paris: Demopolis, 2011, pp. 59-76; Rod Kedward, *La Vie en bleu: France and the French since 1900*, London: Allen Lane, Penguin, 2005, pp. 154-156; Zeldin, *France 1848-1945, Volume II, Intellect, Taste and Anxiety*, pp. 1091, 1126-1153; Marilyn Levine, *The Found Generation: Chinese Communists in Europe during the Twenties*, Seattle and London: University of Washington Press, 1993, pp. 36-40; Hans J. Van de Ven, *From Friend to Comrade: The Founding of the Chinese Communist Party, 1920-1927*, Berkeley: University of California Press, 1992, pp. 75-81. He Yan, 'Overseas Chinese in France and the World Society: Culture Business, State and Transnational Connections 1906-1949' in Mechthild Leutner, Izabella Goikhman (eds.), *State, Society and Governance in Republican China*, Zurich and Berlin: LIT Verlag, 2014, pp. 56-60.

8 《周恩來傳》，頁 89-109；《周恩來珍聞》，頁 57-61；《周恩來紀事》，頁 66-71；《周恩來年譜》，頁 65-72；Yuxin Ma（馬育新），*Women Journalists and Feminism in China 1898-1937 Amherst*, NY: Cambria Press, 2010, pp. 188-201; Israel Epstein, *Memoirs of a Jew and Journalist*, San Francisco: Long River Press, 2005, pp. 67-72; 曾敏之，「談判生涯老了周恩來」，文摘 31 期，1946 年 5 月 23 日。

9 《周恩來傳》，頁 72-88；《周恩來珍聞》，頁 43-531；《周恩來紀事》，頁 48-62；《周恩來年譜》，頁 38-59；Ma, *Women Journalists and Feminism in China 1898–1937*, pp. 188-201; Epstein, *Memoirs of a Jew and Journalist*, pp. 67-72; 曾敏之，「談判生涯老了周恩來」。

4 《周恩來傳》，頁 11-22；《周恩來珍聞》，頁 19-27；《周恩來紀事》，頁 22-33；《周恩來年譜》，頁 12-24；Colin Mackerras, *The Chinese Theatre in Modern times: From 1840 to the Present Day*, London: Thames and Hudson, 1975, pp. 53, 65-66, 69-93, 164, 234.

5 《周恩來傳》，頁 23-41；《周恩來珍聞》，頁 28-33；《周恩來紀事》，頁 33-39；《周恩來年譜》，頁 24-29；選摘自「周恩來旅日日記」，《周恩來傳》，頁 25-38。

6 這句話英文原文是以羅馬化的拼音表示，但第二字與第四字拼音雖同為 xin，但中文字分別為「心」及「新」。

7 《周恩來傳》，頁 42-56；《周恩來珍聞》，頁 32-43；《周恩來紀事》，頁 39-47；《周恩來年譜》，頁 29-37；Ma, Yuxin, *Women Journalists and Feminism in China 1898-1937 Amherst*, NY: Cambria Press, 2010, pp. 188-201; Israel Epstein, *Memoirs of a Jew and Journalist*, San Francisco: Long River Press, 2005, pp. 67-72; 曾敏之，「談判年涯老了周恩來」，文摘 31 期，1946 年 5 月 23 日；Karl Marx 'The Civil War in France', in Karl Marx and Frederick Engels, *Selected Works*, London: Lawrence and Wishart, 1968, pp. 252-313.

第二章　在法留學和革命

1 《周恩來珍聞》，頁 44。

2 Fu Jing(傅敬)'Small Paris Hotel Hosted Young Leaders' *China Daily*(中國日報), 30 July 2011; 作者於 2015 年 3 月 22 日親眼所見。

3 《周恩來傳》，頁 57-71；《周恩來珍聞》，頁 32-43；《周恩來紀事》，頁 39-47；《周恩來年譜》，頁 29-37。

4 Bertrand Russell, Richard A. Rempel, Beryl Haslam, *Uncertain Paths to Freedom: Russia and China, 1919-22*, Hove: Psychology Press, p. xciii; Vera Schwarcz, 'Between Russell and Confucius: China's Russell Expert, Zhang Shenfu' *Russell: The Journal of Bertrand Russell Studies*, Vol. 11, 1991, pp. 117-146. 波爾多斯號郵輪在第二次世界大戰期間一直持續提供郵遞業務，直到 1942 年 11 月同盟國於卡薩布蘭加（Casablanca，北非大城）海域對法國維琪政府的船艦進行攻擊時被

註釋

序言　一個謎一般革命者的人生歷程

1　K. M. Panikkar, *In Two Chinas: Memoirs of a Diplomat*, London: Allen and Unwin, 1955, p. 106; Robert H. Taylor (ed.), *Dr Maung Maung: Gentleman, Scholar, Patriot*, Singapore: Institute of South East Asian Studies, 2008, pp. 260-261.

2　Michael Dillon, *Deng Xiaoping: The Man Who Made Modern China*, London: I.B.Tauris, 2015.

3　Sheila Fitzpatrick, *On Stalin's Team: The Years of Living Dangerously in Soviet Politics Princeton*, NJ, and Oxford: Princeton University Press, 2015, pp. 9, 277-278.

第一章　在淮安、東北、天津和日本的成長

1　這是出自周恩來所寫相當好的一篇作文，曾於一九一三年冬被刊印出來。引自金沖及書，頁 10。

2　金沖及主編，《周恩來傳（1898-1976）》（北京：中央文獻出版社，2008），二冊，頁 1-6。《周恩來珍聞》，頁 3-11；李新芝、劉晴，《周恩來紀事》（北京：中央文獻出版社，2011），二冊，頁 2-13；王春明及中央文獻研究室，《周恩來年譜》（北京：中央文獻出版社，1998），四冊，頁 1-8；Honig Emily 'Native Place and Chinese Ethnicity' in Gail Hershatter (ed.), *Remapping China: Fissures in Historical Terrain*, Stanford: Stanford University Press, 1996.

3　《周恩來傳》，頁 7-11；《周恩來珍聞》，頁 12-19；《周恩來紀事》，頁 13-22；《周恩來年譜》，頁 9-12；Etherton, Colonel P. T. and H. Hessell Tiltman, *Manchuria: The Cockpit of Asia*, London: Jarrolds, 1932, pp. 11-27 and passim.

歷史與現場 308

周恩來：毛澤東背後的力量

Zhou Enlai: The Enigma Behind Chairman Mao

作者　邁克・迪倫（Michael Dillon）
譯者　何啟仁
主編　王育涵
責任編輯　王育涵
責任企畫　林進韋
美術設計　吳郁嫻
內頁排版　張靜怡
總編輯　胡金倫
董事長　趙政岷
出版者　時報文化出版企業股份有限公司
108019 臺北市和平西路三段 240 號 7 樓
發行專線｜02-2306-6842
讀者服務專線｜0800-231-705｜02-2304-7103
讀者服務傳真｜02-2302-7844
郵撥｜1934-4724 時報文化出版公司
信箱｜10899 臺北華江郵政第 99 信箱
時報悅讀網　www.readingtimes.com.tw
人文科學線臉書　http://www.facebook.com/humanities.science
法律顧問　理律法律事務所｜陳長文律師、李念祖律師
印刷　勁達印刷有限公司
初版一刷　2021 年 12 月 31 日
初版二刷　2023 年 6 月 19 日
定價　新臺幣 580 元

ISBN 978-957-13-9836-5｜Printed in Taiwan

周恩來：毛澤東背後的力量／邁克・迪倫（Michael Dillon）著；何啟仁譯 .
-- 初版 . -- 臺北市：時報文化出版企業股份有限公司，2022.01｜464 面；14.8×21 公分 .
譯自：Zhou Enlai: the enigma behind chairman Mao
ISBN 978-957-13-9836-5（平裝）｜1. 周恩來 2. 傳記｜782.887｜110021036

時報文化出版公司成立於一九七五年，並於一九九九年股票上櫃公開發行，於二〇〇八年脫離中時集團非屬旺中，以「尊重智慧與創意的文化事業」為信念。